21世纪 经济管理新形态教材 工商管理系列

Introduction to Property Management

物业管理概论

(第4版)

张作祥 ◎ 主编
张青山 董岩岩 温磊 ◎ 副主编

清华大学出版社
北京

内 容 简 介

本书介绍了物业管理基础理论，分析了物业管理各相关主体和机构，并根据物业的具体用途和功能，对居住型物业、经营型物业及其他典型类型的物业进行了阐述。本书还简单阐述了物业管理的部分法规，并对英国、美国、新加坡和日本的物业管理进行了介绍，最后对物业管理的未来发展进行了探索性的预测和展望。

本书可作为物业管理的入门读物，帮助读者对物业管理有一个全面、总体的认识。本书既适合物业管理和房地产相关专业本科教学使用，也可供物业管理及相关专业的高职高专学生等参考，还可作为物业管理从业人员学习、培训和日常工作的参考用书。

本书封面贴有清华大学出版社防伪标签，无标签者不得销售。
版权所有，侵权必究。举报：010-62782989，beiqinquan@tup.tsinghua.edu.cn

图书在版编目（CIP）数据

物业管理概论 / 张作祥主编. —4 版. —北京：清华大学出版社，2021.8（2024.8重印）
21 世纪经济管理新形态教材. 工商管理系列
ISBN 978-7-302-58774-3

Ⅰ. ①物… Ⅱ. ①张… Ⅲ. ①物业管理—高等学校—教材 Ⅳ. ①F293.347

中国版本图书馆 CIP 数据核字(2021)第 143952 号

责任编辑：王　青
封面设计：李召霞
责任校对：宋玉莲
责任印制：沈　露

出版发行：清华大学出版社
网　　址：https://www.tup.com.cn，https://www.wqxuetang.com
地　　址：北京清华大学学研大厦 A 座　　邮　编：100084
社 总 机：010-83470000　　邮　购：010-62786544
投稿与读者服务：010-62776969，c-service@tup.tsinghua.edu.cn
质 量 反 馈：010-62772015，zhiliang@tup.tsinghua.edu.cn
课 件 下 载：https://www.tup.com.cn，010-83470332

印 装 者：三河市科茂嘉荣印务有限公司
经　　销：全国新华书店
开　　本：185mm×260mm　　印　张：15.25　　字　数：340 千字
版　　次：2008 年 1 月第 1 版　2021 年 8 月第 4 版　　印　次：2024 年 8 月第 4 次印刷
定　　价：45.00 元

产品编号：092263-01

前 言

物业管理已经被实践证明是适应我国产权多元化住房体制结构的一种有效的房屋管理模式，取得了较好的经济效益、社会效益和环境效益，对于促进社区的和谐发展、提高居民的生活质量具有重要的意义，并得到越来越多的业主和使用人的接受和认可。物业管理已经逐渐成为广大居民日常生活中不可缺少的"伙伴"。

随着物业管理实践的深入发展，对物业管理相关理论的研究也在不断深化，对物业管理专业人才的需求日益紧迫，尤其是懂管理、有技术、知晓法规的中高级人才更是企业所急需。

本书作为物业管理相关人员学习的入门书籍，是编者在总结多年来不同层次的教学和培训经验，并充分关注和研究物业管理实践的发展的基础上组织撰写而成的。在编写的过程中，编者还参阅了业界部分专家学者的论述，在此深表感谢。

同时，本书第4版也是在《中华人民共和国民法典》（简称《民法典》）正式颁布实施后，根据物业管理行业实践和理论研究的新趋势组织修订完成的，全书的结构和内容紧紧围绕物业管理实践和理论的最新进展，并附有《民法典》部分章节条款，以及与物业管理紧密相关的法律法规，便于读者参考。通过对本书的学习，读者可以从整体上认识和理解物业管理的相关知识，为今后的进一步学习打下良好的专业基础。

本书主要适合物业管理和房地产相关专业本科教学使用，也可供物业管理及相关学科专业的高职、高专、自考等教学使用，还可用作物业管理从业人员的学习、培训和日常工作的参考用书。

本书的第4版主要由张作祥与张青山、董岩岩、温磊共同完成，其中张作祥负责统筹及校核工作，张青山和温磊负责根据新的有关规定进行修改和完善，以及整理编辑有关法规，董岩岩负责编辑、核校和各章节习题的组稿。

由于编者能力和水平所限，以及物业管理的理论研究和实践发展的特殊性，书中难免有欠妥之处，敬请指正。

编 者
2021年6月

目 录

第一章 物业管理概述 ... 1
- 第一节 物业 ... 1
- 第二节 物业管理 ... 5
- 第三节 物业管理的基本环节 ... 18
- 第四节 物业管理的起源与发展 ... 23

第二章 物业管理机构 ... 29
- 第一节 物业服务企业 ... 29
- 第二节 业主大会与业主委员会 ... 37
- 第三节 物业服务企业与其他相关机构的关系 ... 41

第三章 物业管理基础理论 ... 46
- 第一节 现代产权理论 ... 46
- 第二节 委托—代理理论 ... 55
- 第三节 物业管理市场 ... 61
- 第四节 社区理论与城市管理 ... 65

第四章 居住型物业管理 ... 73
- 第一节 居住型物业管理概述 ... 73
- 第二节 住宅小区物业管理 ... 78
- 第三节 高级公寓物业管理 ... 85
- 第四节 别墅物业管理 ... 89

第五章 经营型物业管理 ... 93
- 第一节 经营型物业管理概述 ... 93
- 第二节 写字楼物业管理 ... 97
- 第三节 商场物业管理 ... 104
- 第四节 酒店物业管理 ... 108
- 第五节 工业物业管理 ... 113

第六章 特种物业管理 ... 120
- 第一节 特种物业概述 ... 120

第二节　高校物业管理 121
　　第三节　体育场馆物业管理 126
　　第四节　医院物业管理 130

第七章　物业管理法律法规 135
　　第一节　物业管理法律法规概述 135
　　第二节　物业管理法律体系 143
　　第三节　物业管理基本制度 146
　　第四节　房地产法规与政策概述 150

第八章　其他国家的物业管理 162
　　第一节　英国的物业管理 162
　　第二节　美国的物业管理 166
　　第三节　日本的物业管理 174
　　第四节　新加坡的物业管理 176

第九章　未来的物业管理 183

参考文献 194

附录 195
　　中华人民共和国民法典（节选） 195
　　物业管理条例 203
　　业主大会和业主委员会指导规则 211
　　物业服务收费管理办法 220
　　物业服务收费明码标价规定 223
　　物业服务定价成本监审办法（试行） 225
　　住宅专项维修资金管理办法 228

第一章

物业管理概述

第一节 物 业

一、物业的含义

"物业"一词译自英语 property 或 estate，由香港传入沿海、内地，其含义有财产、资产、拥有物、房地产等。这是一个广义的范畴，而我们所说的物业则是一个狭义的范畴。物业是单元性的房地产，是指正在使用中和已经可以投入使用的各类建筑物及附属设备、配套设施、相关场地等组成的单宗房地产以及附着于该实体上的权益。物业有大小之别，它可以根据区域空间作相对分割，整个住宅小区可作为一项物业，其中的某个住宅单位可作为一个物业，一栋办公楼宇、商业大厦、酒店，一间厂房仓库也可被称为物业。同一建筑物还可按权属的不同分割为若干物业。

由物业的定义可以看出，一个完整的物业包括实物形态和非实物形态两部分，具体有以下几个组成要素：

（1）已建成并具有使用功能的各类供居住和非居住的建筑物；

（2）与这些建筑物相配套的设备（含生产设备）和市政、公用设施；

（3）与建筑物、构筑物相邻的场地、庭院、停车场、小区内非主干交通道路；

（4）附着在上述实体上的各项权益。

其中前三项属于实物形态的部分，最后一项属于非实物形态的部分，也是物业社会属性最本质的体现。

二、物业的性质

世界上的每个事物都有自己的属性，物业也不例外。分析和把握物业的属性，对于了解物业和物业管理的本质、掌握物业管理运作规律、搞好物业管理有着十分积极的意义。

（一）物业的自然属性

物业的自然属性又称物业的物理性质，是指与物业的物质实体或物理形态相联系的性质，它是物业社会经济性质的物质内容和物质基础。

1. 物业的二元性

物业的物质实体往往表现为具有特定用途和明确属性的建筑物。而无论何种建筑物，其基础总是建筑在土地之上，成为土地的附属物，土地的功能则借助建筑物得以充分发挥。因此，在经济发达的社会，物业多为土地与建筑物的统一体，兼有土地与建筑物两方面的物质内容。当然，对于不同的物业，其二元组成的比重有所不同。例如，总体而言，物业的建筑面积与土地面积的比值在城市高于乡村，在经济、文化和商业中心高于重工业基地。物业的二元性是其他任何商品都不具备的，它决定了物业必然兼有土地与建筑物二者特有的各种性质。

2. 物业的有限性

物业的有限性，从根本上说，是由土地的有限性决定的。天然的土地有限，用作兴建建筑物的优良建筑地段更有限。人类只能在有限的土地上开发建设。由于现代建筑物技术要求高、耗资大，因此物业的数量还受制于社会经济力量和技术水平。

3. 物业的差异性和多样性

物业的差异性主要是就土地而言的。由于土地数量有限，随着人口的增加和经济的发展，人类必须开发利用劣质土地。土地的优劣，在农村主要取决于土地的自然条件，在城市主要取决于地段的位置。物业的多样性主要是就建筑物而言的。由于建筑物的功能、位置、自然环境、技术经济条件的不同，形成了物业形式的多样性。每一个建筑物都是单件产品，它们在类别、品种、规格、结构、式样、外观及年代等方面都存在某些不同之处。

4. 物业的固定性

物业的固定性主要是指物业空间位置上的不可移动性。人们无法将某一物业从偏远的位置移动到商业中心，即使人们将地上建筑物与土地相分离，也只是改变物业的用途，不能移动法律意义或实质上的物业位置。

5. 物业的永久性和长期性

物业的永久性就就土地而言的。土地是永存的，具有不可毁灭性，而建筑物则可能灭失或逐渐损耗，直到丧失物理寿命。物业的长期性主要是就建筑物而言的。建筑物一经建筑完成，在正常情况下，其物理寿命期限可达数十年甚至几百年，可供人们长期使用。因此，物业既可以一次性出售，也可以通过出租的方式零星出售，边流通边消费；其价值可以一次收回，也可以在较长时期内多次收回。

6. 物业的配套性与系统性

物业的配套性是指物业以其各种齐全的配套设施满足人们各种需要的特性。没有配套设施的物业不能满足人们的各种需要。人们的各种需要从客观上决定了物业的配套性。物业配套越齐全，其功能发挥就越充分。

物业的系统性要求各种配套设施齐全，否则将影响物业功能的发挥。以住宅小区为例，室内配套设施至少应包括厨房、厕所、上下水、电等，否则就会产生不便，影响房屋的居住功能。住宅小区的配套设施包括文化教育设施、卫生保健设施、商业服务设施、环境保护设施等；市政配套设施包括交通、邮电、能源、自来水、供热等。具有这些配套设施的住宅小区可以形成一个完善的系统，充分发挥住宅小区的功能。物业的配套设施不仅要完善，而且组成部分要运转正常，即系统的每个组成部分都要正常发挥其应有的功能，否则整个系统的功能就要受到影响。这也是物业管理的目标所在。

（二）物业的社会属性

物业的社会属性可以从两个方面来研究：作为一种商品，物业具有经济属性；从这一商品的生产关系和财产关系的调整及归属来看，物业具有法律属性，即物业权属问题。

1. 物业的经济属性

（1）物业的商品性。物业的经济属性首先表现为它的商品性。物业的商品性是由物业的使用价值和经济价值决定的。它具有几方面的实质性内容：①物业开发建设的整个过程中凝结了不同行业不同人员具体的脑力劳动和体力劳动，因而它具有价值；②物业都具有满足人们某种需要的属性，即物业具有使用价值；③物业的价值和使用价值是通过市场交易活动实现的，物业的买卖、租赁、抵押，土地使用权的出让与转让，都是体现物业商品性的具体方式；④物业的开发建设、经营管理都是商品经济活动，必须遵循价值规律这一最基本的经济运行规律；⑤物业的分配与消费，即便是非营利性的，也无不充斥着商品的行为，遵循"商品—货币"的规则；⑥参与物业开发建设、经营管理与消费的人与人之间的关系，本质上是一种商品经济的关系，从生产到消费都不是无偿的。

（2）物业的稀缺性。物业的经济属性还表现为它在供应上的稀缺性，这种稀缺性主要是相对于人类的需要而言的。一方面表现为土地资源供应上的绝对短缺；另一方面表现为建筑资源供应上的相对短缺。从整个人类历史发展来看，人口的数量在不断地增长，而整个地球的陆地面积并没有增加，人均占有土地面积不断减少，这就是土地的绝对短缺。随着生活水平的提高，人们越来越希望拥有属于自己相对独立的足够大的居住空间，即使建筑面积快速增长也很难满足人们日益增长的需求，这造成了建筑资源供应的相对短缺。

（3）物业的保值、增值性。物业能够保值、增值，这已经为越来越多的人所认识。物业的增值是一种长期的趋势，而不是直线式的运动。从某一时期来看，物业的价格可能有升有降、上下波动；但从长期来看，它无疑呈现出在波动中上扬、螺旋式上升的趋势。

（4）物业的宏观调控性。由于物业的稀缺性，也因为物业关系国计民生、社会稳定，更因为我国的物业是从福利性分配享有、行政性管理转换过来的，政府在宏观政策方面的调控就显得尤为重要。具体表现在以下几个方面：①为了维护土地的社会主义公有性，合理保护、开发土地资源，实现城市经济、社会发展目标，科学、合理地规划、建设城市，并与城市的远景发展需要结合起来，政府通过各种政策、法令、法规，从宏观上调控物业建设的数量、容积、布局、高度、类别等；②物业建设是一个系统工程，涉及许多相关的法律、法规、政策，也涉及市容环境保护、绿化、治安管理等有关法规条例；③作为物业本身，其管理也有一个法律和政策的约束、规范的过程。在《中华人民共和国城市房地产管理法》中，国家对房地产的开发、交易及房地产权属登记管理等作出明确的规定；《城市房地产开发经营管理条例》《城市房地产中介服务管理规定》《商品房地产转让管理规定》《商品房屋租赁管理办法》等又分别对房地产开发经营、房地产中介服务、房地产转让与租赁作了更加具体细致的规定。

2. 物业的法律属性

物业的法律属性集中反映在物权的关系上。房地产物权在我国是指物权人在法律规定的范围内享有的房屋的所有权及其占有土地的使用权。物业交易的实质并非实物形态的房屋、土地、设备设施，而是附着在实物上的权益。

与购置其他商品不同，购入物业就意味着购入一宗不动产的所有权（物权），而且物业的所有权不是一个单项权利，而是一个权利束，拥有占有、使用、收益、处分四项权能，形成一个完整的、抽象的权利体系。在这一权利体系中，各种权利可以以不同形式组合，也可以相互分离、单独行使、享有。显然，房地产物权比其他商品财产权的结构更为复杂。

三、物业与房地产、不动产的联系和区别

物业、房地产、不动产三个概念常被交换使用，三者之间有着密切的联系。

"房地产"一词有狭义和广义两种解释：狭义的房地产是指房屋、屋地基及附属土地。附属土地是指房屋的院落占地、楼间空地、道路占地等空间上与房屋和屋地基紧密结合的土地。广义的房地产是指全部土地和房屋，以及附着于土地和房屋上的不可分离的部分。从法律意义上说，房地产本质上是指以土地和房屋作为物质存在形态的财产。这种财产是指蕴含于房地产实体中的各种经济利益及由此而形成的各种权利，如所有权、使用权、租赁权、抵押权等。

"不动产"一词译自英语 real estate 或 real property。在英语中，real estate 具体是指土地及定着在土地上的人工建筑物和房屋；real property 具体是指 real estate 及其附带的各种权益。房地产由于位置固定、不可移动，通常又被称为不动产。从广义的房地产概念来说，房地产与不动产是同一语义的两种表述。房地产的表述倾向于表明这种财产是以房屋和土地作为物质载体，而不动产的表述侧重表明这种财产具有不可移动这一独特属性，但二者所指乃同一对象。英语中，real estate 和 real property 可互译互称，二者关系可见一斑。

物业是单元性的、具体的房地产或不动产，是指正在使用中和已经可以投入使用的各类建筑物及附属设备、配套设施、相关场地等组成的单宗房地产以及附着于该实体上的权益。

从以上的分析可以看出，物业、房地产、不动产三个概念虽有内在的紧密联系，然而也不完全相同，其主要区别归纳起来有如下几点。

（1）内涵不同。房地产一般是指一个国家、地区或城市所拥有的房产和地产的总和，是一个宏观的概念，一般用于宏观的角度；物业一般是指单元性房地产，即一个单项的、具体的房地产，是一个微观的概念，一般用于微观的角度，如"物业管理"。

（2）称谓领域不同。一般而言，不动产是民法惯常使用的词汇，房地产则是经济法和行政法及商事实务中较常用的称谓，而物业仅仅是房地产领域中单元性的房地产概念的别称。

（3）适用范围不同。房地产与物业在某些方面可以通用（如基于狭义房地产概念），而物业多指一个单项的物业单位（如单项的房产、地产）或一个独立的房地产公司（也称物业公司）；房地产是指一个国家、地区或城市所拥有的房产和地产。因此，从宏观的角度来看，通常只用"房地产"而非"物业"。如"房地产业"不可以用"物业业"代替，"房地产体制改革"也不可以用"物业体制改革"代替。

（4）概念的外延不同。一般而言，房地产概念的外延包括房地产的投资开发、建造、销售、售后管理等整个过程。物业有时也可用来指某项具体的房地产，不过它只是指房地产的交易、售后服务这一使用阶段或区域。因此，二者有宏观与微观之别，有整体与部分之差。

四、物业的分类

物业可以按照用途、结构、层数、高度、收益性等多种角度进行分类。在物业管理活动中，物业主要是按照用途和收益性分类，分类的目的是确定物业管理服务制度、物业管理服务标准和物业管理服务收费标准等。

1. 按照用途划分

按照用途，可以将物业划分为居住类、办公类、商业类、工业与仓储类、农业类、公共建筑类、市政基础设施类、综合类物业等。

2. 按照收益性划分

按照物业使用过程中是否产生收益，可以将物业划分为经营性物业和公益性物业。经营性物业包括商场、餐饮、娱乐物业等，公益性物业包括学校、医院等。

第二节 物业管理

一、物业管理的含义

随着物业管理实践的不断发展，人们对物业管理的认识也越来越清晰、越来越理性。一般来说，对物业管理含义的理解主要有广义和狭义两种。

广义的物业管理是不动产管理活动的总称，是指业主通过自行管理、委托其他管理人或者物业服务企业等方式，对自己所有的建筑物及其附属设施进行维修、养护和管理的活动。

狭义的物业管理是指业主通过选聘物业服务企业，由业主和物业服务企业按照物业服务合同约定，对房屋及配套的设备设施和相关场地进行维修、养护、管理，维护相关区域内的环境卫生和秩序的活动。

业主是物业的所有权人，有权根据不同的情况，对建筑物及其附属设施选择不同的管理方式：①业主自己进行管理；②将不同的服务内容分别委托给不同的专业服务企业；③统一委托物业服务企业提供综合管理服务。在尊重业主自主选择权的前提下，提倡按照市场规则推行委托专业的物业服务企业实施物业管理（狭义的物业管理），是现阶段我国物业管理政策的基本导向。

具体来说，可以从以下几个方面理解物业管理的概念。

（1）物业管理是业主选聘物业服务企业的管理方式。业主选聘物业服务企业是其行使自主权的一种方式，应当受到法律保护。同时，将业主选聘物业服务企业作为物业管理活动的前提条件，就是将物业管理与传统意义上的房屋管理模式区分开来，强调物业管理是一种市场行为、市场关系和市场活动，必须遵守市场规则。不仅如此，业主选聘物业服务企业，必须是在平等、自愿、等价有偿、诚实信用的基础上，必须通过公开、公平、公正的市场竞争机制进行，必须纳入市场秩序。因此，业主通过选聘物业服务企业的方式对物业进行管理，必须遵守物业管理的市场秩序，服从政府主管部门的监管。

（2）物业管理的主体必须是专门的机构和人员。换句话说，物业管理必须由具有一定条件的机构（物业服务企业）和具备一定专业背景的人员进行，不是任何组织和个人想管就可以管，想管好就能管好的。

（3）物业管理的依据是物业服务合同。物业管理活动的实质是业主和物业服务企业以物业管理服务为标的进行的一项交易。在市场经济条件下，交易主要是通过合同作为纽带完成的，交易的双方就是合同的主体。物业管理作为一种市场行为，是通过物业服务合同的签订和履行实现的。物业服务合同是业主与物业服务企业订立的关于双方在物业管理活动中的权利和义务的协议，是物业管理活动产生的契约基础。物业服务企业是基于物业服务合同的约定为业主提供物业管理服务的，物业服务企业为业主提供哪些服务、服务标准是什么、业主如何承担服务费用，以及业主与物业服务企业相互之间所承担的违约责任，都必须在物业服务合同中作出明确约定。物业服务合同确立了物业服务企业和业主之间服务与被服务的关系，明确了物业管理活动的基本性质。物业服务企业根据物业服务合同提供物业管理服务，业主根据物业服务合同缴纳相应的物业服务费用，双方是平等的民事法律关系。

物业管理者必须按物业所有者的委托，并根据国家的法律，按照一定的合同或契约对物业进行管理。换句话说，物业管理者的权限是物业所有者给予的，从属于物业的所有权，也是受国家相关法律保护的，按照合同和契约进行。物业管理者行使的只是对特定物业的管理权。

（4）物业管理的内容是维修、养护、管理物业以及维护环境卫生和秩序。物业管理的内容主要包括两个方面：一是对房屋及配套的设施设备和相关场地进行维修、养护、管理；二是维护相关区域内的环境卫生和秩序，包括物业服务企业提供的清洁卫生、秩序维护、装饰装修管理等服务。在履行物业管理基础服务义务的前提下，物业服务企业还可以接受业主和使用人的委托，为其提供物业服务合同约定以外的服务项目。

（5）物业管理的目的是为业主服务，是为业主和使用者提供高效、优质、便捷、经济的综合服务，提高广大业主和使用者的生活质量，提升物业的住用价值，为其创造一个整洁、文明、安全、舒适的生活和工作环境，最终实现社会、经济和环境效益的协调统一。

传统意义上的物业管理的对象往往局限于建筑实体，也就是说，所管理的是建筑的结构主体和配套设施、设备场地的物业实体，忽视了建筑的文化含量和精神价值以及建筑与人息息相关的心理联系。现代物业管理应包括新的内涵，在更开阔的层面上不再局限于对建筑实体的管理而更关注空间与人、文化与价值等附着于建筑物之上的精神内涵，注重经济效益、社会效益和环境效益的协调发展，最终以提升物业住用人的生活质量和促进社会的和谐进步为主要目标。

二、物业管理的特点

物业管理是城市管理体制、房地产管理体制的重大改革，是一种与房地产综合开发、现代化生产方式配套的综合性管理，是随着住房制度改革的推进而出现产权多元化格局后与之相衔接的统一管理，是与建立社会主义市场经济体制相适应的社会化、专业化、市场化的管理。按照社会产业部门划分的标准，物业管理属于第三产业。物业管理是管理的一种，它具备管理的一般属性和特点。此外，物业管理还具有如下特点。

1. 社会化

物业管理的社会化是指摆脱了过去那种自建自管的分散管理体制，由多个产权单位、产权人通过业主大会选聘一家物业服务企业。

物业管理社会化有两个基本含义：一是物业的所有权人要到社会上去选聘物业服务企业；二是物业服务企业要到社会上去寻找可以代管的物业。

物业的所有权、使用权与物业的经营管理权相互分离，是物业管理社会化的必要前提，现代化大生产的社会专业分工则是实现物业管理社会化的必要条件。

2. 专业化

物业管理的专业化是指由物业服务企业从解决专业难点入手，充分运用专业方法，通过提供专业的物业服务产品来满足业主的需求。专业化要求物业服务企业具备专业的人员、组织机构、生产工具和管理方法，运用先进的维修养护技术完成房屋及其设施设备的运行、维修和养护工作。

3. 市场化

市场化是物业管理的基本特征。双向选择和等价有偿是物业管理市场化的集中体现。在市场经济条件下，物业管理的属性是经营、是交易，所提供的商品是劳务，交易的方式是等价有偿，业主通过招投标选聘物业服务企业，由物业服务企业来具体实施。物业服务企业是按照现代企业制度组建并运作，具有明确的经营宗旨和管理章程，实行自主经营、独立核算、自负盈亏，能够独立承担民事责任的企业法人。物业服务企业向业主和使用人提供劳务和服务，业主和使用人购买并消费这种服务。在这样一种新的机制下逐步形成有活力的物业管理竞争市场，业主有权选择物业管理单位，物业管理单位必须靠自己良好的经营与服务才能进入和占领这个市场。物业管理活动必须遵循市场规律,在等价有偿的基础上实现业主和物业服务企业之间的公平交易。物业服务企业的商业性和物业管理活动的市场化,是物业管理可持续发展的经济基础。

三、物业管理的性质

物业管理的对象是物业,服务对象是人。物业管理是集管理、经营、服务为一体的有偿劳动,是以服务为核心的第三产业。

1. 服务性

物业管理作为房地产业的消费环节,实际上是房地产综合开发、销售的延续和完善,它不直接提供实物形态的劳动产品,而是向业主和使用人提供无形的产品,即专业化的管理与服务。因此,物业管理从产业划分上属于第三产业——服务业。其管理的对象是物,服务的对象是人(业主、使用人),"寓管理于服务之中"。管理本身就是一种服务,为物业产权人和使用人提供优质高效的服务是物业管理的宗旨,也是物业管理行业赖以生存的根本,服务是物业管理最本质的特性。不过,物业服务与其他第三产业服务相比,综合性更强、门类更多、项目更广、期限更长、差异更大,而且所受的制约也更多。

物业管理服务与公用事业服务(供水、供电、电话通信、有线电视等)及纯商业化的一般第三产业服务(商业、交通、旅游业服务等)的另一个根本不同在于,其不易区别和选择。也就是说,单个业主不能对物业服务企业、服务项目、服务标准作出选择,物业服务企业也不能因个别业主欠费、违规,就立即有针对性地终止服务,即双方都难以对服务进程进行控制。而且物业管理服务的长期性和综合性,容易使双方产生、扩散、积累矛盾。这也是业主、使用人与物业服务企业经常发生纠纷的原因之一。

从服务营销的角度,还可以把物业服务分为高接触性服务(顾客参与服务推广的大部分活动)、中接触性服务(顾客参与服务推广的部分活动)、低接触性服务(顾客与服务提供者接触甚少)。此外,还可以分为以机器设备为基础的服务和以人为基础的服务,顾客亲临现场的服务和非亲临现场的服务,营利性与非营利性服务等。物业服务企业应根据顾客参与程度等方面的不同,制定相应的战略,提高服务效率与质量。

2. 经营性

我国以前的房屋管理主要是政府行为,是福利性的,不可能以业养业。而现在从事物业管理的是独立核算、自负盈亏、自我生存、自我发展的经营性服务企业,其从事一切活动必然要考虑经济收益,否则便无法生存和发展,其从事的基本业务是有偿的。此外,其管理服务内容涉及大量有关房屋的出售、出租、代售、代租及围绕业主和使用人的各种需求开展的有针对性的经营服务项目,所以经营是物业管理的属性之一。各种有偿经营业务的开展,解决了物业管理的经费来源,为物业服务企业的生存发展和物业管理的良性循环起到了保障作用。

3. 专业性

随着社会经济的发展,物业管理作为房地产业的一个专业分工成为必然。物业管理的专业性有三层含义:①有专门的组织机构,表明这一行业从分散的劳动型转向了专业型；②有专业的人员配备，如机电维修、治安、消防、清洁、绿化等均由相应的专业人员负责；③有专门的管理工具和设备。此外，物业管理的保安、清洁、绿化等工作交由保安公司、清洁公司、绿化公司完成，也是物业管理专业性的一种体现。专业分工越细，物业管理的社会化程度就越高，这是物业管理的发展方向。

4. 受聘、受托性

物业管理权来自物业的财产权。由于现代物业建造档次高、体系完整、产权分散，产权人无法各自高效地管理自己的物业，所以通常将所有权与管理权分离，由开发商或业主团体以合同或协议方式聘用或委托专业物业服务企业行使管理权，对其提出明确的要求，给予相应的报酬，也进行一定的监督。

5. 统一性和综合性

物业设施的系统化、产权多元化及多头管理易产生的弊端等，都强烈要求有一个统一的机构对物业的各种管理项目进行统一且严格的管理。企业化、社会化、专业化的物业管理模式将有关物业的各种管理服务工作（如清洁、绿化、保安、维修等）汇集起来统一办理，正好呼应了这一要求。在这种情况下，各产权人、使用人只需面对一家物业服务企业，即可办理所有围绕物业服务需求的日常事宜，而不必分别面对各个不同的部门。因此，物业管理的服务性质具有明显的综合性。随着社会分工的进一步深化，物业管理的清洁、绿化、机电维修等专项工作也开始分包给专业的清洁公司、园林绿化公司和机电维修公司。在这种情况下，物业服务企业充当的是总承包、大管家的角色，工作重点是对专业公司进行监督检查。在物业服务企业这个大管家的统一管理下，产权人和使用人只需按时缴付适当的管理服务费或租金，即可获得便捷周到的管理服务。大管家的综合管理服务职能与专业公司的专业技术操作职能相结合，既有利于提高物业管理服务水平，又可以降低物业管理服务成本。

6. 规范性

物业管理的规范性主要有三层含义：①物业服务企业要根据国家有关政策法规，到工商行政管理部门正式登记注册，接受审核，依法经营；②物业服务企业应通过规范的程序接管物业，即通过契约形式获得业主大会或开发商的正式聘用；③物业服务企业须依照专业法规、条例、标准和一定的规范、规程进行专业管理，并接受业主组织和政府主管部门的监督检查。总之，规范有序是物业管理高效运作发展的重要前提，也是服务业发展的共性。

7. 中介性

物业管理的宗旨是提供尽善尽美的各种服务，满足业主、使用人的生活、工作等要求。然而，物业服务企业自身能提供的服务不可能也不必包罗万象，因此代与社会联系、寻求社会的支持、服务与交换便成为物业服务企业的一项经常性的工作，如代聘专业公司、代租房屋、代理求职、代请家教、代找钟点工等，都体现了物业管理服务中介性的一面。

四、物业管理的原则

1. 物业所有权与管理权相分离的原则

业主是物业的主人,享有物业所有权。物业的所有权是物业管理权的基础,业主、业主大会或业主委员会是物业管理权的权利主体,是物业管理权的核心。物业服务企业是物业管理的执行者。物业管理权是物业管理中的根本问题,业主或业主委员会有权选择物业的管理者,而物业服务企业只有被业主或业主委员会选聘后才能成为物业管理的受托方,物业服务企业在接受业主或业主委员会委托后就成为物业的具体管理者。业主与物业服务企业是委托与被委托的关系,而这种关系体现了物业所有权与管理权的分离。

2. 公平竞争的原则

物业管理行业是伴随着社会主义市场经济的发展而迅速成长起来的一个新兴行业。"国家提倡业主通过公开、公平、公正的市场竞争机制选择物业服务企业",不仅可以激励物业服务企业加强内部管理、提高服务水平、降低服务成本、增强自身实力,而且可以促使我国物业管理行业尽快实现与国际接轨,吸收和引进国外物业管理的先进经验。同时,通过建立公开、公平、公正的市场竞争机制,实行招标投标制度选择物业服务企业,还可以促进廉政建设,防止腐败现象的产生。

3. 业主至上的原则

在旧的房屋管理体制下,绝大多数城市住宅都属于公有房屋,用户被动地接受管理。而在新的物业管理体制下,业主真正成为物业的主人,有权选聘、续聘和解聘物业服务企业。业主委员会有权监督物业服务企业。物业服务企业要对业主、业主委员会负责,要保护业主的根本利益,为业主和物业使用人提供优质的、全方位的服务。物业服务企业必须摆正自己的位置,而不能把自己凌驾于业主之上。

4. 统一管理的原则

旧的房屋管理体制实行多头管理、分散管理,弊端很多。因此,在实行物业管理的新体制下,必须克服以上问题,实行统一管理。一个物业管理区域由一个物业服务企业实施物业管理。物业管理区域内的房屋建筑维护、修缮、环境保护、绿化美化、治安保卫、设备修理等,应当统一由一个物业服务企业负责。

5. 权责清晰的原则

在物业管理区域内,业主、业主大会、业主委员会、物业服务企业的权利与责任应当十分明确。物业服务企业内部各部门的权利与职责也要明确。只有这样,才能避免不必要的扯皮现象,提高工作效率、物业管理服务水平和服务质量。

6. 专业和高效的原则

物业管理是一项涉及面广、专业化程度高的工作。为了提供高效优质的服务,减少开支,创造良好的社会效益、经济效益和环境效益,物业服务企业应当根据需要,通过签订合同,将一些专业性更强的项目分包给各有关专业公司,如房屋修缮公司、清洁公司、绿化公司、保安公司、市政公司等。物业服务企业主要负责组织、协调和管理。

7. 经济合理的原则

物业服务企业应当通过实行有偿服务和开展多种经营的方式增加经济收入，即实行"一业为主、多种经营"的方针。物业服务费用的收费标准要公开、价格要合理，提供的服务要让业主和物业使用人满意，并感到质价相符。

8. 依法管理的原则

物业管理涉及很多方面的法律问题，遇到的问题又很复杂。例如，要搞清楚如何签订物业服务合同、如何收取各种费用、如何解决物业管理中出现的各种纠纷等，都要求业主、业主委员会和物业服务企业的人员掌握和熟悉有关物业管理方面的法律、法规和政策规定，以正确地解决和处理物业管理中出现的各种问题。

五、物业管理的对象与目标

（一）物业管理的对象

物业管理的对象包括管理对象和服务对象两个方面。

1. 物业管理的管理对象包括硬件和软件两部分

硬件是指建筑物或构筑物实体、建筑用地及相关场地、机电设备系统、市政公用设施等一系列实体；软件是指生活环境、工作环境、服务功能等方面。物业管理的目标是不仅要使各硬件系统运转正常，保证人们的正常生产、生活，还要创造优美、舒适的生活环境，使人们得到精神上的享受，提高工作和生活质量。

2. 物业管理的服务对象是物业产权所有人和物业使用人

对于自己使用的房屋，物业产权所有人和物业使用人是一致的，物业管理面对的只有物业产权人即业主。由于业主大多缺乏管理物业的经验和能力，逐渐将自有物业委托给专门的物业服务企业管理，而且随着社会分工的日趋细化和生活节奏的进一步加快，这种趋势将越来越明显。

物业由产权人（业主）出租给使用人（租户）的情况下，物业管理既要面对业主又要面对租户。物业管理是受业主委托，以努力提高物业的价值和使用价值为目标，所以物业服务企业主要是对业主负责。同时，只有为租户提供了令其满意的服务，才能搞好物业管理，才能真正为业主带来经济效益，因此物业服务企业也要对租户负责。而且，在更多场合，物业服务企业直接面对的是广大租户。租户只有得到了满意的管理服务，才可能将房屋租下来，进而续租或带来更多的租户，从而提升物业的价值。随着人们生活水平的提高，对生活、工作环境质量的要求越来越高，要求物业管理人员保护好物业，延长其使用寿命，不断完善其各项功能，以适应不断变化的市场需要。

（二）物业管理的目标

物业服务企业受业主的委托，代表业主的利益进行物业管理，以维持并提高物业的价值和使用价值为总体目标。物业管理的目标具体可以归纳为三个方面：质量目标、安全目标和费用目标。这三个目标之间不是完全独立的，而是一个有机的系统，彼此相互牵连,在考虑某一具体目标的实现时要兼顾其余,否则只能是顾此失彼。例如,质量目标要求采用的设备、材料等越高级、越先进越好,然而如果一味追求高质量,必将带来高额的费用;反之,费用目标也并非花费越低越好,低廉的价格往往伴随着不过关的产品质量,结果可能会产生过于频繁的维修和设备的更新重置,从而造成更高的费用支出。以降低物业质量为手段来追求较低费用支出的做法是非常短期和不负责任的行为。物业管理人员应综合运用法律、经济、技术及组织协调等措施,努力寻求三个目标的协调统一。

1. 物业管理的质量目标

物业管理的质量目标包括硬件质量目标和软件质量目标(如图 1-1 所示)。

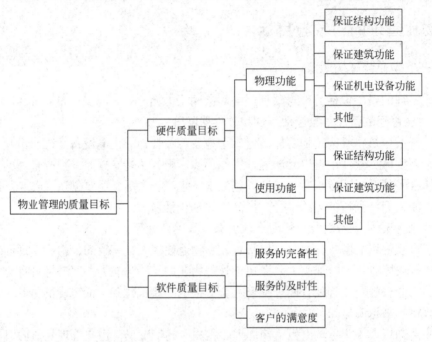

图 1-1　物业管理的质量目标

在项目生命周期的不同阶段,质量目标的重点有所不同:在项目实施期,应注重保证项目的物理功能,如保证结构功能、建筑功能和机电设备功能;项目建成使用后,质量目标的重点则是采取措施保证物业的使用功能及软件目标的实现,如服务的完备性、及时性和用户的满意度。影响物业质量目标的因素有很多,包括项目实施期间的设计、材料、设备采购和安装等,以及项目使用期内设备的操作、保养、维修等。质量目标的控制应贯穿整个项目生命周期。

2. 物业管理的安全目标

(1)物业使用环境的安全:防止环境灾害,如火灾及其他意外事故。

(2)物业的安全:防盗、防火及其他意外损失。

(3)物业使用人的安全:物业使用人的人身安全、财产安全等。

3. 物业管理的费用目标

物业生命周期内的费用可以分为项目实施期的一次性投资和项目使用期的经常性费用。物业管理的费用目标主要是针对后者。物业管理费用（经常性费用）应该包括物业的日常运营费、维修费、保养费、更新重置费等。

物业管理人员应根据物业的具体情况，结合自身的专业知识和经验，针对物业管理费用的各项内容编制预算，作为物业管理的费用目标，并依据这一费用目标，对物业进行保养、维修和必要的更新，使物业在任何时候都处于最佳状态。在物业的各项管理费用实际发生时，应采取各项措施，使实际发生的费用不超过预算的费用表，以达到控制费用的目的。

应该指出的是，从整个项目生命周期来看，项目实施期间的一次性投资和项目使用期的物业管理费并非相互独立、互不联系的。

一般而言，工程项目一次性投资的增加可以提高物业的质量，从而降低物业使用阶段的物业保养、维修和更新重置费用；而较低的物业质量将导致物业管理费用的大量增加。

六、物业管理的内容

（一）物业管理的主要内容

1. 物业管理的基本内容

（1）日常养护，主要是指各类建筑物、配套设施的维修养护。具体而言，就是房屋的维修与养护，照明系统的维修与养护，配电设备的维修与养护，配套的供水系统、供暖系统、空调系统、电梯运行系统的维修与养护等。

（2）秩序维护与管理，是为维护物业区域内正常的工作、生活秩序而进行的一项专门性的管理与服务工作，包括物业管理区域内的安全、保卫、警戒及对排除各种干扰的管理。

（3）清洁绿化管理，是为了净化和美化物业环境而进行的管理与服务工作。清洁绿化是物业管理的重要组成部分，是体现物业管理水平的一项重要标志。清洁绿化管理包括：草地和花木的养护工作，如定期修剪、施肥、浇水、防治病虫害、更换花木、营造园林绿地等；清洁工作，如各种垃圾、废物、污水、雨水的处理，防鼠灭虫，外墙清洗、粉刷；管理工作，如清洁保养的工作计划、检查监督等。

（4）消防管理，也是为维护物业的正常工作、生活而进行的一项专门性的管理与服务工作。消防管理是指预防物业火灾，最大限度地减少火灾的损失，以及实施火灾中的应急管理。消防工作包括灭火和防火，配备专职人员，培训一支兼职队伍，订立消防制度，保证消防设备处于良好待用状态。消防管理工作应防患于未然，加强防范措施，同时还要培养业主和租户的防火和自救的意识。

（5）车辆与道路管理，是物业管理中的一件琐碎而又不可或缺的工作。要防止车辆丢失，定点停放，避免阻碍交通。车辆管理看起来是一件小事，但处理起来并不容易。

特别是随着人们生活水平的提高，汽车拥有量也在逐渐增加，而设计住宅时往往并未充分考虑这个问题，从而增加了交通与车辆停放管理的难度。

（6）征收费用问题，是一项细致而又复杂的工作。需要编制预算和收支账目、定期收取费用、解决收费过程中的各种矛盾，还要定期公布账目，接受监督和检查等。

（7）处理矛盾，物业管理实际上是通过对物和人员言行的规范与管理实现对人的服务。因此，在物业管理过程中必然涉及大量的人与人之间的矛盾，要协调社会各方面的关系，包括与政府主管部门、街道，以及供水、供电、煤气、电信、市政等其他相关部门的沟通与联系，同时还要协调物业管理范围内与发展商、业主、租户的关系，并处理好内部职工之间的关系。

（8）档案管理，是物业服务企业内部一个不可或缺的基础性工作。档案所涉及的内容很多，包括房地产开发立项、建筑相关的文件资料，也包括业主入住、产权户籍管理相关的文件，以及物业管理自身的一些相关文件等。

2. 多种经营服务

物业管理多种经营服务主要是指物业服务企业在征得相关主体同意后，依托物业管理区域特有的市场资源开展的各类有偿服务工作。专项服务通常会事先设立服务项目，并公布服务内容与质量、收费标准，当业主或使用人需要服务时，可自行选择。费用在公共服务费外独立收取。

3. 物业租赁

物业服务企业根据自身的实力及所负责物业区域的特点，可以开展接受业主（或其他组织）委托的物业租赁业务，增加企业的经营收入。

4. 社区管理

参与社区管理是物业服务企业的一个特殊使命。物业服务企业在搞好自身业务之外，还要承担积极参与社区管理这一特殊职能。物业服务企业要自觉与各级政府、医疗、政法、公安部门取得联系，随时传达有关政策和法令，开展社区建设和管理工作，如全民选举、人口普查、计划生育、社会治安、医疗保健、社区文化等，努力探索一条社区管理的新途径。

（二）物业管理与社区管理的关系

物业管理与社区管理是为适应城市体制改革和加强城市基础管理而出现的。由于二者的管理区域重合、管理内容交叉、管理形式相似、硬件设施共享、以人为本的宗旨相同、提高生活质量的目标一致，因此会发生管理职能的碰撞，需要理顺物业管理与社区管理之间错综复杂的关系。

1. 物业管理与社区管理的共性

（1）物业管理与社区管理的指导思想一致

物业管理与社区管理都是以物质文明建设和精神文明建设为内容，以加强城市管理为重点，以物业管理区域和社区为载体，按照一定的规范，通过管理和服务，开展丰富多彩的活动，推动社会发展和进步。

（2）物业管理与社区管理的目标一致

物业管理与社区管理都要以人为中心，开展多种多样的活动，为人们的生活、工作、学习提供良好的空间。物业管理以完善的物业服务，为人们创造良好的环境；社区管理则侧重调节人际关系，为人们提供和谐的空间。

2. 物业管理与社区管理的区别

（1）整体与部分。社区管理是一个系统，是由相互作用的若干要素按照一定的方式组成的统一整体，在这个统一体中包含政府组织、企事业单位、社团组织、居民委员会等。物业管理作为社区管理的子系统，二者是整体与部分的关系。因此，物业管理离不开社区管理，必须服从社区管理，才能在社区管理中确定自己的地位。

（2）管理主体不同。物业管理是以物业服务企业为主体的企业行为，一般要通过有偿服务的形式实现；而社区管理是以地方政府街道办事处为主体的政府行为，一般不向群众收取任何费用。

（3）管理性质不同。物业管理是社会化、企业化、专业化管理，主要是对物业区域内的物业及其配套设备、设施和环境进行管理。社区管理是国家管理社会生活、群众管理社会生活和社会管理社会生活相互交融的基础性的社会管理。具体而言，社区管理是在街道办事处领导下的行政性管理，是在街道办事处的组织领导下，社区内有关单位和居民共同参与的围绕"人的社会生活"实施的管理。

（4）管理功能不同。物业管理区域建设着眼于提高物业及其配套设备设施的质量使人们得到满足。而社区建设则着眼于调节人际关系，塑造社区文化氛围，使人们得到满足。

（5）管理手段不同。物业管理强调业主至上、服务第一，突出为业主和使用人服务；而社区管理则主要通过行政手段和协调，对社区实施管理。

3. 物业管理与社区管理的关系

概括地说，二者是相互依赖、相互支持、相互促进、共同发展的互动关系。具体体现为下面几点。

（1）社区管理依赖于物业管理。物业管理是社区管理的基础，没有物业管理也就谈不上社区管理。

（2）物业管理需要社区引导。物业管理是社区管理的重要组成部分，必须由社区进行统一规划、统一协调，才能得到各方面的支持和配合，否则物业管理难以得到发展。

（3）社区管理应当尊重物业管理的自主权。物业管理主要是依靠物业服务企业通过市场运行机制实施的，物业服务企业是具有"自主经营，自负盈亏，自我发展，自我约束"的法人资格的实体，在经营过程中不仅要有社会效益还要有经济效益。只要物业服务企业按照有关政策法律从事经营，社区就应该尊重其自主权，干预过多将影响其正常运营。

（4）物业管理要配合社区管理。整个社区管理是一个整体，物业服务企业是社区内部的一个成员，应该在社区的统一领导和协调下开展工作。只有相互配合才能克服碰撞，解决各种矛盾，全面推进工作。

总之，在物业管理过程中，必须确定物业管理法律关系中各个主体间的法律地位及相互间的权利义务关系，其中最主要的主体是物业服务企业与业主及使用人，二者之间是平等的民事主体关系，是委托与被委托的关系，各级政府主管部门及相关部门与上述两个主体之间是宏观的、间接的、以政策法规为主要调控手段的监督指导关系。

（三）物业管理与传统房屋管理的区别

物业管理与传统房屋管理有所不同。一般来说，传统房屋管理是房地产管理中的一项具体管理内容，是介于行政管理与非行政管理之间的一种房屋管理形式。物业管理是传统房屋管理的一种革新，但它无论是在管理形式、手段、观念上，还是在管理的深度和广度上，都与传统房屋管理有着很大的区别（如表1-1所示）。

表1-1 物业管理与传统房屋管理的区别

管理内容	物业管理	传统房屋管理
物业权属	多元化产权	单一产权（国有、集体所有）
管理主体	物业服务企业	政府、单位房管部门
管理单位性质	企业	事业或企业性事业单位
管理手段	经济和法律手段	行政手段
管理性质	经营性的有偿管理服务	福利性的无偿、低偿服务
管理观念	为业主、住户服务，以人为本	管理住户，以物为中心
管理费用	经营收入、自筹等	低租金和财政补贴
管理形式	社会化、专业化统一管理	多头分散管理
管理内容	全方位、多层次的管理服务	管房和修房
管理关系	服务与被服务的关系	管理与被管理的关系
管理模式	市场经济管理模式	计划经济管理模式
管理机制	契约、合同制	行政指令、终身制、无竞争

七、物业管理的类型

（一）按管理主体分类

1. 以区、街道、办事处为主体成立的物业服务企业实施的管理

这种管理主要突出地方政府行政管理的作用，因此具有权威性，制约力强，但缺乏专业知识，市场化意识不足。

2. 以房地产管理部门为主体，由下属的房管所、房管站成立物业服务企业实施的管理

这种管理仍然受计划经济体制影响较深，带有行政管理的色彩，但也有一定程度的专业化特点。

3. 物业产权拥有单位为管理主体实施的管理

主要是指一些大的企事业单位拥有的产权物业实施的管理。管理对象一般都是本单位职工或以本单位职工为主居住的物业。这种管理方式仍然带有一定程度的福利性。

4. 以物业服务企业为主体实施的管理

这种管理方式是一种以委托与被委托、服务与被服务的方式，完全按市场经济运行规律为原则进行的管理。物业服务企业与业主（或使用人）是一种平等的民事关系，是被实践证明的适应我国住房体制改革的一种比较有效的房屋管理模式。

（二）按业务委托情况分类

1. 委托服务型物业管理

委托服务型物业管理是房地产开发商将开发建成的物业出售给用户，一次性收回投资并获取利润，然后委托物业服务企业对物业进行管理，完善其售后服务。

这里所说的"委托"分两种情况。第一种情况是开发商自己组建物业服务企业，对所出售的物业进行管理。其优点是有利于完善售后服务，不存在经费不足等问题。其缺点是专业化、规范化、独立性差，依附性强。第二种情况是开发企业以招标的方式委托专业物业服务企业，对已出售的物业进行管理。这是物业管理今后的发展方向。

2. 租赁经营型物业管理

租赁经营型物业管理是指房地产开发商建成房屋后并不出售，而是交由下属的物业服务企业进行经营管理，通过租金收回投资，获取利润。这种物业服务企业对物业的管理不仅是日常的维修养护工作，更主要的是对所管物业的出租经营，为房地产开发获取更加长远而稳定的利润。其经营职责是根据市场需求的发展变化随时调整经营策略，并且不断地更新、改造与完善物业的使用条件，以提高物业的档次和适应性，获取更高的租金收入。

委托服务型物业管理与租赁经营型物业管理存在较大的差别。从产权上看，前者只有管理权而没有产权，后者既拥有产权又有管理权；从管理上说，前者是物业的售后服务，是为了保持物业的正常使用，后者则需要努力营造一个良好的物业使用环境，创造租赁条件，赢得租户并为之服务；从管理的对象来看，前者适合各种楼宇，后者则主要适用于商业大厦、写字楼等；从服务对象来看，前者既有居民住户又有职业公务人群，后者则主要以商业等职业人群为服务对象；从管理方式来看，前者注重的是管理与服务，后者更注重积极的、带有开拓性的经营。

（三）按管理重点分类

1. 管理型

主要是对物业及附属设备、设施和场地统一的综合管理，以期通过管理为业主和租户创造一个整洁舒适、安全高雅的居住和办公环境。

2. 服务型

主要是在完成基本管理任务的基础上，充分利用现有的物业条件，尽可能完善各种配套设施，发挥主观能动性，开展多种多样的经营服务项目，为业主和租户提供全方位的服务。

3. 经营型

主要是运用现代经营手段，按照市场经济的原则，在搞好管理和服务的同时，注重各种经营活动。不仅要实现对物业管理区域内的相关业主和使用人的服务的投资价值收益（直接体现为保持较高的物业管理服务费的收缴率），还要注重依托物业管理区域的市场资源，力所能及地开展多种经营服务，增加企业的经营效益，提高企业的竞争能力。

（四）按经营形态分类

1. 管理型物业管理

管理型物业管理主要进行产权产籍管理、物业的产权经营、中介服务和房地产经纪等，也包括物业的档案资料管理。其具体的事务管理操作，如清洁、保安、维修、养护和公共服务，是以分包及与专项服务公司合同工、钟点工挂钩的服务形式分解的。

2. 实务型物业管理

实务型物业管理一般是以专业公司的形式出现的，如保安公司、绿化公司、保洁公司、房屋维修公司、机电设备保养维护公司等。它们开展物业专项服务管理，工种齐全，服务质量比较高，通常接受其他物业服务企业的分包来取得管理业务。

3. 半管理半实务型物业管理

半管理半实务型物业管理的优点是优势互补，既可以充分发挥自己的长处，又可以充分利用他人的优势，取长补短，优化管理组合要素，达到最佳管理效果。

（五）按照物业服务企业接管楼盘的财务渠道分类

1. 包干型物业管理

包干型物业管理即大业主（房地产开发商）或小业主（购房者）按合同契约、政府有关部门规定的费用或指导价格，付给物业服务企业一定费用（一般按每平方米或每套房屋计价），由物业服务企业承包，亏损或盈利都由物业服务企业承担或享有。

2. 费用加成型物业管理

费用加成型物业管理是指物业服务企业所有的成本费用开支都必须经业主审定，然后由业主按比例付给物业服务企业一定的酬金，即利润。

第三节　物业管理的基本环节

物业管理的运作既是管理思想的体现，又是管理理论的实践，是全部物业管理活动的总和。为保证物业管理有条不紊地顺利启动和正常进行，从规划设计到管理工作的全面运作，有若干环节不容忽视。这些基本环节分别包括在物业管理的策划阶段、前期准备阶段、启动阶段、日常运作阶段中。

一、物业管理的策划阶段

这一阶段的工作包括物业管理的早期介入、制定物业管理方案、选聘或组建物业服务企业等基本环节。

（一）物业管理的早期介入

物业管理的早期介入是指物业服务企业在接管物业以前的各阶段（项目决策、可行性研究、规划设计、施工建设等阶段）就参与介入，从物业管理运作的角度对物业的环境布局、功能规划、楼宇设计、材料选用、设备选型、配套设施、管线布置、房屋租赁经营、施工质量、竣工验收等方面提供有益的建设性意见，把好规划设计关、建设配套关、工程质量关和使用功能关，以确保物业的设计和建造质量，为物业投入使用后的物业管理创造条件。

早期介入并不是整个物业服务企业的介入，而只要物业服务企业的主要技术人员参与即可，也可邀请社会上的物业管理专家参加，倾听他们的意见。

（二）制定物业管理方案

在早期介入的同时，就应着手制定物业管理方案。由于此时物业服务企业还没有到位，物业管理方案的制定由房地产开发企业完成。房地产开发企业可聘请物业服务企业代为制定物业管理方案。物业服务企业如果有能力提供这种服务，无疑会增加接受物业管理委托的机会。

制定物业管理方案应着重考虑以下几个方面的问题。

1. 确定管理服务档次

根据物业类型和功能，规划物业消费水平，确定物业管理服务的档次。管理服务薄弱和超档服务都是一种浪费。一幢设施先进的高档楼宇，如果没有完善的管理服务，则楼宇功能不能充分发挥作用，而且维修跟不上，会使设备过早老化失去使用功能。一幢档次低的楼宇，管理服务档次很高也没有实际意义。因为购买低档房屋的人多为中低收入者，物业管理服务的档次高，费用也高，中低收入者无法承受。

2. 确定服务标准和服务内容

不同类型、功能和档次的物业，需要提供的物业管理服务项目及服务质量有很大差别。普通居民住宅小区可能只需要一些最基本的管理和服务内容，如自行车存放、代订报刊、代送牛奶等。清洁、绿化及维修等其他服务的工作要求也相对较低，收费比较低廉。而高层大厦则需要提供高水平的专业化服务，如设立服务台、设置来访对讲机、提供行李搬运、订车和租车、外墙定期清洁、24小时保安巡逻、假日装饰、洗衣等服务，收费也相对较高。

3. 财务收支预算

（1）依据政府的有关规定和物业管理服务标准，编制费用预算，确定各项目的收费标准及支出预算。每年的收入总额包括管理费收入、多种经营收入及其他收入等。每年的支出总额即物业管理所需的经费总额,包括管理和服务人员工资与福利费、办公费、修缮费、各项服务支出、税费、保险及预留费用等。

（2）进行费用分摊。根据各业主所占物业的份额,计算出按比例分摊的费用,明确每位业主及使用人应交的费用。

（3）建立完善的、能有效控制管理费用收支的财务制度。

（三）选聘或组建物业服务企业

在制定了物业管理方案并经审批之后,即应根据方案确定的物业管理服务档次着手进行物业服务企业的选聘或组建工作。在开发项目全面竣工交付使用之前,首次选聘物业服务企业的工作由房地产开发企业进行。如有条件,房地产开发企业也可以自行组建物业服务企业。

上述三个环节均由房地产开发企业进行。这三个环节是物业管理服务全面启动和运作的必要先决条件,房地产开发企业对此应给予足够的重视。

二、物业管理的前期准备阶段

物业管理的前期准备工作包括物业服务企业内部机构的设置与人员编制、物业管理服务人员的选聘与培训、规章制度的制定、物业租售的介入等基本环节。

（一）物业服务企业内部机构的设置与人员编制

企业内部机构及岗位要依据所管物业的规模和特点灵活设置,设置原则是使企业的人力、物力、财力资源达到优化高效的配置,建立一个以最少人力资源投入而能达到最高运营管理效率的组织。岗位设置和职能安排既要分工明确,又要注意各部门之间的衔接配合,并最大限度地减少冗员。具体员工数还需视实际需要而定。

（二）物业管理服务人员的选聘与培训

选聘的人员一般包括两种类型：管理类型和工程技术类型。招聘的人员应由富有经验的专业人员进行培训,培训时间以选在开展工作前3~6个月为最佳。培训的重点是各部门的负责人和骨干；培训的目的是胜任所负责的工作。需要特别注意的是：电梯、锅炉、配电、空调等特殊工种要取得政府主管部门岗位的资格认定方可上岗。

（三）规章制度的制定

应依据国家及政府有关部门的法律、法令、文件和示范文本,结合物业的实际情况,制定一些必要的、适用的制度和管理细则。这是物业管理规范化、法制化的前提,也是实施和规范物业管理行为的必要措施与保证。

（四）物业租售的介入

物业的租售在其建设阶段就已开始。房地产开发企业通常将自行开展的市场营销与租赁以外的业务，特别是物业服务企业开始实施管理服务后剩余物业的销售与租赁委托给经纪代理机构。物业服务企业在具备相应的资质后，可介入物业的租售工作。

三、物业管理的启动阶段

物业管理的全面正式启动以物业的接管验收为标志，从物业的接管验收开始到业主委员会的正式形成，包括物业的接管验收、用户入住、产权备案和档案资料的建立、首次业主大会的召开和业主委员会的正式成立四个基本环节。

（一）物业的接管验收

物业的接管验收包括新建物业的接管验收和原有物业的接管验收。新建物业的接管验收是在政府有关部门和开发建设单位对施工单位竣工验收的基础上进行的再验收。接管验收一旦完成，即由开发企业或建设单位向物业服务企业办理物业的交接手续，标志着物业正式进入使用阶段，物业管理就应全面启动。原有物业的接管验收通常发生在产权人将原有物业委托给物业服务企业管理之际；或发生在原有物业业主改聘物业服务企业，在新老物业服务企业交接之际。在这两种情况下，原有物业接管验收的完成也标志着新的物业管理工作的全面开始。

（二）用户入住

用户入住是指住宅小区的居民入住，或商业楼宇中业主和租户的迁入。这是物业服务企业与服务对象的首次接触。用户入住时，首先要签订《前期物业管理协议》。为了有一个良好的开端，物业服务企业需要做好下列工作。

1. 通过宣传使用户了解和配合物业管理工作

采用多种宣传手段和方法，向用户进行宣传，使用户了解物业管理的有关规定，主动配合物业服务企业日后的管理工作。物业服务企业通常会向用户发放《用户须知》和《用户手册》，使用户了解应该遵守的管理规定，同时告知用户物业服务企业能提供的服务项目。

2. 配合用户搬迁

无论是住宅小区还是商业楼宇，用户搬迁对于物业服务企业都是十分关键的时刻。既要热情服务，又要让业主意识到应积极配合物业服务企业，共同维护舒适的工作和生活环境，遵守物业管理的有关规定。这方面的工作主要包括以下几个方面：

（1）清洁卫生。新建楼宇的环境卫生通常不尽如人意，物业服务企业要尽力打扫室内外卫生，并清扫道路。

（2）协助用户搬迁。替用户联系搬家公司或物业服务企业自己临时提供有偿搬迁服务。还可依据用户情况，调整搬迁时间，避免搬迁时间过于集中而造成拥挤和混乱。

（3）做好用户搬迁阶段的安全工作。用户搬迁在一段时间内比较集中，此时应特别关注人身安全和财产安全。这一时期物业服务企业应加强治安管理，安排较多的保安人员值班。

3. 加强对用户装修的管理

迁入新居的住户和单位,一般都要对房屋进行不同程度的装修。对此,物业服务企业除给予积极的协助外,还要特别注意加强对房屋装修的管理,包括建立对房屋的装修尤其是房屋结构变动和室内原有设备、管线改动的申报审批制度,对装修工程中的垃圾、噪声、用火和用电安全的管理,对装修和装修材料的管理等。

(三)产权备案和档案资料的建立

1. 产权备案

房地产的权属登记和产权备案是不同性质的工作:权属登记是政府行政部门的行业管理;产权备案是物业管理中十分重要的环节。根据国家规定,产权人应按照城市房地产行政主管部门核发的所有权证规定的范围行使权利,并承担相应的义务。物业管理就是使产权人的权利得到保障,并承担所应承担的义务。物业中的公共设施和房屋公共部位,是多个产权人共有的财产,其维修养护费用应由共有人按产权份额比例分担。为准确界定每个产权人拥有产权的范围和比例,维护其合法权益,进行产权备案是实施物业管理必须做而且要做好的一项工作。

2. 档案资料的建立

档案资料包括业主或租户的资料和物业的资料。

业主或租户入住后,应及时建立其档案资料,如业主的姓名、家庭人员情况、工作单位、日常联系电话和地址、收缴管理费的情况、物业的使用或维修养护情况等。

物业档案资料是对前期建设开发成果的记录,是今后实施物业管理过程中进行工程维修、配套、改造必不可少的依据,是更换物业服务企业时必须移交的资料之一。

档案资料的建立主要包括收集、整理、归档、利用等环节。要尽可能完整地收集从规划设计到工程竣工,从地下到楼顶,从主体到配套,从建筑物到环境的全部工程技术资料,尤其是隐蔽工程的技术资料。

(四)首次业主大会的召开和业主委员会的正式成立

物业销售和用户入住达到一定比例(如50%)后,应在政府主管部门指导下适时召开首次业主大会,制定和通过管理规约,选举产生业主委员会。至此,物业管理工作就从全面启动转向日常运作。

四、物业管理的日常运作阶段

物业管理的日常运作包括日常综合服务与管理以及系统的协调两个环节。

(一)日常综合服务与管理

日常综合服务与管理是指用户入住后,物业服务企业在实施物业管理时所做的各项工作。这是物业服务企业最经常、最持久、最基本的工作内容,也是其管理水平的集中体现。

(二）系统的协调

物业管理社会化、专业化、企业化、经营性的特征，决定了其具有特定的、复杂的系统内外部环境条件。系统内部环境条件主要是物业服务企业与业主、业主大会、业主委员会相互关系的协调；系统外部环境条件则是物业服务企业与相关部门关系的协调。物业服务企业要想做好物业管理工作，就要建立良好的内外部环境条件。内部环境条件是基础，外部环境条件是保障。与此同时，政府还要加强物业管理的法制建设和宏观协调，否则物业管理工作会遇到许多难以想象的困难。

第四节　物业管理的起源与发展

一、物业管理的起源

物业管理作为一种房屋管理的模式，已经有一百多年的历史。一般认为，近代意义上的物业管理起源于 19 世纪 60 年代的英国。当时的英国正值工业革命发展时期，资本主义快速发展，由此导致对劳动力的需求猛增，大量农村人口涌入工业城市，城市原有的各种住房及其设施已远远不能满足需要，造成了严重的房荒。一些开发商趁机修建了一批简易住宅低价租给贫民和工人家庭。由于设施简陋、居住环境恶劣，导致管理困难，不仅承租人拖欠租金严重，而且房屋破损问题也不能得到有效解决，人为破坏房屋设施的情况时有发生。在这种背景下，业主的利益无法得到保障。业主对损坏的设备、设施维修养护不及时，治安、卫生也无人管理，使本来就很差的居住条件更加恶劣。当时，一位名叫奥克维亚·希尔（Octavia Hill）的女士经过认真思考，为其名下出租的物业制定了一套规范住户行为的制度，要求承租者严格遵守。作为业主，希尔女士及时对损坏的设备、设施进行维修，改善了贫民和工人家庭的居住环境，也使业主与承租者之间紧张的关系变得友善起来。这被认为是最早的物业管理。希尔的做法很快被其他社会人士仿效，并得到了英国政府的肯定和支持，成立了世界上第一个非营利性的物业管理行业组织——英国皇家特许屋宇经理学会。以英国为起源地，在一个多世纪的时间里，物业管理在西方各国逐渐推行开来。

19 世纪末 20 世纪初，物业管理在西方发达国家获得了实质性发展。这一时期，美国等一些资本主义国家经济发展迅速，建筑技术不断完善，出现了附属设备较多、结构更加复杂且带有电梯的高层建筑。这类建筑往往为多个业主共有，产权呈现多元化局面，其日常维修、管理工作量大，专业性、技术性较强，由谁来管理成为一个非常棘手的问题。因此，专业的物业管理机构开始出现。这些机构按照业主的要求，提供专业性的楼宇管理、维修、养护等服务。

现代意义上的物业管理行业组织是由美国芝加哥摩天大楼的所有者和管理者乔治·A. 霍尔特（George A. Holt）首先创办的。霍尔特在工作中认识到物业管理人员有必要经常在一起相互学习、交流信息。因此，美国的第一个物业管理行业组织——芝加哥建筑管理人员组织（Chicago Building Managers Organization，CBMO）于1908年诞生了。在以后的3年中，CBMO先后在底特律、华盛顿和克利夫兰举行年会，由此推动了第一个全美业主组织——建筑物业主组织（Building Owners Organization，BOO）的成立。CBMO和BOO的成立及其积极而卓有成效的工作推动了美国物业管理行业的发展。在CBMO和BOO两个组织的基础上，美国又成立了建筑物业主与管理人员协会（Building Owners and Managers Association，BOMA），这是一个地方性和区域性组织的全美联盟，代表业主和管理人在物业管理过程中的利益。

二、我国物业管理的发展历程

我国香港地区的物业管理可以追溯到二战时期。20世纪60年代，香港地区的现代物业管理正式产生，从英国引进了物业管理人才、物业管理理论和方法。改革开放初期内地首先在深圳等地推行的物业管理基本上是引进香港地区的做法。

从现有的材料来看，真正现代意义上的物业管理在我国内地起步较晚，但是如果向前追溯历史，我们还是能够看到我国内地物业管理发展历程的大致脉络。

（一）中华人民共和国成立前的物业管理

从20世纪20年代初期起，我国沿海及内地一些大城市的房地产业蓬勃发展，包括北京、上海、武汉、广州、沈阳、哈尔滨在内的很多大中城市陆续建起了八九层高的楼房。仅以上海为例，它当时是东方第一大城市，高楼林立，英、法等租界地区出现了不少西式风格的住宅，外滩建筑群及南京路、淮海路的商业街也是从那时起逐渐形成的。房地产业的繁荣带动了物业管理市场的发展。当时已经出现了代理经租、清洁卫生、住宅装修、服务管理等经营性的专业公司，形成了内地现代物业管理的雏形。

（二）中华人民共和国成立后计划经济时代的房屋管理

中华人民共和国成立后，城市的土地及房产逐步转为国家和集体所有，住宅基本上由政府出资建设，房屋也是作为福利品分配给职工的。内务部、城市服务部、第二商业部、国家城市建设总局和城乡建设环境保护部先后成为中央政府房地产管理的职能机构。而具体管理一个城市住宅生产经营及维修保养活动的地方城市房管机构也经常变化，时而撤销，时而合并。即使独立存在，也是政企不分，用简单的行政管理办法代替商品化的经营管理。如此一来，房地产经营活动基本停止，物业管理随房地产市场一度销声匿迹，存在的只是政府有关部门对房屋的生产和维修保养，不带有商业色彩。

（三）改革开放以后的物业管理

20世纪80年代起，我国的市场经济日趋活跃，城市建设事业迅速发展，以住房商品化、房屋产权私有化为标志的房地产经营管理体制改革逐步加快。1981年3月，深圳第一家涉外商品房管理的专业公司——深圳市物业服务企业成立，标志着物业管理在内地的兴起。作为一个新兴的行业，物业管理刚开始还只是沿海部分大中城市的专利，而且只是作为房地产开发业的附属，尚未被人们接受，也没有在全国推广。经过 10 年的尝试和推广，物业管理的独特功能才逐步引起人们的关注。1993 年，原建设部房地产业司在广州和深圳召开了第一届全国物业管理研讨会，深圳物业管理协会也于此时成立，这标志着我国的物业管理进入了新的时期。1994 年 4 月，原建设部颁布了我国自 1949 年以来第一个物业管理部门规章《城市新建住宅小区管理办法》，确立了物业管理在房地产业中的独立地位。1995 年国家把物业管理提到城市管理体制改革的配套工程这一高度，要求全社会给予支持。1997 年又要求物业管理在广度上从新建区向建成区延伸，并向市场化发展。2003 年 9 月 1 日起实施的《物业管理条例》是我国物业管理发展史上的又一里程碑，它标志着我国物业管理的发展正式纳入了法制化轨道，对维护房屋所有人的合法权益、改善人民群众的生活和工作环境、规范物业管理行为，有着十分重要的意义。2007 年 10 月随着《物权法》的颁布实施，根据《物权法》的立法宗旨及有关条款，国务院对《物业管理条例》进行了系统的修订，各级政府及各级职能部门也根据实际情况相继出台或完善了一系列物业管理相关法规或规定。

2021 年 1 月 1 日颁布实施的《中华人民共和国民法典》进一步系统阐释了物权关系、物业服务合同等。

经过 40 年的发展，我国物业管理发展已初具规模，物业服务从商品房到保障性住房，从居住小区到办公、工业、商业、学校、医院以及交通、文化、体育等公共建筑，从单一类型物业到综合性物业，从市场化的物业服务到机关、企事业单位后勤社会化的物业服务，物业管理已覆盖不动产管理的所有领域，物业服务品质显著提高，居民满意度稳步提升，市场机制初步形成，行业自律逐步规范。

随着物业管理作用的不断显现和物业管理观念的渐入人心，我们已经从"要不要物业管理"的起步阶段，进入了"如何搞好物业管理"的快速发展和规范有序阶段。

物业管理这一与千家万户有着密切关系的行业，已得到各级政府、房地产业界人士的重视，更为广大人民群众所关注，前景非常广阔。

三、我国物业管理行业的特点及发展条件

（一）我国物业管理行业的特点

归纳起来，我国物业管理行业具有以下几个特点。

1. 前期物业管理中开发、管理的一体化

到目前为止，在前期物业管理中，开发商包揽建成后的物业管理业务即所谓的"谁开发、谁管理"已成为不争的事实。这种开发、管理一体化的做法，在很大程度上适应了市场经济和房地产行业的发展需要。由于管理主体就是开发商，因而它们能从规划设计、布局造型等方面为今后的物业管理考虑，并在施工建设过程中，对材料的选择、设施的安装及施工的质量等方面进行监管，为售后的物业管理工作打下基础。当然，这种一体化的管理体制，在法律法规、管理、服务、人员素质等方面也存在不少问题。因此，国家提倡建设单位按照房地产开发与物业管理相分离的原则，通过招投标的方式选聘具

有相应资质的物业服务企业。在业主大会成立之后，应当通过招投标方式重新确定物业服务企业。

2. 多种经营模式并存

大量建成的物业投入市场，售出的物业需要纳入物业管理轨道；与此同时，尚未售出的公房还要继续按原来的管理体制运作，因而出现了以下多种物业管理模式并存的局面：

（1）由原房屋管理部门转制而形成的企业化物业管理模式。这种模式在加强对公房的修理和经租管理的基础上，向居民扩大经营服务范围，实行有偿服务。

（2）由房屋管理部门组建的专业化物业服务企业模式。这种模式的做法是，房地产开发商、业主、物业服务企业与街道办事处、派出所共同组建住宅区管理委员会，对住宅区物业管理的重大问题作出决策。物业服务企业自主经营、自负盈亏，可以通过开展各种有偿服务、多种经营来筹集经费，增强竞争能力。

（3）由房地产开发商组建的企业化物业服务企业模式。这种专业性的物业服务企业不仅可以管理开发商自己建设的物业，一些规模较大、资质较好的还可以不断拓展市场，扩大经营规模。

3. 服务标准的多层次性

从一般居民住房到豪华的高级公寓别墅，从普通办公楼到高档涉外写字楼，对物业管理的要求差别很大。目前可以将它们大致划分为以下三个层次：

（1）保障型。保障型又称经济型，即只要求物业管理做好最基本的物业维修保养、环境清洁、安全等工作，以保障最基本的生活要求。

（2）改善型。在保障型的基础上，根据需求提高物业管理与服务的标准，以适应业主生活改善后对居住小区更高层次的要求。

（3）舒适型。提供高标准、高质量的服务，其中一部分要求同国际先进水平接轨，实施全方位的管理与服务，营造舒适宜人的物业环境。

（二）我国物业管理行业健康发展的条件

从总体上看，我国的物业管理与服务水平仍有待提高，企业整体素质仍有待强化，物业管理运作环境仍有待进一步完善，物业管理法规仍有待进一步健全。尽管如此，也应该看到，我国的物业管理行业已经取得了很大成就，具备了各种发展条件，具有明显的发展优势。

1. 住房制度改革进一步深化

住房制度改革的方向是房屋商品化、产权私有化，逐步建立国家、集体、个人三者相结合的住房投资机制。与此同时，我国早已从政策上终止实物分房，实施货币化分配模式，建立租售兼有的适合我国国情的住房制度。这个趋势要求把房屋管理引向市场，实施专业化、社会化管理。住房制度改革的进一步深化为物业管理的发展拓宽了天地，物业管理不仅要在新建的物业小区中推行，也要在原有住房、公房、经济适用房中开展，真正走向千家万户。

2. 房地产市场竞争机制逐步完善

房地产市场竞争机制的逐步完善将使物业管理更加健全。具体包含两层意思：第一，房地产开发、营销市场日趋规范，开发商越来越重视前期物业管理的作用。通过优质的前期物业管理来促进房地产的开发与销售逐步成为一种非常重要的竞争措施，其结果必然推动中国物业管理水平的大幅提高。第二，物业管理市场内部的竞争机制也在不断完善，相关的法律法规、行政规章逐步出台。物业管理市场进出管理制度、业主委员会制度、招投标制度、物业服务费制度等已经并将继续促进物业管理行业的优胜劣汰。房地产市场竞争机制的完善使物业管理朝着不断提高经营管理和服务水平、争创优秀品牌企业的健康之路发展。

3. 社会需求持续增长

随着市场经济的深入发展，人们的生活水平必将逐步提高，对于居住面积和居住环境的要求也将日益增加。而且，生活水平与消费能力的提高也会引起消费观念的改变和消费结构的变化。人们将居住条件的改善作为提高生活质量的首要标志，这会导致居住消费投入的增加。这就意味着物业管理市场将会日益拓展，这也是中国物业管理进一步发展的重大优势。

（三）物业管理与房地产业的关系

物业管理市场的产生与房地产市场有着密切的联系。随着城市房地产业的发展，物业管理市场因已建房屋的管理需求而逐渐形成。但是，由于物业管理在房屋建成后提供着良好的售后服务，因而其对房地产市场的发展又起到了有效的促进作用，并成为对房地产经济发展有着积极促进作用的一个重要产业。物业管理与房地产业的关系主要体现在以下几个方面。

1. 物业管理的形成及其对房地产开发的全程参与，延长了房屋的寿命，有利于提高人民居住水平

专业化物业管理的形成及其对房地产开发过程的参与，使房地产开发与物业使用得到有机的结合，便于提高房屋及其附属设备设施寿命期内的功能、质量和降低综合成本（含管理费用），从而延长其寿命，达到房地产保值增值的目的。因此，物业管理的发展对我国住房制度改革以及建立和完善社会主义市场经济体制、促进住宅产业化发展、提高人民的居住水平和居住质量，起到了积极的促进作用。

2. 物业管理对房地产开发及销售起到了重要的支持作用

一般来讲，住宅开发建设约需 3 年，而住宅建成及销售后的使用需要几十年、近百年。住宅能不能卖出去，很重要的一个因素是使用期的管理情况。有关调查表明，在现时房地产经济发展中，人们在关心房价、位置、居住环境之后，关心的是房屋的物业管理。物业管理搞得好，必然会消除消费者的后顾之忧，促进房地产开发业的发展。很多精明的房地产开发商在推销房屋时都很注重介绍其物业管理，甚至花重金聘请著名的物业服务企业承担其开发项目的物业管理工作，以树立良好的形象和信誉，促进开发项目的销售。由此可见，良好的物业管理对房地产项目的成功销售、对房地产市场的不断发展，有着重要的支持作用。

3. 良好的物业管理品牌，不但有助于房地产的营销，也能进一步提高企业的市场份额

　　品牌是一种无形资产，优秀的品牌意味着某种商品或服务具有较高的质量、性能和效用，也使其能够在市场上占有较大的份额，具有较强的竞争力。深圳物业管理"万科品牌""中海品牌""金地品牌""招商局品牌"等的产生，不仅促进了相关企业所开发房地产产品的销售，而且使这些企业在全国房地产市场、物业管理市场上具有很高的知名度。这无疑有利于这些企业开拓市场空间、提高竞争力，提高企业的经济效益和社会效益。

复习思考题

1. 简述物业的基本概念、性质和类型。
2. 理解物业与房地产、不动产的联系和区别。
3. 简述物业管理的概念、特点、性质和原则。
4. 物业管理的主要对象是什么？
5. 简述物业管理的主要内容。
6. 简述物业管理与社区管理的关系。
7. 物业管理与传统房屋管理的区别是什么？
8. 简述物业管理的分类。
9. 简述物业管理的基本环节及内容。
10. 了解物业管理在我国的产生和发展。

自测题

第二章

物业管理机构

第一节 物业服务企业

一、物业服务企业的含义、性质及类型

（一）物业服务企业的含义

物业服务企业是指按合法程序成立，具备独立的企业法人资格及相应的资质条件，根据合同接受业主或业主委员会的委托，依照有关法律、法规的规定，对物业实行专业化管理的经济实体。

物业服务企业应具有法人资格。它是依法成立的经济实体，有必要的财产，有自己的名称、组织机构、活动场所和必要的经营条件，能以自己的名义进行民事活动，享有民事权利，承担民事义务。

物业服务企业是一个独立的经济实体，自主经营、独立核算、自负盈亏。在其经济活动中，应坚持"取之于民，用之于民"，"以区养区"和保本求利的原则，实行"自我运转、自我发展、自我完善"的运行机制。

《物业管理条例》规定对物业管理行业准入进行规范，不仅涉及物业管理从业人员，也涉及物业服务企业。对物业服务企业实行资质管理，不同资质等级的企业对于接管服务的项目都有相应的要求。对物业管理行业实行资格准入制度，在一定程度上规范了物业管理的市场行为，促进了物业管理行业的健康发展。

然而随着物业管理行业的快速发展，新情况、新问题也不断出现，为加快转变政府职能，减少不必要的以行政手段干预经济主体自主发展的现象，物业服务企业资质准入制度于2017年年底被废止，以保证新设立的物业服务企业与原来取得了物业服务企业相应资质的企业具有同等的市场地位。同时，国务院建设行政主管部门将会同有关部门建立守信联合惩戒机制，使物业服务企业彻底承担起物业管理服务的主体责任，按照业主自我管理和社会化服务相结合的原则，积极推动将物业管理纳入社区治理体系。

2018年3月8日，国家住房和城乡建设部正式发布了关于废止《物业服务企业资质管理办法》的决定，物业服务企业资质管理制度取消后，意味着物业服务企业不再有行业准入的限制。新设立的物业服务企业只要按照工商行政主管部门颁发的营业执照上的业务范围开展经营活动即可，无须资质要求。

（二）物业服务企业的性质

物业服务企业的性质是由物业管理的性质决定的。物业管理具有服务性，因而物业服务企业也具有服务性，它不生产产品，而是提供服务，享受第三产业的优惠政策。物业服务企业的性质具有以下特点。

1. 物业服务企业是独立的企业法人

物业服务企业是按合法程序建立，从事物业管理活动，为业主和租户提供综合服务和管理的独立核算、自负盈亏的经济实体。物业服务企业作为企业的主要标志是：拥有一定的资金和设备，具有法人地位，能够独立完成物业的管理与服务工作，自主经营，独立核算，以自己的名义享有民事权利，承担民事责任等。因此，物业服务企业除了具备本行业自身的专业特色以外，在市场地位、经营运作、法律地位等方面与其他企业一样，也要遵循讲究质量、信誉、效益等市场竞争法则。因此，物业服务企业是一个独立的企业组织，在物业管理经营活动中具有独立性和自主权。

2. 物业服务企业属于服务性企业

物业服务企业的主要职能是通过对物业的管理及提供的多种服务，为业主和租户创造一个舒适、方便、安全、幽雅的工作和居住环境。物业服务企业作为非生产性企业，主要是通过对物业的维修养护、清洁卫生以及直接为业主和租户提供服务来达到自己的工作目标。因此，从本质上说，物业服务企业的"产品"只有一个，那就是服务。物业服务企业的服务是有偿的，带有经营性，是属于企业性的经济行为。

3. 物业服务企业在某种程度上承担着某些行政管理的特殊职能，是现阶段城市现代化建设的重要组成部分

由于我国城市建设管理体制正处于改革发展中，某些管理的职能和职权并没有完全转轨和明确，所以物业服务企业除了向业主和租户提供服务，也承担了部分政府部门的城市管理职能，如大厦的质量安全、住宅小区内的市政设施等。

（三）物业服务企业的类型

物业服务企业按不同的划分标准，可分为不同的类型。

1. 按存在形式划分

物业服务企业按存在形式，可分为独立的物业服务企业和附属于房地产开发企业的物业服务企业。这两类企业目前都比较普遍。前者的独立性和专业化程度一般较高；而后者的发展程度则明显参差不齐，有的只是管理上级公司开发的特定项目，有的已发展成独立化、专业化和社会化的物业服务企业。

2. 按服务范围划分

物业服务企业按服务范围，可分为综合性物业服务企业和专门性物业服务企业。前者提供全方位、综合性的管理与服务，包括物业产权产籍管理、维修与养护以及为住户提供各种服务；后者就物业管理的某一部分内容实行专业化管理，如专门的装修公司、维修公司、清洁公司、保安公司等。

3. 按企业所有制性质划分

物业服务企业按企业所有制性质，可分为全民所有的物业服务企业以及集体所有、外商独资、合资或股份制性质、私营性质的物业服务企业。目前，全民所有和集体所有的物业服务企业占大部分，私营性质的物业服务企业正在崛起。

4. 按管理层次划分

物业服务企业按管理层次，可分为单层物业服务企业、双层物业服务企业和多层物业服务企业。单层物业服务企业纯粹由管理人员组成，人员精干，不带作业工人，而是通过承包方式把具体的作业任务交给专门的物业服务企业或其他作业队伍；双层物业服务企业包括行政管理层和作业层，作业层实施具体的业务管理，如房屋维修、清洁、装修、服务性活动等；多层物业服务企业一般规模较大，管理范围较广，或者有自己的分公司，或者有自己下属的专门作业公司，如清洗公司、园林公司等。

随着物业管理行业的深入发展，物业服务企业将进一步朝着集约化、集团化和国际化的方向发展，这样不仅可以创造规模经济效益，而且对于节约管理成本、实施品牌管理以及促进物业服务企业的规范化和社会化发展也是十分有益的。

二、物业服务企业的设立和目标定位

（一）物业服务企业的设立

根据《公司法》有关规定，企业设立须在工商行政管理部门进行注册登记，在领取营业执照后方可开展经营业务，因此物业服务企业在开业前需要到工商行政管理部门进行注册登记，其办理手续与一般企业相同。

（1）工商登记前的准备工作包括企业名称的拟定与审核，选择企业地址，以及注册资本、股东组成与结构、法定代表人、企业章程等工作的协商、确定。

（2）申请工商注册登记。在办理工商注册登记时，还需提交一些必要的材料，只有各项条件都符合注册要求时，才可以获得由工商部门颁发的营业执照。

（3）申请税务登记、印章刻制、相关账户的设立等工作。新的物业服务企业开业前，应在规定的时限内向税务部门申办税务登记，取得税务登记证，这也是一项强制性的制度。物业服务企业还需要持有关材料到公安部门申办公司印章的刻制手续，到银行开设账户等。

（二）物业服务企业的目标定位

物业服务企业作为房地产综合开发的延续和完善，按照社会化、企业化、专业化、制度化的发展思路，对物业实施有效的管理并提供优质的服务，是现代化城市管理和房地产经营的重要组成部分。物业服务企业要想在市场竞争中处于有利地位，在组建之初就必须确立明确的发展目标。物业服务企业的总体目标是提供高水平的物业管理及多种经营服务。

物业服务企业的运作目标包括：①妥善管理和维护业主的物业财产，使之始终保持良好的状态，并得以保值、增值，延长使用寿命；②以较少的投入，为业主和租户提供优质服务，使其在安全、文明、舒适、愉快的环境中工作和生活；③积极开展各种有益的物业经营和有偿服务活动，创造较高的经济效益和社会效益，增强竞争实力。

物业服务企业在成立之初，还要确立企业未来的经营目标，具体包括：

（1）信誉目标。良好的信誉是企业的无形资产，有时甚至决定着企业的存亡。物业服务企业应重视信誉目标，塑造良好的企业形象，使业主和租户对企业有信任感，从而在市场竞争中为企业打下良好的基础。

（2）盈利目标。盈利目标包括委托方要求达到的盈利目标和物业服务企业自己制定的目标。

（3）发展目标。物业服务企业必须通过物业管理活动，逐步获得相关知识、技能、经验和利润，通过实践和培训，提高员工的综合能力，促进企业业务的全面发展。

（4）服务目标。服务目标是指物业服务企业的服务所要达到的让业主和租户都满意的标准。

三、物业服务企业内部组织机构

（一）物业服务企业组织机构设置的原则

为了发挥物业服务企业组织机构的整体功能，实现企业的总目标，根据上述四个基本要求，组织机构的设置应遵循以下原则。

1. 目标原则

企业有自己的经营发展目标，组织机构的设置必须以企业的总体目标为依据。从某种意义上讲，组织机构的设置是实现企业总目标的一种管理手段。因目标设置机构、因机构设职设人，是组织机构设置的目标原则。

2. 统一领导与层次管理原则

物业服务企业的经营战略和重大决策权应集中在高层领导手中，而日常工作的管理与经营权力则逐级授权，实行层次化管理。统一领导是各项工作协调进行和实现总目标的决策保证，分级层次管理则是充分发挥各级管理人员积极性的机制保障。如果企业的高层领导整日忙于事务性工作而很少花精力考虑重大决策问题，则不仅会影响各层次管理人员的积极性，而且会使企业逐渐失去长远的战略目标，甚至迷失发展方向。这是在企业逐渐步入正轨的情况下，高层领导应特别注意的层次化管理问题。

3. 分工协作原则

分工协作是社会发展进步的标志，不仅能提高劳动生产率，而且能发挥整体效益。物业服务企业能否最大限度地发挥整体效益，取决于组织机构的专业分工与相互协调。企业的总体目标若能分层次落实到各个部门，使之各司其职、相互协作，目标也就不难实现了。

4. 责权对应原则

整个企业的责任和权力是对等的，委以责任的同时也必须授予其自主完成任务所必需的权力。有责无权，不仅不能调动管理人员的积极性，而且使责任形同乌有，最终无法保证企业任务的完成；有权无责，必然助长官僚主义，导致权力滥用。

5. 有效管理幅度原则

在处理管理幅度与管理层级的关系时，一般情况下应尽量减少管理层级，尽可能地扩大管理幅度；否则，管理层级多了，人员和费用也就多了，会影响企业的经营效率。然而，有效的管理幅度必须考虑机构特性、管理内容、人员能力及组织机构的健全程度等因素，管理幅度过大同样会影响企业的经营效率。

（二）物业服务企业组织机构的类型

物业服务企业组织机构的基本类型一般有直线制、直线职能制、生产区域制、事业部结构等。目前，我国物业服务企业的组织机构主要采用以下几种形式。

1. 直线制

直线制是企业管理机构最早的一种组织形式。采用这种类型的通常是小型的专业化物业服务企业，以作业性工作为主，如保洁公司、保安公司、维修公司等。这些公司下设专门的作业组，由经理直接指挥，如图2-1所示。

直线制的特点是企业的各级组织机构从上到下实行垂直领导，各级主管人员对所属单位的一切问题负责，不设专门的职能机构，只设职能人员协助主管人员工作。

直线制的优点是责权统一，行动效率高；缺点是对领导者的要求比较高，要通晓多种专门知识，亲自处理许多具体业务。

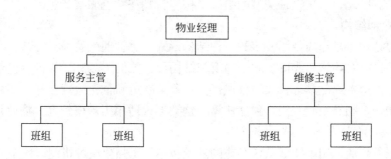

图2-1 直线制

2. 直线职能制

直线职能制在直线制的基础上吸收了职能制的长处，各级组织单位除主管负责人外，还相应地设置了职能机构（见图2-2）。这些职能机构有权在自己的业务范围内从事各项专业管理活动。

目前，大中型物业服务企业大多采用直线职能制组织形式。例如，广州市建设物业服务企业的组织机构基本上属于这种类型。企业总部设有物业管理部、计划开发部、财务部，下设经营部、房产管理部、江南管理部、江北管理部、天河管理部等；江南、江北和天河等管理部下设业务部门、职能部门，如天河管理部下设土建、水电、绿化环卫、保安队、管理处、资料、预算等业务部门和职能部门。

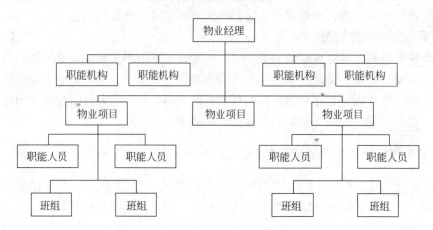

图 2-2　直线职能制

直线职能制综合了直线制和职能制的优点，既保持了直线制集中统一指挥的优点，又具有职能分工的长处，它将机构形式分为管理层和作业层两个层次，对减轻主管领导的负担、提高决策质量和工作效率起到了非常重要的作用。

直线职能制的组织形式也有不足之处：下级往往缺乏必要的自主权；各个职能部门之间因缺乏横向联系而容易产生脱节和矛盾；信息反馈的速度较低、对环境的敏感度比较差；等等。因此，采用这种类型的组织机构应特别注意克服其弱点。

3. 事业部结构

事业部结构也是当前使用较多的一种结构形式，是管理产品种类复杂、产品差异较大，具有各自独立的体系或市场的一种组织结构形式（见图2-3）。其特点包括：①实行分权管理，各个事业部具有较大的自主权，将政策制定和企业运营分开；②每个事业部都是集团的一个利润中心，实行独立核算。这类形式适用于规模较大、物业种类繁多、经营业务多样的大型综合物业服务企业。

物业服务企业采用事业部结构形式的好处包括：①强化决策机制，使企业最高层领导者可以摆脱繁杂的行政事务，将精力集中于企业整体的重大事项的谋划与决策；②调动各事业部的积极性、责任心和主动性，增强企业活力；③促进企业的内部竞争，提高运行效率和经营效益；④有利于培养复合型经营管理人才，便于企业整体人才体系的优化提升。

然而，采用事业部结构也会造成事业部之间协调困难、机构重叠、人员过多、管理成本增加，甚至有可能造成企业整体管理的失控。

此外，矩阵结构、职能结构等也是物业服务企业较为常见的组织形式。物业服务企业的组织机构虽然可以有多种类型，但无论是哪种类型，都必须从实际需要出发，根据本企业及项目的特点进行设置，采用适合自身运营与发展的组织结构形式。

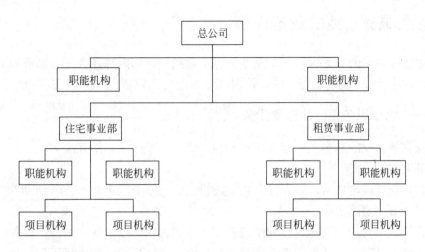

图 2-3　事业部结构

四、物业服务企业的权利和义务

（一）物业服务企业的权利

（1）根据有关法规，结合实际情况，制定物业管理办法；

（2）依照物业管理合同和管理办法对物业实施管理；

（3）依照物业管理合同和有关规定收取管理费；

（4）制止违反规章制度的行为；

（5）要求业主委员会协助管理；

（6）选聘专业公司承担专项管理业务；

（7）可以实行多种经营，以其收益补充管理经费。

（二）物业服务企业的义务

（1）履行物业管理合同，依法经营；

（2）接受业主委员会和业主及使用人的监督；

（3）重大管理措施应提交业主委员会审议批准；

（4）接受行政主管部门监督指导；

（5）至少每6个月向全体业主公布一次管理费用收支账目；

（6）提供优良的生活和工作环境，搞好社区文化；

（7）发现违法行为要及时向有关行政管理机关报告；

（8）物业管理合同终止时，必须向业主委员会移交全部房屋、物业管理档案、财务等资料及本物业的公共财产，包括管理费、公共收入积累形成的资产，同时，业主委员会有权指定专业审计机构对物业服务企业的财务状况进行审计。

五、物业服务企业的业务内容

物业服务企业的业务内容包括基本业务、辅助业务和内部业务等。物业服务企业一业为主、多种经营、微利服务、规模管理的基本特性，决定了其业务内容广泛性的特点。

（一）物业服务企业的基本业务

物业服务企业的基本业务涉及范围相当广泛，主要包括以下几个方面。

1. 前期物业管理

前期物业管理包括从规划设计到物业建设，以及物业的销售、租赁活动的管理。

2. 物业的使用管理

物业的使用管理包括建筑物的维修和定期养护，辅助设备的定期检修保养，保证供水、电、热、气以及电梯和消防系统的正常运转，保证道路、污水排放管道畅通无阻。

3. 环境养护与管理

环境养护与管理包括维护物业整体规划不受破坏，制止乱搭乱建、乱贴乱画等行为；做好物业管理绿化和室外保洁工作；做好防盗、治安保卫工作，维护公共秩序和交通秩序等。

4. 物业产权户籍管理

物业产权产籍管理包括产权、户籍的登记和确认，以及房屋交换的管理等。

5. 提供全方位、多层次的后期服务

全方位、多层次的后期服务包括专项服务及特约服务。专项服务包括房屋装饰、装修、家电维修、代办各种费用等。特约服务包括代卖代租物业、代办票务、代接送小孩入托、代换液化气、代办酒席、代收发信件、介绍工作和家教等。

（二）物业服务企业的辅助业务

物业服务企业的辅助业务是指物业管理以外的各种经营活动，如开展餐饮服务业务，开办房屋装饰材料、卫生洁具、家用电器等公司，创办幼儿园、托儿所、门诊部、图书馆、电影院、歌舞厅等文化娱乐场所。物业服务企业可根据自己的特长，开展物业管理以外的服务业务。

（三）物业服务企业的内部业务

物业服务企业的内部业务是指企业内部的管理与协调工作。物业服务企业的内部业务主要包括以下几项工作。

1. 人才的选用与培训

人才是企业之本。企业的竞争最终是人才的竞争。物业服务企业要重视和加强人才管理，就必须做好人才的选拔、培训和使用等工作。特别是人才的培训与再培训，是提高员工专业技能和职业道德、物业管理水平和服务质量的关键。

2. 劳动与分配管理

采用聘任制招聘人才，制定合理的劳动定额和岗位责任，严肃劳动纪律，确定报酬和奖惩方式，实行报酬与绩效挂钩，能者多劳，多劳多得多奖。这是企业高效运转和实现目标的重要保障。

3. 设备维修管理

物业服务企业在对物业进行维修、养护、清洁、检查时，必须配备一整套的仪器设备和专用工具，并对这些设备进行管理和维护，做到专人负责、定期维修保养、严格按照操作要求使用。

4. 服务质量管理

物业服务企业要向业主和使用人提供优质服务，首先必须根据合同要求确定质量标准，要培训员工，使他们达到标准要求；其次则要实行全员质量管理，抓好服务质量的考核与监督，真正做到以优质的服务维护好业主和使用人的切身利益。

5. 多种经营管理

多种经营管理的效果，对于物业服务企业有很重要的意义。经营得好，不仅能为业主和使用人提供更为丰富的服务内容，而且可以弥补物业管理经费的不足，并为企业创造更高的经济效益。

第二节　业主大会与业主委员会

一、业主的含义及其权利和义务

（一）业主的含义

业主是指物业的所有人，即房屋所有权人和土地使用权人，是所拥有物业的主人。从法律意义上讲，在房屋登记部门登记的房屋所有权人是物业所有权人。从管理的角度来看，业主既包括物业的所有权人，也包括已办理商品房预售合同登记且所购房屋已入住的使用者和持有空置物业的建设单位。将已办理商品房预售合同登记且所购房屋已入住的使用者和持有空置物业的建设单位视为业主，有利于物业服务企业对辖区内这些业主的物业实施管理。

（二）业主的权利和义务

业主在物业管理活动中，享有下列权利：

（1）按照物业服务合同的约定，接受物业服务企业提供的服务；

（2）提议召开业主大会会议，并就物业管理的有关事项提出建议；

（3）提出制定和修改管理规约、业主大会议事规则的建议；

（4）参加业主大会会议，行使投票权；

（5）选举业主委员会委员，并享有被选举权；

（6）监督业主委员会的工作；

（7）监督物业服务企业履行物业服务合同；

（8）对物业共用部位、共用设施设备及相关场地使用情况享有知情权和监督权；

（9）监督物业共用部位、共用设施设备专项维修资金的管理和使用；

（10）法律、法规规定的其他权利。

业主在物业管理中除享有以上权利外，还有权提议召开首次业主大会会议，推选业主代表，并享有被推选权。

业主在物业管理活动中履行下列义务：

（1）遵守管理规约、业主大会议事规则；

（2）遵守物业管理区域内物业共用部位和共用设施设备的使用、公共秩序和环境卫生的维护等方面的规章制度；

（3）执行业主大会的决定和业主大会授权业主委员会作出的决定；

（4）按照国家有关规定交纳专项维修资金；

（5）按时交纳物业服务费用；

（6）法律、法规规定的其他义务。

二、业主大会概述

（一）业主大会

业主大会由物业管理区域内全体业主组成，代表和维护物业管理区域内全体业主在物业管理活动中的合法权利，履行相应的义务。业主大会根据物业管理区域的划分设立，一个物业管理区域成立一个业主大会。

（二）业主大会的职责

依据《中华人民共和国民法典》《物业管理条例》及其他有关法规的规定，业主大会的职责主要包括：

（1）制定和修改业主大会议事规则；

（2）制定和修改管理规约；

（3）选举或者更换业主委员会委员；

（4）制定物业服务内容、标准以及物业服务收费方案；

（5）选聘和解聘物业服务企业；

（6）筹集和使用专项维修资金；

（7）改建、重建建筑物及其附属设施；

（8）改变共有部分的用途；

（9）利用共有部分进行经营以及分配与使用所得收益；

（10）法律、法规或者管理规约确定应由业主共同决定的事项。

(三)业主大会会议

1. 首次业主大会召开的条件

一个物业管理区域内,业主人数较少且经全体业主同意,不成立业主大会的,由业主共同履行业主大会职责。

物业管理区域内,已交付的专有部分面积超过建筑物总面积50%时,建设单位应当按照物业所在地的区、县房地产行政主管部门或者街道办事处、乡镇人民政府的要求,及时报送下列筹备首次业主大会会议所需的文件资料:①物业管理区域证明;②房屋及建筑物面积清册;③业主名册;④建筑规划总平面图;⑤交付使用共用设施设备的证明;⑥物业服务用房配置证明;⑦其他有关的文件资料。

符合成立业主大会条件的,区、县房地产行政主管部门或者街道办事处、乡镇人民政府应当在收到业主提出筹备业主大会书面申请后 60 日内,负责组织、指导成立首次业主大会会议筹备组。

2. 首次业主大会筹备工作

首次业主大会会议筹备组由业主代表、建设单位代表、街道办事处代表、乡镇人民政府代表和居民委员会代表组成。筹备组成员人数应为单数,其中业主代表人数不低于筹备组总人数的一半,筹备组组长由街道办事处、乡镇人民政府代表担任。

筹备组中业主代表的产生,由街道办事处、乡镇人民政府或者居民委员会组织业主推荐。

筹备组应当将成员名单以书面形式在物业管理区域内公告。业主对筹备组成员有异议的,由街道办事处、乡镇人民政府协调解决。

建设单位和物业服务企业应当配合筹备组开展工作。

筹备组应当做好以下筹备工作:

(1)确认并公示业主身份、业主人数以及所拥有的专有部分面积;

(2)确定首次业主大会会议召开的时间、地点、形式和内容;

(3)草拟管理规约、业主大会议事规则;

(4)依法确定首次业主大会会议表决规则;

(5)制定业主委员会委员候选人产生办法,确定业主委员会委员候选人名单;

(6)制定业主委员会选举办法;

(7)完成召开首次业主大会会议的其他准备工作。

前款内容应当在首次业主大会会议召开15日前以书面形式在物业管理区域内公告。业主对公告内容有异议的,筹备组应当记录并作出答复。

业主委员会委员候选人由业主推荐或者自荐。筹备组应当核查参选人的资格,根据物业规模、物权份额、委员的代表性和广泛性等因素,确定业主委员会委员候选人名单。

筹备组应当自组成之日起90日内完成筹备工作,组织召开首次业主大会会议。

3. 业主大会会议

业主大会自首次业主大会会议表决通过管理规约、业主大会议事规则,并选举产生业主委员会之日起成立。

业主大会会议分为定期会议和临时会议。

业主大会定期会议应当按照业主大会议事规则的规定由业主委员会组织召开。

有下列情况之一的，业主委员会应当及时组织召开业主大会临时会议：

（1）经专有部分占建筑物总面积20%以上且占总人数20%以上业主提议的；

（2）发生重大事故或者紧急事件需要及时处理的；

（3）业主大会议事规则或者管理规约规定的其他情况。

业主大会是行使业主自治管理职权、决定管理事项的重要组织形式。业主大会会议可以采用集体讨论的形式，也可以采用书面征求意见的形式。为了体现广大业主的共同意志，使决策具有广泛的民主性，业主大会应当有物业管理区域内专有部分占建筑物总面积过半数且占总人数过半数的业主参加。

采用书面征求意见形式的，应当将征求意见书送交每一位业主；无法送达的，应当在物业管理区域内公告。凡需投票表决的，表决意见应由业主本人签名。物业管理区域内业主人数较多的，可以幢、单元、楼层为单位，推选一名业主代表参加业主大会会议，推选及表决办法应当在业主大会议事规则中规定。

业主可以书面委托的形式，约定由其推选的业主代表在一定期限内代其行使共同管理权，具体委托内容、期限、权限和程序由业主大会议事规则规定。

业主大会会议决定筹集和使用专项维修资金以及改造、重建建筑物及其附属设施的，应当经专有部分占建筑物总面积2/3以上且占总人数2/3以上的业主同意。

三、业主委员会

（一）业主委员会概述

业主委员会是由业主大会依法选举产生，履行业主大会赋予的职责，执行业主大会决定的事项，接受业主的监督，在物业管理区域内代表全体业主实施自治管理，并经过合法登记的代表物业全体业主合法权益的社会团体，其合法权益受国家法律保护。

业主委员会的宗旨是代表本物业及相关主体的合法权益，实行业主自治与专业化管理相结合的管理体制，保障物业的合理与安全使用，维护本物业的公共秩序，创造整洁、优美、安全、舒适、文明的环境。

业主委员会应当自选举产生之日起30日内，将业主大会的成立情况、业主大会议事规则、管理规约连同业主委员会委员名单等材料向物业所在地的区、县房地产行政主管部门和街道办事处、乡镇人民政府办理备案手续。

业主委员会任期内，备案内容发生变更的，业主委员会应当自变更之日起30日内将变更内容书面报告备案部门。

（二）业主委员会的组成与任期

业主委员会由业主大会会议选举产生，由5~11人单数组成。业主委员会委员应当是物业管理区域内的业主，并符合下列条件：

（1）具有完全民事行为能力；
（2）遵守国家有关法律、法规；
（3）遵守业主大会议事规则、管理规约，模范履行业主义务；
（4）热心公益事业，责任心强，公正廉洁；
（5）具有一定的组织能力；
（6）具备必要的工作时间。

业主委员会委员实行任期制，每届任期不超过 5 年，可连选连任。业主委员会委员具有同等表决权。

业主委员会应当自选举之日起 7 日内召开首次会议，推选业主委员会主任和副主任。

（三）业主委员会的主要职责

（1）执行业主大会的决定和决议；
（2）召集业主大会会议，报告物业管理实施情况；
（3）与业主大会选聘的物业服务企业签订物业服务合同；
（4）及时了解业主、物业使用人的意见和建议，监督和协助物业服务企业履行物业服务合同；
（5）监督管理规约的实施；
（6）督促业主交纳物业服务费及其他相关费用；
（7）组织和监督专项维修资金的筹集和使用；
（8）调解业主之间因物业使用、维护和管理产生的纠纷；
（9）业主大会赋予的其他职责。

第三节　物业服务企业与其他相关机构的关系

物业服务企业所开展的各类服务工作都离不开政府各个主管部门的领导和帮助，也离不开各专业管理公司的大力支持，因此必须正确处理各类关系。物业服务企业与外界的关系如图 2-4 所示。

一、物业服务企业与业主委员会的关系

物业服务企业和业主委员会都是物业管理的机构，它们共同管理着一定范围的物业。不同的是，业主委员会管理的是其所代表的业主们的物业，物业服务企业是受委托管理业主们的物业。在客观上决定了它们之间的特定关系。

1. 完全市场条件下的相互关系

在完全市场条件下，物业服务企业与业主委员会之间的关系有如下特点：①业主委员会是决策执行人，物业服务企业是雇员。业主委员会有权根据物业的情况和多数业主

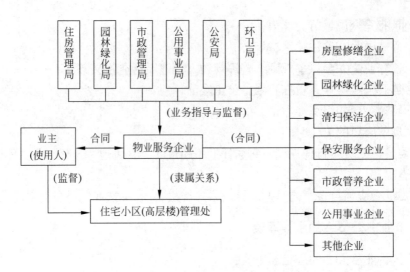

图 2-4　物业服务企业与外界的关系

的意志，选择不同的物业服务企业来提供服务性管理。②业主委员会的委托和物业服务企业的受托是一种合同关系，是一种市场的双向选择。业主委员会愿意出多少钱购买什么样的服务，物业服务企业提供何种服务要按什么标准收费，完全是一种交易谈判，而不是行政分配。③物业服务企业和业主委员会都是独立运作的，互不干扰，双方可以因发展变化的需要，在协商一致条件下续签、修改或解除合同，但都无权干预对方的内部活动。

2. 非完全市场条件下的相互关系

在非完全市场条件下，物业服务企业与业主委员会之间的关系有如下特点：①物业的委托人是一个企业或机构，而不是由许多业主依法组织起来的群众自治组织。②物业服务企业作为子公司是在母公司的支持下，直接组织产生的，其日常经营活动多受母公司的监督和制约。③物业管理权的取得是通过单方授权而不是市场竞争产生的。

3. 地位上的平等关系

物业服务企业与业主委员会之间是受委托人和委托人、服务者和被服务者的关系，没有隶属关系，双方在地位上是平等的。在法律上，业主委员会有委托或不委托某个物业服务企业的自由，物业服务企业也有接受或不接受委托的自由。在组织关系上，不存在领导与被领导、管理与被管理的关系。

4. 工作上的合作关系

物业服务企业在管理物业的过程中经常要和业主委员会发生联系，业主委员会为了业主们的共同利益也时常要和物业服务企业打交道，由此产生合作关系。一般来说，委托合同中都规定了物业服务企业和业主委员会的权利与义务，如物业服务企业有权要求业主委员会协助管理，有义务把重大管理措施提交业主委员会审议；业主委员会有权审议物业服务企业制订的年度管理计划和管理服务的重大措施，有义务协助物业服务企业落实各项管理工作等。这些都是双方之间合作关系的表现。

二、物业服务企业与房地产开发企业的关系

物业服务企业与房地产开发企业的关系有两种情况。

1. 房地产开发企业附设物业服务企业

这种物业服务企业与房地产开发企业是从属关系，物业管理作为售后管理工作，往往是房地产开发过程的延续和发展。目前国内这种形式占很大比例。

2. 委托专业物业服务企业实施物业管理

一般来说，业主委员会成立之前，第一次选聘物业服务企业的工作由原房地产开发企业完成，可以通过公开招投标的方式选聘专门从事物业管理的企业实施物业管理。物业服务企业与房地产开发企业构成聘用的合同关系，双方依照合同规定行使各自的权利并履行各自的义务。业主委员会成立后，选聘物业服务企业的工作由业主委员会负责。

三、物业服务企业与政府管理部门的关系

政府管理部门包括房地产行政主管部门以及工商、税收、物价管理部门及其他行政管理部门。

1. 物业服务企业与房地产行政主管部门的关系

房地产行政主管部门负责物业管理的归口管理工作。经房地产行政主管部门审核批准，才可以到工商行政主管企业登记部门申办物业服务企业。物业服务企业设立以后，仍须在房地产行政主管部门的监督、指导下开展工作，但政府管理部门不直接参与物业服务企业管理活动。各级房地产行政主管部门负责城市物业管理的宏观管理和调控，制定物业管理相关法规、政策，并组织实施监督和检查，组织引导物业管理的工作方向等。应当特别强调的是，在物业管理过程中，政府的职能主要是立法、指导、推动、检查、监督物业管理工作的实施，把政府自身的各项行政管理工作落到实处，以正确行使社会主义市场经济体制中政府对物业管理进行行政管理的职能。房地产行政主管部门对物业服务企业进行行政管理的主要工作包括物业管理合同备案管理、物业服务企业合规管理、检查监督物业维修基金的管理与使用、组织物业服务企业参加物业管理评比等。房地产行政主管部门对物业服务企业的监督、管理、指导工作，体现在以下几个方面：

（1）组织物业服务企业参加考评和评比。根据建设部《全国优秀管理住宅小区标准》，房地产行政主管部门通过实地考察、听取汇报、查阅资料、综合评定等方法，对申报达标的物业管理区域进行达标考评。考评合格的，发给达标合格证书。

（2）对物业服务企业进行行业规范管理。

（3）对物业管理人员进行职业培训。为了提高物业管理人员对物业的规范管理，全面提高物业管理人员的素质，房地产行政主管部门应与劳动管理部门密切配合，组织对物业管理人员的职业技能培训，要求物业管理人员做到持证上岗。

2. 物业服务企业与工商行政管理部门的关系

物业服务企业应向工商行政管理部门申请注册登记，领取营业执照后，方可对外经营。工商行政管理部门每年都会对企业进行年度检查，物业服务企业也不例外。

3. 物业服务企业与税收管理部门的关系

税收管理部门有权对物业服务企业的纳税情况进行业务检查和指导。物业服务企业虽可享受国家对第三产业的利税优惠政策，但仍应遵守有关税收政策，依法纳税。

4. 物业服务企业与物价管理部门的关系

物业服务企业应按有关部门规定的收费标准收取物业管理费，不得随意增加收费项目和提高收费标准。对政府部门尚未制定收费标准的服务项目，物业服务企业应将涉及广大普通群众的收费标准上报物价部门备案。

5. 物业服务企业与其他行政管理部门的关系

物业服务企业的各项服务工作均要接受相应的行政管理部门的指导与监督，如物业治安管理应接受公安部门的监督与指导，消防管理应接受消防部门的监督、检查和指导，清洁工作应接受环卫部门的指导与监督，绿化工作应接受园林部门的指导。政府的其他行政职能管理部门应在法律、法规规定及其职责范围内进行管理和提供服务，并按各自的职责分工对物业服务企业的有关工作进行指导与监督。

6. 物业服务企业与属地街道办事处（或居委会）的关系

街道办事处作为人民政府的派出机构，在物业所在地行使政府的管理职能，主要包括统筹规划、掌握政策、信息引导、组织协调、提供服务、检查监督，但不替代物业服务企业实施具体的管理及为社区全体住户提供生活服务。行政管理部门与物业服务企业保持密切的联系，互相配合、互相支持，构成了高效、优质的社区管理服务系统。例如，街道和居委会派人员参加物业服务企业的例会，及时了解物业管理的情况，通过宣传和教育使居民、单位支持物业管理工作；公安派出所根据物业服务企业开具的产权人、住户签妥的物业管理协议的证明，给予办理户口迁入手续，并负责小区保安队伍的业务指导，维护小区内的治安稳定。

四、物业服务企业与专业管理公司的关系

适应现代生活的物业服务企业通常人员少、队伍精干、社会化、专业性强，是由公司主要领导、各专业管理部门的技术骨干组成的管理型物业服务企业。保安、清洁、绿化等具体的管理操作通过合同形式交由社会上的专业公司承担，一切按经济合同办事。专业公司是为物业管理工作配套服务的专门机构。专业公司的设立，可以使劳动资源和自然资源共享，是物业管理发展的方向。此时，物业服务企业是业主（使用人）的总管家。因此在选择这些专业公司、签订合同时，物业服务企业应代表广大业主（使用人）的利益，遵守住宅小区业主委员会制定的各项规章制度，并在合同执行期内代表业主（使用人）根据合同规定的内容、要求进行对照、检查，保证各项工作真正落到实处。

五、物业管理行业协会

物业管理行业协会是指由从事物业管理理论研究的专家、物业管理服务产品交易的参与者及相关职能人员等组成的民间行业组织。1993年6月成立的深圳市物业管理协会

是我国物业管理领域第一个行业协会。全国性的物业管理行业协会——中国物业管理协会，成立于 2000 年 10 月。随着物业管理在全国各地快速发展，各地的物业管理协会也相继成立。物业管理行业协会不仅可以推动物业管理行业的健康发展，还可以作为物业服务企业与政府之间的沟通桥梁，为规范物业管理运行、提升物业管理的市场化、促进企业之间的合作与交流发挥重要的作用。物业管理行业协会将政府的政策方向、市场规则的规范及法律法规的制定等，向企业进行宣传教育，使企业的行为符合相关法规和政策的要求。

物业服务企业是物业管理行业协会成立的基础，是协会主要的参与者。物业服务企业按协会章程及有关规定定期缴纳会费以维持协会的正常运转，协会也将根据实际情况完成组织会员单位集中参观、学习、交流和培训等工作，提升会员的理论水平和实际运营的能力，为会员单位服务，维护会员单位的合法利益。

复习思考题

1. 简述物业服务企业的基本性质。
2. 简述物业服务企业的类型。
3. 物业服务企业组织机构的设置应遵循哪些原则？
4. 物业服务企业的主要义务有哪些？
5. 简述业主的权利和义务。
6. 简述业主大会的职责。
7. 简述业主委员会的职责。

自测题

第三章

物业管理基础理论

第一节 现代产权理论

一、房地产产权

(一)房地产产权的一般含义

房地产产权是指以房地产为标的的物权。产权简单地说就是财产权利,或者说是凭借财产所获得的各种权利的总和。

物权是指物业权利主体在法律规定范围内支配不动产,并排除他人干涉的权利。物权是财产权,其标的是物,义务主体是不特定的人,且物权有追及效力,即物权的标的物无论辗转于何人之手,权利人均可追随其物而主张权利。物业物权的内容十分广泛,除自物权(所有权)之外,还有由所有权衍生的他物权。物业的他物权是指与自然权对应的、在他人所有物业或不动产上设定的物权,以及所有权以外的物权的全体。物权以所有权的某些权能为内容,又有限制所有权的作用,所以又称限制物权。物权具体包括以下几种:

1. 用益物权。用益物权是指以他人不动产的使用与收益为内容和目的,依法设定的物权,包括地上权、地役权、典权和永佃权等。用益物权以其使用价值为目的,就其实体而利用,因而被称作实体支配权。用益物权人依法获取占有、使用、收益的权利,致使原所有人暂时或长期失去部分或全部权能。用益权通过合同等法律手续取得后,具有相对独立性,即为相对独立的他物权,而且可以对抗所有权。

2. 担保物权。担保物权是指为了担保债务的履行,在债务人或第三人特定的不动产或权利(含土地使用权)上所设定的物权,包括抵押权、留置权和质权等。担保物权是一种从物权(从属于债权)和他物权。担保物权以取得不动产交换价值为目的,其效力是确保债务的清偿,并不直接占有和使用标的物。

3. 其他物权。前面所述的两种物权是传统物权。我国改革开放以来形成了若干新型的其他物权,如财产使用权、承包经营权、企业经营权等。

与其他有关权利相比较,物权具有以下特征:

(1)物权是对物的支配权。这是物权在作用方面的特征。物权的作用是保障权利人全面支配或限定支配标的物,从而直接享受物的效益。

（2）物权是排他性的权利。这是物权的效力特征。物权的排他性是指一个物质上不能有两个或两个以上互不相容的物权，即一物一权；物权具有直接排除不法妨碍的效力。

（3）物权是对世权。这是物权效力范围方面的特征。物权对世上任何人都有约束力，某人对某物享有物权时，其他一切人都成为义务人，因此物权的义务人是不特定的。

（4）物权是绝对权。这是物权实现方式方面的特征。物权的实现，不需要义务人进行协助，而以权利人对标的物进行合法支配为唯一条件。

（5）物权是法定权。这是物权设立方面的特征。物权的内容、效力等皆为民法上强制性规范所规定。因此，物权需要依法设立并经法定登记认可，这就是物权法定认可。

物权可根据多种方法进行分类。根据权利人是对自有之物享有物权，还是对他人所有之物享有物权，可将物权分为自物权和他物权。自物权即所有权，他物权即所有权之外的其他物权。根据物权标的是动产还是不动产，可将物权分为动产物权和不动产物权。不动产物权即房地产物权（房地产产权）。根据物权是否从属于其他权利，可将物权分为主物权与从物权。所有权、使用权等是主物权，抵押权、质权等是从物权。根据他物权设立的目的不同，可以将他物权分为用益物权和抵押物权。用益物权指的是地上权、地役权、永佃权、典权等，抵押物权指的是抵押权、质权、留置权。物权中大部分权利均与不动产相关，部分权利则专为不动产设置，如地上权、永佃权、地役权、抵押权等。

（二）房地产产权的界定

经济学界认为，从资产本身的社会属性来判断，所有的资产都可以划分为三大类：私人性资产、公共性资产，以及介于私人性和公共性之间的准公共性资产。

经济学界没有对私人性资产和公共性资产下过定义，但却发展了一种关于私人物品和公共物品的理论。

关于私人物品，经济学家给出的定义来自该物品的使用或消费的排他性。一个人使用或消费私人物品意味着他人不能同时使用和消费该物品，因此也把这种私人物品的排他性称为消费上的"抗衡性"。

与此相反，公共物品在消费上或使用上是不排他的。这个不排他的特点可称为"集体消费性"。也就是说，一个人对一个公共物品的消费并不减少或排斥他人对这一公共物品的消费。

明确了私人物品和公共物品的概念，我们可以对产权进行界定。

1. 私有产权

私有产权是指关于资源利用和所有的权利。但是，这并不意味着所有与资源有关的权利都掌握在一个人手里，私有产权可以由两个或多个人拥有。同样的一件有形资产，不同的人拥有不同的权利，只要每个人拥有互不重合的权利，多个人同时对某一资源或资产行使的权利仍是私有产权。私有产权的关键在于对所有权利的行使的决策完全是私人做出的。

完备的产权是一个由多种权利组成的权利束。对于房屋的法律"所有者"来说，他拥有这座房屋的权利，包括独自拥有、使用和享受其名下物业及全部租金的收益，以及全权将其名下所占的业权份数，连同上述的权利，自由出售、转让、出租或准许他人使用而不受其他业主干涉。

2. 社团产权

社团产权是指某个人对一种资源行使某权利时，并不排斥他人对该资源行使同样的权利，或者说，这种产权是共同享有的。

与私有产权相比，社团产权最重要的特点在于产权在个人之间是完全重合的。每个人都可以使用这个资源为自己服务，但每个人都无权声明这个资源是属于他自己的财产。也就是说，每个人对其都拥有全部的产权，但这个资源或财产实际上并不属于任何一个人，产权属于各成员组合成的社团，而不属于该社团的各个成员。例如，市政的公共设施桥梁、道路、隧道、高架公路、公园等都属于社团产权。当然，由个人或团体对该产权"买断"者除外。

3. 集体产权

集体产权与社团产权不同。对于社团产权来讲，每个人对如何行使权利的决定是无须事先与他人协商的；而一种产权如果是集体的，那么关于如何行使对资源的各种权利的决定就必须由集体作出，由集体的决策机构通过民主程序对权利的行使作出规定和约束。例如，一个封闭式的小区内有一个所有业主共同拥有的游泳池，这并不意味着所有的业主都可以为所欲为地使用这个游泳池。怎样使用这个游泳池应由集体决定，这个"集体"就是全体业主，即由房屋所有者组成的联合体。对于如何行使对游泳池的权利及如何有效地利用游泳池，需要召开业主大会或通过投票表决程序选出一个代表业主的委员会，即业主委员会，由业主大会或业主委员会通过民主表决程序对这一问题进行决策。鉴于任何表决程序都无法真正反映每个人的真实偏好，所以完全一致的投票表决往往不能达到，决策时通常采用"少数服从多数"的原则。对于集体产权来说，凡是对集体表决的决策不同意或自己的意见不能得到反映时，按照民主表决程序，可以采取"弃权"手段或转让权利的方式表达自己的意愿。人们常常把放弃所有权的决定形象地描述为"用脚投票"。

在理论研究中，私有产权、社团产权、集体产权是比较容易区别的。在物业管理实务操作中，对于一幢单体建筑物，如果业主是一个人或一个组织，权属比较明确；但如果该建筑物由多位业主共同拥有，则其产权的界定就有一定困难。法学界把多人共同拥有同一建筑物的情况界定为建筑物区分所有权。

（三）房地产权能

1. 房地产产权制度

房地产产权（房地产物权）是房地产经济运行过程中各种权利的总和，即权利集束。一般认为，房地产产权制度具体包括以下内容：

（1）房地产产权是房地产经济关系，特别是房地产所有制关系的法律表现。

（2）房地产产权是以房地产财产为客体的各种权利的总和。在现代市场经济条件下,房地产产权向多元化发展,在同一宗财产上会设置多种权能。因此,这是一种权利集束或者说是一组权利,包括所有权及从所有权中分离出来的各种权利,其中最重要、最核心的基础性权利是房地产所有权。

(3)房地产所有权可分割、可分解、可复合,而且会随着技术进步、供给或需求的变化,不断地设置新的产权权能,其结构可以重组。例如,房地产产权在市场经济发展过程中,其所有权可以分割为占有权、使用权、收益权、处分权等权能。

(4)房地产产权可以进入市场,按商品化原则进行交易、流转。

(5)房地产产权要由法律、法规来界定、规范、确认和保障。

(6)房地产产权要人格化,界定要清晰,以减少交易摩擦、降低交易费用、提高资源配置效率。

2. 房产权能与地产权能

房产权是指建筑在地上或地下的一切空间建筑产品的所有权。而地产权则有两重含义:一是指未经人类劳动投入开发的荒地和已经过人类劳动投入开发的熟地的土地所有权;二是指土地资源在一国政府法定有效年限内该土地的使用权。地产的这种权属内涵由于不同国家和地区的土地制度的不同而有差别。根据国外经验和世界各地《土地法》中有关地产权的内容,结合我国实际及《民法通则》《中华人民共和国城镇国有土地使用权出让和转让暂行条例》的界定和规定,土地产权可以分解为所有权、占有权、使用权、收益权、处分权、开发权、地役权、地上权、通行权、重分权、赠与权、继承权、租赁权、抵押权、典权、留置权等。地产权是房产权的基础和渊源,没有合法地产权的房产权是不合法的。

房产权是地产权的延伸和反映,有广义和狭义之分。狭义的房产权是指房产所有人依法对其在地上或地下的建筑物、其他附着物拥有占有、使用、处分的权利。广义的房产权则包括以下十二项权能:

(1)房产所有权,是指房产所有人在法律规定的范围内占有、使用、处分其房产,并从房产上获得合法收益的权利。

(2)房产占有权,是指依法对房产进行实际支配、控制的权利。房产占有权由房产所有人行使,也可以根据法律或以房产所有人的意志由他人行使。

(3)房产使用权,是指房产所有人和非所有人依法占有房产,并对房产进行有效使用的权利。房产使用权由房产使用价值决定,因而房产使用权的存在要以实际占有房产为前提。非房产所有人必须根据法律和合同的规定行使房产使用权。

(4)房产收益权,是指房产所有人和非所有人依法收取房产所产生的自然或法定利益的权利。

(5)房产处分权,是指房产所有人或非所有人依法处置房产的权利,包括出售、出租、赠与、抵押等。房产处分权通常由所有人行使,在某种情况下,可由房产所有人依法授权房产使用者或经营者行使部分处分权。

(6)房产售卖权,是指房产所有人依法在房地产市场上将其房产所有权或使用权,以一定年限的租金收入(房价)出售给他人的权利。

（7）房产租赁权，是指房产所有人或非所有人依法作为房产出租人，将房产使用权租赁给承租人使用，由承租人向出租人支付租金的权利。

（8）房产抵押权，是指债务人或第三人以其房产作为履行债务的担保，当债务人不履行债务时，债权人有从抵押财产的价值中优先享受清偿的权利。一般情况下，住房仍由住房产权人自行管理，债权人只是按期获得本息，而不直接使用和管理住房。债务本息还清，产权人收回住房所有权证，抵押关系随即终结。如果产权人到期不能向债权人支付贷款本息，债权人有权要求依法拍卖抵押的房产，并享有优先清偿的权利。

（9）房产典当权，是指房产产权人以其房产作为抵押标的物，依法获得典价款的一种借贷权利，即产权人将其房产以商定的典价出典给承典人，承典人除了享有对出典物的使用权外，在典权存续期间还可以将典物转典，或是租给他人，或将典当权让给他人，并且可以将典当权作为抵押权的标的物。在典当期内，承典人所付出的典价不收利息，出典人典出的房产不收租金。期满后，出典人退还典价，赎回房产的使用权。

（10）房产留置权，是指债权人按照合同约定占有债务人的房产，当债务人不按照合同给付应付款项超过一定期限时，债权人可以留置债务人的房产，折价或以变卖房产的价款优先清偿的担保物权。

（11）房产赠与权，是指房产所有人将自己的房产无偿给予他人的权利。赠与权的发生是以赠与人将自己的财产给予受赠人为内容，赠与的结果是赠与物的所有权发生转移，赠与人的财产减少，受赠人的财产增加。对于赠与人来说，赠与权的行使实质上是对自己财产的一种处分。因此，赠与人的赠与行为必须以其具有民事行为能力和对财产有处分权为前提。

（12）房产继承权，是指房产所有人死亡后，其遗留的房产由其合法继承人继承，或根据所有人的意志遗赠与他人的权利。

二、建筑物区分所有权

建筑物区分所有权作为现代民法中一项重要的不动产所有权形式，既不同于前面所界定的私有产权，也不同于集体产权，而是一种复合形态的所有权形式。

（一）区分所有权的概念

建筑物区分所有权观念在人类文明社会之初——奴隶社会开始出现，到 19 世纪初为民法所确立，成为一项基本的民法制度。但关于区分所有权的概念，因各国的政治、经济及法律理念不同，产生了不同的认识，至今未形成统一的说法。

法国学者认为，建筑物区分所有权是指区分所有权人与区分所有建筑物专有部分上所享有的权利——专有所有权。因此，建筑物区分所有权是若干单独的个人所有权的堆积。

美国加利福尼亚州《民法典》第 783 条规定：区分所有权是指由包括在一个不动产整体中的共用部分的不可分所有权与在其他部分的独立所有权构成的不动产所有权。

德国著名学者贝尔曼（J. Barmann）教授认为：建筑物所有权由区分所有建筑物专

有部分所有权、共用部分持分权及因共同关系所生的构成权构成。

我国学者基本接受贝尔曼教授的论点，对建筑物区分所有权作了进一步的表述，即建筑物区分所有权是多个区分所有权人共同拥有一栋区分所有建筑物时，各区分所有权人对建筑物专有部分所享有的专有所有权与对建筑物共用部分所享有的共用部分持分权，以及因区分所有权人之间的共同关系所生的成员权的总称。

（二）区分所有权的特征

建筑物区分所有权作为一种特殊的复合性的不动产所有权形式，具有区别于一般不动产所有权的特征。

1. 复合性

复合性是指建筑物区分所有权由专有所有权、部分持分权和成员权构成。而一般不动产所有权的构成则是单一的，仅指权利主体对不动产享有占有、使用、收益及处分的权利。

2. 专有所有权的主导性

在建筑物区分所有权所包含的三项内容中，专有所有权具有主导性。主要表现为：①区分所有权人只有获取专有所有权，才能取得共用部分持分权和成员权；②区分所有权人专有所有权的大小，决定了共用部分持分权和成员权（如表决权）的大小；③区分所有权成立登记时，只登记专有所有权，共用部分持分权和成员权则不单独登记。

3. 一体性

一体性主要表现在专有所有权、共用部分持分权和成员权必须结为一体，不可分离。区分所有权转让、处分、抵押、继承时，也必须将三者视为一体，不得保留其一或其二而转让、抵押其他权利。这是为了避免在权利归属和利益分配上的混乱。

4. 登记公示性

建筑物区分所有权是不动产所有权的一种形式，必须履行不动产物权的登记，以表征权利的得丧变更。

5. 权利主体的多重性

与一般不动产所有权相比，区分所有权人的身份具有多重性，即专有所有权人、共有持分权人和成员权人。

（三）区分所有权的种类

关于建筑物区分所有权的种类，一般有纵切型区分所有权、横切型区分所有权和混合型区分所有权三种。

1. 纵切型区分所有权

纵切型区分所有建筑物是指一般连栋式或并式分间的建筑物。这种形态的区分所有建筑物，区分所有权人间的共用部分比较简单。除共用的境界壁和柱子外，外周壁、屋顶、基地等以境界壁为界线而分属各产权人所有，走廊、楼梯等也是分开的。

2. 横切型区分所有权

横切型区分所有建筑物是指将一栋建筑物以横向水平分割，而将各层分属不同区分所有权人的建筑物。这种形态的区分所有建筑物，各区分所有权人的共同部分包括共同壁、屋顶、楼梯、走廊等。由于各区分所有权人的专有部分是立体堆叠而成的，一楼以上的专有部分未与地面接触，而着重于基地上空建筑物空间的利用，所以引起的法律问题比较多。

3. 混合型区分所有权

混合型区分所有建筑物是指上下横切、左右纵割分套的建筑物。各区分所有权人的部分是以分间墙、楼、地板等与他人所有部分分隔成封闭性空间，在构造上形成独立性。由于二层以上区分所有权人的所有部分与基地不直接接触，而是通过走廊、楼梯或电梯与外界相通，因此共用部分占有相当重要的地位。各国建筑物区分所有权立法均以这类建筑物区分所有权为规范的核心。

建筑物区分所有权的实际意义在于处理共用部分和共同关系方面。建筑物的共用部分不得分割，各区分所有权人对共用部分又享有持分共有权，对建筑物的管理、维护与修缮，在各区分所有权人之间又发生管理团体的成员权问题。因此，在物业管理实务操作中出现的产权权属问题较多，既表现在维修、养护、管理费用的分摊方面，也表现在对管理等重大问题决策表决方面。本节暂不讨论成员权问题，而主要探讨专有所有权、共有所有权问题。下面以一个住宅区的产权形态为例，剖析混合型区分所有权的关系。

三、住宅物业的产权形态

为了论述方便，我们以图 3-1 为例进行分析。

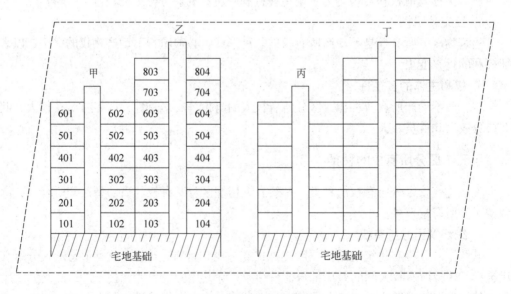

图 3-1　住宅区产权形态

图 3-1 中，平行四边形的虚线表示某住宅区；甲、乙、丙、丁为连体或不连体的一梯两户的住宅楼，其中甲、丙各 6 层只设步行楼梯，乙、丁各 8 层加设升降电梯。假设这些住宅均已分套出售，各有业主，借助此图，分析物业的产权特征。

（一）专有部分

在甲、乙两幢连体住宅楼宇里，其基础、承重墙（柱、梁）或周边外墙及屋面等，是 101 室至 804 室的所有业主共同拥有的。而从一个具体的单元房来看，如 602 室上面的屋顶、下面楼面的受力层（非饰面层）及其与左边的楼梯间、右边的 603 室之间的隔墙的受力层，外加其前后外墙的受力层和外饰面层，并不是 602 室业主所独有。也就是说，就 602 室业主而言，他所能完全体现所有权的仅仅是 602 室上、下、左、右、前、后的房屋构件（如墙、楼面等）内侧面围筑而成的一个空间，以及在这个空间里与整体结构无关的其他构件（如非承重内隔墙、内设门窗等）。

因此，单元套房业主专有所有权的物业是一个以立方米计量的空间，其计算公式为

$$V = (m + m')h$$

其中，V 为体积，m 为户门内的净使用面积，m' 为内部固定构件（如隔墙、壁柜等）所占的面积，h 为空内净高。

作为该物业的所有者，单元套房业主有权独立处分这个空间，如出售、出租或赠与等，而不必征得其他业主的同意，其他业主也无权干涉。

（二）部分共有

部分共有是指某资源为一定范围内的人所共同拥有和使用。例如，图 3-1 中甲幢的步行楼梯（含梯间）及其周边外墙应为 101 室至 602 室共 12 个单元套房的区分所有权人所共有；乙幢的升降电梯、附设步行楼梯（均含梯间）及其周边外墙应为乙楼 103 室至 804 室共 16 个单元套房的区分所有权人共有；甲、乙两幢住宅楼垂直投影范围的土地使用权、地基基础以及相互间的连体墙（假定两楼间不设沉降缝），则为 101 室至 804 室共 28 个单元套房的区分所有权人共有。

这种"部分共有"的权利主体是对该范围内的物（含空间）具有共同使用权利的所有区分所有权人。

（三）全体共有

在整个平行四边形的虚线内（某住宅小区内），除以上列举的专有部分、部分所有的权利客体以外的其余部分，如道路、绿化等，应为该住宅区所有区分所有权人全体共有。

专有部分、部分共有、全体共有是建筑物区分所有权的混合型产权形态。专有部分属于私人物品，部分共有和全体共有属于准公共物品，即属于集体产权性质。

在物业管理中，维修费用的分摊要根据产权而定。例如，乙楼电梯运行费要向乙楼

业主收取，甲楼的业主则不必支付。因为乙楼的电梯是乙楼 16 户单元套房业主共有，是"部分共有"。又如，住宅区内的道路属于该住宅内全体业主"共有"，其养护费用应由甲、乙、丙、丁四幢楼宇内的全体业主共同承担。

四、异产毗连

对建筑物区分所有权的合理界定，可以明确物业管理辖区内哪些属于私有产权，哪些属于集体产权，而"集体"也是一个有着明确范围的群体。只有产权权属明确，产权人的权利义务才清楚。房地产产权人有权享受属于自己的财产权利，但这并不意味着这种权利是无限制的。社会在赋予其成员某种权利时，仍然限制了它的活动范围。例如，一个人拥有一辆汽车，另一个人拥有一块草坪，拥有汽车的权利绝不包含践踏别人草坪的权利；一个人拥有一套单元公寓，他可以按自己的意愿进行装修，但这并不是说他可以任意更改承重结构。可以认为，所有权并非所有者拥有可以为所欲为的权利。

业主拥有区分所有权并行使权利时，应以不侵害他人权利为前提。在物业管理过程中，要充分保障建筑物"区分所有权人"的财产权利，就必须处理好区分所有权人形成的"部分共有"或"全体共有"的产权关系。

1989 年，国家建设部以 5 号令发布，并于 2001 年修订了《城市异产毗连房屋管理规定》（以下简称《规定》）。"异产"是指不同所有权人的房屋；"毗连"是指房屋的相邻或连接。"异产毗连"房屋是指由"区分所有"权利客体相互构成的产权关系。这个规章的发布，第一次在我国提出了处理这类财产关系的政策框架。

首先，《规定》第 13 条规定了权利人不得"超越权利范围"侵害他方权益，一旦发生此类事实，则"应停止侵害"，赔偿损失。这里，体现的是各区分所有权人之间的权责对应关系。

其次，《规定》第 6 条强调："所有人和使用人对共有、共用的门厅、阳台、屋面、楼道、厨房、厕所以及院落、上下水设施等，应共同合理使用并承担相应的义务；除另有约定外，任何一方不得多占、独占。"这种使用价值共享、从物不得分割的原则，正是"部分共有"最重要的产权特征，有利于减少区分所有权人之间的利益纠纷。

最后，也是最重要的是《规定》第 9 条，它详尽地就共有的主体结构、墙体、楼盖、屋盖、楼梯（含梯间）以及共有、共用的设备与附属建筑的修缮责任和费用分担一一作出规范。这种以结构力学结合民法理论作出的政策设计，对处理房屋产权关系的作用很大。

《规定》在房地产产权理论的运用上实现了某种有意义的突破。专家们制定这个规定的出发点可能是为了解决实际问题的需要，但实际上，该规定蕴含一定的理论意义，是异产毗连房屋管理合约拟定的依据，也是发生纠纷时法院作出判断的指南。

在市场体制下，私人物品或准公共物品的权利行使与关系调整可以通过当事人合约方式来解决。合约可以被看作权利互易的一种法律形式。例如，人们要承担不侵犯甲业主拥有的物权的义务，以及甲业主行使权利需要越出某种界限时，应怎样与相关的乙、丙等业主按照平等、互利原则进行谈判，从而形成一个能为各方接受的协议。反观《规定》中的一系列专业性条款，正好给需要缔结这类合约的当事人提供了一份"示范文本"。这类规范需要法规和技术的有机结合，非专业人士很难准确或全面把握。在当事人谈判合约时，或在司法机关履行职责（含调解、公证等）时，有这份规定指引，就可以少走许多弯路，大大降低收集相关信息的成本。而依法建立的合约或法院作出的决定（包括裁定、判决、调解成立或公证认可等），都具有不容置疑的法律效力。

【例】 业主擅自移改卫生间

原告余某某诉称，他与被告系同一幢楼上下层相邻关系，2009年9月起被告开始装修住房后不久，原告发现自己卫生间上方有漏水现象，经交涉被告多次检修未成。被告装修房屋时将卫生间内的卫生洁具移到该卫生间的左侧卧室内，并在该房内安装了台盆、便盆、浴缸等物品。2010年2月，原告以被告装修改变房屋性质，将卫生间置于楼下卧室之上的做法不道德及存在漏水问题为由，诉至法院要求被告恢复原状。

被告辩称理由有三条：

一是原告要求被告将擅自变更用途的部位恢复原状，主张主体资格不当。被告购买的是全产权商品房，有自由支配、使用的权利，房屋性质为居住，将其中一间房改为卫生间，其性质仍是居住，没有改变房屋性质。

二是被告入住时曾与物业管理公司签订管理规约，原告无权以这份规约为据，因为这是被告与物业管理公司之间的约定，原告无权引用为诉讼依据。

三是被告只同意原告修复渗漏，并赔偿原告损失的诉求，但不同意恢复原状，原告也无权要求恢复原状。

法院最终判决支持原告的主张。法院判决的理由是被告改变房屋用途且将有防水要求的卫生洁具装在没有防水处理的卧室内，被告所称已做了严格的防水施工等证据不足，不予采信。

第二节　委托—代理理论

随着科学技术的进步，建筑物不断向立体化高空方向发展，由此而使建筑物利用面积增加，建筑物内人口密度增加，使生活在同一栋建筑内的区分所有权人唇齿相依、祸福与共。由于生活习惯不尽相同，对环境质量的要求不尽一致，在物业使用、维修养护方面，难以取得一致意见。怎样管理产权多元化的物业，是现代物业管理面临的一个现实问题。

一般来说，自己的物业，业主可以自己来管理。但由于建筑技术的发展、社会分工的细化，对物业管理的专业要求越来越高，业主们开始寻找代理人进行自己没有能力或者不愿进行的物业管理活动。物业管理的委托—代理关系也由此产生。

一、委托—代理的含义

委托是指受委托人以委托人的名义和资金为委托人办理委托事务，委托人支付约定报酬（或不付报酬）的活动。委托关系之所以能够成立，是因为受委托人能够解决委托人在生产、生活中不能自己解决或自己处理不好的事务。例如，缺乏物业管理知识的人可以委托物业服务企业办理有关物业管理事务；缺乏法律知识的人可以委托律师或熟悉法律的人办理有关法律事务等。

所谓"代理"，经济学认为是代表他人从事某项活动。根据《中华人民共和国民法典》第162条规定，代理是"代理人在代理权限内，以被代理人的名义实施民事法律行为，对被代理人发生效力"。在代理关系中，主体有代理人、被代理人和相对人。没有相对人则不能发生代理关系。代理人以被代理人的名义与相对人发生民事行为关系时，代理人与被代理人之间的代理关系才能实现。物业管理实践中，可以认为代理人为物业服务企业，被代理人为业主或业主委员会，相对人则为专业公司，如房屋维修公司、设备维修公司、绿化公司、清洁公司等。物业服务企业与各专业公司签订各种合同，以满足被代理人的需求。

此外，分散业主（相对于业主委员会）和承租人（相对于产权所有人）也可被认为是"相对人"。物业服务企业代表业主委员会或产权人与分散业主或承租人签订房屋使用合约或公共契约，以规范分散业主或承租人使用物业的行为。

《中华人民共和国民法典》第163条规定："代理包括委托代理和法定代理。"委托代理是基于被代理人的委托而发生的代理关系，是通过委托合同实现的。委托合同是产生代理行为的依据，代理行为是为了实现委托合同的内容。值得注意的是，委托—代理关系实际上是委托人将自己拥有的某种权利暂时、有条件地让渡给代理人，由此必须有法律上的认定。没有法律依据的委托—代理关系容易产生纠纷。在现代法律中，委托—代理关系受到法律保护。

二、物业管理的委托—代理关系

有人认为，现代物业管理作为一种新型管理模式，具有社会化、专业化的特征。事实上，我国城市居民的住宅有相当数量是从地方政府的"直管公房"逐渐货币化后变成相关居民持有的。从只有政府才具有社会管理者这一特定身份的角度看，政府管理的社会化程度不低于现有的物业服务企业。此外，政府在实施这类管理时，往往是房管部门管房屋、公安部门管安全、城建部门管市政、园林部门管绿化、环卫部门管卫生……从这些部门所具有的专业水准来看，专业化程度不低于现有的物业服务企业。因此，可以认为，社会化、专业化并非新型物业管理和传统房屋管理区别的关键所在。

也有人认为，传统房屋管理具有行政性、福利性的特征。在现行物业管理运作中，也含有"行政性"的色彩。例如，对已售公有住房的管理，其收费由政府统一定价或给出政府指导价；对一般商品房的收费，政府采取"指导价"形式；至于"福利性"特征，从全国各地有关的法规和规章可以看出，也有对物业管理进行适当补贴的条款。

那么，传统房屋管理与现代物业管理的关键区别是什么呢？实践证明，从传统房屋管理到现代物业管理，不仅仅是变换一个名称，而是意味着一种制度创新，一种机制、体制的变革。也就是说，产权人与管理者的关系已从过去的管理和被管理关系变成了委托—代理关系。

产权人与管理者是一种委托—代理的关系。也就是说，房屋产权人为了使自己名下的物业能正常使用、保值增值，需要在市场上寻找适当的"代理人"，将物业的管理权委托给代理人行使。当物业服务企业通过委托合同获得该物业的管理权时，产权人与管理者之间的委托—代理关系即告成立。

三、物业管理的委托—代理问题

在物业管理中，委托—代理的实现靠的不止一个合约，而是若干个连续性的合约。任何合约缔约方的目标都可归结为一句话：寻求自身利益的最大化或损失最小化。与可一次实现的买卖合同不同，物业管理合同（合约）目标的实现有一个长持续期。在物业管理的长持续期内，存在两个层次的决定关系：第一个层次是，委托人所采取的监督及激励的有效性，决定着代理人的工作动机；第二个层次是，最终代理人的工作努力程度，决定着物业管理的实际成效。

（一）产权利益

在委托—代理关系中，对代理人进行监督或激励的原动力来自初始委托人对产权利益的追求，包括业主自用时对使用效益的追求、在经营时对租金收益的追求或在出让时对价值的追求。

在物业管理中，委托人可以是一个产权人，也可以是多元产权所构成的利益共同体。作为利益共同体，成员越多、规模越大，每个委托人分享的份额就越小，其"搭便车"（让别人去争取利益而自己坐享其成）的倾向就越严重，委托人监督的积极性也会下降。

（二）监督距离

在物业管理中，业主对物业服务企业的监督较为复杂。第一，"管理服务"是无形产品，比起有形产品，评定起来有一定的难度。第二，物业管理的委托—代理是由若干个连续性的合约组成的。以产权多元化的物业为例，初始委托人（众多产权人）→业主委员会→物业服务企业→最终代理人（管理单位员工），这中间存在因产权性质而异、为数不等的中间层。而每个中间层，又必定同时具有（前一个委托人的）委托人的双重身份。可以看出，从初始委托人到最终代理人有一个不短的"监督距离"，致使初始委托人基于产权利益的监督积极性，每经过一个中间层就会有一次"缩水"。监督距离越长，中间层越多，监督积极性的"缩水"量也就越大。大的缩水量意味着到达最终代理人身上的初始监督力度大减。

（三）激励手段

"激励"一词，作为心理学的术语，是指持续激发人的动机的心理过程。通过激励，在某种内部和外部刺激的影响下，使人始终维持在一个兴奋状态中。激发人的动机的心理过程的模式可以表示为：需要引起动机→动机引起行为→行为又指向一定的目标。也就是说，人的行为都是由动机支配的，而动机则是由需要引起的，人的行为都是在某种动机的驱使下为了达到某个目标的有目的的活动。

心理学的一般规律同样适用于物业管理。物业服务企业最大的需要是通过提供自己的管理服务，获得企业的最大利益。只有在可以获取最大利益的"动机"驱使下，物业服务企业（代理人）才能不断提高自己的努力水平。委托人要刺激代理人的工作动机，自己也才能获得最大的产权利益。对于管理较好的物业服务企业，通过合约期满后的续约、再聘用等方法给予激励，在心理学上称为"正强化"。

正强化的另一面是负强化。这是激励中采用的另一种手段。物业管理中的负强化就是要有一种"替代威胁"，即如果对代理人的管理服务不满意，委托人可以解雇或更换代理人。

（四）行为能力

在合约关系中，委托方和代理方都必须具备谈判和履约能力。就委托方而言，最主要的是要能把共同体成员的众多意见变成一个声音。因此，业主委员会的选举显得尤为重要，进入业主委员会的业主应该既忠于职守又精明干练。至于如何调动这些业主的能动性，除了他们对自己那份产权利益的追求外，也应有一些额外的激励措施。一般来说，这种激励主要是信任、尊重并赋予相应的权利。

就代理方而言，要想让他恪尽维护业主的工作和生活秩序的职责，就得让他有权制止越轨者。物业管理的约束对象往往是某个或少数几个业主。因此，自律性的管理规约、业主委员会的支持以及相应的法律规范，就成为绝对必要。

四、物业管理委托—代理问题的解决

委托—代理问题是现代经济生活中也是经济学中一个重大而复杂的问题，物业管理的委托—代理问题更是一个理论上需要研究、现实中需要解决的新问题。

（一）业主权利方面

物业管理权是从物业财产权派生出来的。在物业管理的委托—代理关系中，代理人的管理权（含中间层的转委托权）来自委托人，而初始委托人的权利依据是其对物业所拥有的产权。进而，在以产权利益为纽带的较大的"共同体"内，个别或少数业主不能代表业主总体。为形成一致行动，就需要采取某种个人意见加总的制度，即通过选举产生代表业主利益的业主委员会。

关于业主委员会的性质和法律地位，我国现行的物业管理法规并未对此作出明确规定，司法实务界一直存在较大的争议。主要有三种观点：第一种观点认为业主委员会是社团法人；第二种观点认为，业主委员会没有自己独立的财产，不具有独立诉讼主体资格；第三种观点认为，业主委员会具有合法地位，有一定的组织机构和运营财产，属于我国《民事诉讼法》所规定的其他组织的一种。

比较而言，上述三种观点均有不足之处。第一种观点产生于深圳市已被废止的物业管理地方法规的规定，已失去了其存在的基础。第二种观点完全否认业主委员会的独立诉讼主体资格，其结果是诉争权益涉及业主共同权益的须由全体业主提起诉讼。这势必导致大量物业管理纠纷表现或转化为群体性纠纷，不仅影响社会稳定，而且很难操作。第三种观点将业主委员会完全等同于《民事诉讼法》规定的其他组织，显然缺乏充足的法律依据和理论支持。

综合考量各种观点的优劣以及实践中的做法，我们认为，业主委员会可以作为诉讼主体参加诉讼，但应限于业主共同权益遭受侵害的情形。首先，由于业主具有个体分散性和意志多元性的特点，所以当业主的共同权益遭受侵害时，需要一个机构代表全体业主行使诉讼权利。业主委员会作为代表全体业主意志的业主大会的执行机构，具有组织性和稳定性，可以独立行使诉讼权利。其次，一些地方物业管理法规明确承认业主委员会能进行独立的民事诉讼活动，如《上海市居住物业管理条例》《深圳经济特区住宅区物业管理条例》等。再次，业主委员会毕竟不同于《民事诉讼法》规定的其他组织，不具有独立的运行财产，无法自行承担民事责任，因此为避免业主委员会作为独立诉讼主体导致权利义务不对等，应当对业主委员会的诉讼主体资格进行限制，限定在业主共同权益遭受损害的范围内。具体表现为以下几种情形：物业服务企业因违反合同约定而损害业主共同权益的；业主大会决定提前解除物业服务合同，物业服务企业拒绝退出的；物业服务合同终止时，物业服务企业拒绝将物业管理用房和《物业管理条例》第二十九条第（一）款规定的资料移交业主委员会的；其他损害全体业主共同权益的情形。

（二）市场成分方面

物业管理是市场的产物。按照如前所述的委托—代理关系，业主或业主委员会可以"委托人"的身份到市场上寻找"代理人"。这样必然会出现许多具有浓厚市场特征的行为——相互寻觅、讨价还价、签订合约以解决摩擦和分歧等。

实际上，由于不动产的某些特殊规定，物业管理必须先行进入。因此，房地产开发企业要事先组建或聘请管理单位。购房人需向物业管理单位领取钥匙，还得在一份由管理单位拟定的、以接受管理为主的文书上签字。这一过程明显地表现出业主接受管理的被动地位。

能否把这种颠倒的关系摆正？从理论上讲是可以的，但在实际操作上，不动产的特殊性使这一点难以做到。通行的对策设计可以是：住宅区已交付使用且入住率达50%以上时，住宅管理部门应会同开发建设单位及时召集第一次业主大会，选举产生业主委员会；入住达到两年后，即使出售率不到50%，也应成立业主委员会，然后由业主委员会决定管理单位的续聘或另聘。这里的关键问题是，由谁来组建第一届业主委员会？实际操作中，组织者往往是先行进入的物业管理单位。《物业管理条例》对此作出了明确规定："业主筹备成立业主大会的，应当在物业所在地的区、县人民政府房地产行政主管部门和街道办事处（乡镇人民政府）的指导下，由业主代表、建设单位（包括公有住房出售单位）组成业主大会筹备组，负责业主大会筹备工作。"

除此之外，在市场方面，形成"替代威胁"的环境是必要的。只要有相互竞争的代理人作后盾，这个威胁就会有效。

（三）激励机制方面

在物业管理的实际运作中，基于以下原因，委托人在与代理人打交道时始终处于劣势：①最终代理人是实际操作者（其中间层的代理人也比委托人更靠近实际），且多半要"先行进入"，使他必定能掌握委托人难以知晓的大量"私人信息"，从而形成信息占有上的不对称；②作为初始委托人总代表的业主委员会较之作为最终代理人总代表的管理单位，其组织结构要松散得多，从而导致谈判努力上的不对称；③委托人提出的服务要求有许多以定性指标来表示，而代理人的索取却可以划一，定量为预算总额，从而出现履约考核上的不对称。由此可见，处于劣势的委托人必须设计一套激励机制，使代理人能积极合作并采取相应行动，最大限度地增加委托人的利益。"业主委员会→管理单位"这一环节的激励问题应更多地借助合同谈判和定期评定这两种形式。

合同谈判的激励作用是基于它具有"你不干，有别人干"的替代威胁。在具备相应市场环境的条件下，从操作角度讲，重要的是确定对双方都有利、双方都愿意接受的合同内容。委托人应明确要求代理人提供哪些服务、达到什么质量，以及委托人愿为此支付多少费用。在要约内容基本确定后，委托人才能有备无患地进入谈判和选择阶段。需要注意的是，信息的不对称性将使委托人在收集资料、权衡判断方面遇到很多困难。

定期评价的激励作用，在于可借助它实行一种代理人报酬与业绩挂钩的制度。在大多数行业，出资者对经营者业绩考核的主要指标是盈利水平。相对于极具可比性的盈利指标，物业管理有许多内容只能以定性指标来表示，难以考核。解决的办法之一，是多元或定性指标的分值化，使分值的加总基本上能反映物业管理单位的服务业绩，也就是说，用"综合评分"的值来替代利润指标，以比较物业服务企业的业绩优势。

（四）政府介入方面

高水准的物业管理不仅是物业产权人利益的充分体现，而且是构建文明城市的必要条件。因此，它比一般的市场关系更需要政府介入。政府介入的行为表现在以下方面。

1. 物业管理立法

物业管理是一项很特别的工作：既涉及财产权又涉及人身权；在产权保护方面，既包括分别归小业主持有的专用部分，又包括全体共同拥有的部分；管理单位既是业主或业主委员会的代理人，也有权制止个别或少数业主危害公共利益的行为；管理单位除了执行委托管理合同、接受业主或业主委员会的监督，还要执行政府有关部门的法规，以至于此项管理工作既有大量民事性内容，也有一些行政性举措。总之，物业管理的立法涉及面极为广泛，除了业主、非业主使用人、物业管理单位外，还有政府有关部门以及一切与之发生了或可能发生关系的组织和个人。因此，它应具有很强的约束力，务必使各方都能遵守。

2. 结合住房制度改革，推行物业管理

传统的住房制度也包括住房的管理制度，物业管理一直归类于"房地产（经营）管理"的范畴，并形成了一套既定的管理体制，包括相应的管理机构和专职的管理人员。在新型的物业管理体制的建设进程中，想绕开它是不现实的。例如，在推行公房出售后，需要考虑在多大范围内和在售出多大比例后，应该建立适用于多元产权的物业管理模式；又如，经由房款提成及由产权人缴纳而汇聚的维修基金，应以哪种方式管理及使用才最有效；再如，在转换体制后，怎样改变房管人员长期形成的与现代物业管理不相适应的管理观念和管理手段等。由此可知，住房制度改革必然会带来房屋管理体制的改革。

综上所述，传统房屋管理与现代物业管理不仅是名称上的差异，而且是一种体制的转换、制度的创新。在产权明晰基础上形成的委托—代理关系的双方都在寻求自身利益的最大化。产权利益、监督距离等是委托—代理关系中出现的问题。解决委托—代理问题的核心是设计一种激励机制来保证两点：使代理人努力工作；使代理人和委托人之间的利益分配趋于合理。

第三节　物业管理市场

一、物业管理市场需求

物业管理市场需求通常是指在一定时期内，物业管理市场上出现的对物业管理服务商品有支付能力且具有购买意愿的需要，是消费者在市场上表现出的对物业管理服务的愿望与要求，也是消费者在一定条件下的物质需要和精神需要的反映。在物业管理市场上，业主和使用人的需求是物业服务企业的"聚焦点"，也是物业服务企业能够取得良好市场业绩，巩固并扩大市场优势的关键。因此，物业服务企业应密切关注物业管理市场需求情况的变化，这就需要及时对物业管理市场需求进行调查和预测。

物业管理服务需求不同于物业管理服务需要。需要是一种欲望，而需求则是有支付能力的需要。这一点对于物业服务企业进行物业管理服务决策具有极为重要的参考价值和实际意义。

需求的实现是消费。消费是消费者对物业服务企业的认同，也是消费者以自己的劳动（以劳动代替付费）或劳动成果（货币），以及实际行动（消费）对物业服务企业的支持。消费者用自己的劳动、劳动成果及行动投了物业服务企业的选票，使物业服务企业得以生存和发展。因此，物业服务企业应尊重消费者的利益，经常分析消费者对物业管理服务的需求情况及需求的发展趋势，掌握消费者对物业管理服务消费需求的规律，并利用该规律组织物业管理服务。当然，物业服务企业还要善于、敢于和及时引导消费者的消费潮流，使自己走在其他物业服务企业的前面，抢占先机，提前占领物业管

理市场。

与其他普通商品需求相比，物业管理市场需求具有情感性、多样性、长期性、集体性及依赖性等特点。

二、物业管理市场供给

物业管理市场供给通常是指在一定时期内，物业管理者在不同的价格下愿意提供到市场上出售的服务商品的数量。也可以说，物业管理市场供给是在物业管理服务需求一定的情况下，物业管理者为了满足消费者的需求，在保证服务成本与基本利润的前提下，愿意付出的人力、物力与财力。

物业管理市场供给受多种因素的影响，其中的主要因素有物业管理服务的价格、劳动力的价格、资本的价格、相关服务的价格、税收、行业平均利润等。

一般来说，在其他因素不变的情况下，某种物业管理服务的供给量与该服务的价格、行业平均利润率以及物业管理者对该服务未来价格的预期成正比，与劳动力价格、资本价格、税收等成反比。

三、物业管理市场均衡

经济学中的均衡主要是指经济中各种对立的、变动着的经济力量处于一种势均力敌、相对静止、暂不变动的状态。这种状态是暂时的、有条件的。一旦原有条件发生变化，原来的均衡将不再存在，而是代之以新的条件下的均衡。也就是说，均衡是一个相对静止的概念，从动态的角度看，经济总是处于破坏一种（旧的）均衡和建立另一种（新的）均衡的过程中。

物业管理市场均衡通常是指物业管理市场上，物业管理服务的价格与买卖双方的需求和供给数量达到一种稳定的状态。这种状态下，物业服务企业和消费者的一方或双方不再希望改变当时的价格及供给和消费数量，如图 3-2 所示的价格为 P_e、交易量为 Q_e 的状态即为市场均衡状态。在 P_e 的价格水平下，消费者愿意且有能力购买的物业管理服务的数量为 Q_e。

当价格高于或低于均衡价格 P_e 时，市场不可能达到均衡，消费者愿意购买的服务数量与物业服务企业愿意提供的服务数量不再相同。当物业管理服务的价格 P_1 高于均衡价格 P_e 时，物业服务企业愿意提供的服务数量增加到 Q_4（大于 Q_e），而消费者愿意消费的服务数量却由原来的 Q_e 减少到 Q_1。很明显，Q_1 小于 Q_4，物业管理服务的供给量超过需求量，物业管理市场处于一种过剩的状态。当物业管理服务的价格 P_1 低于均衡价格 P_e 时，物业服务企业愿意提供的服务数量 Q_2 明显少于消费者愿意消费的服务数量 Q_3，此时的物业管理市场是一种求大于供的市场短缺状态。

在一个完全竞争的物业管理市场上，这种短缺和过剩的状态都不可能长期存在，市场总会有一种无形的力量推动供求双方趋于和达到平衡状态。如果物业管理服务的价格高于 P_e，物业服务企业用于提供服务的人力、物力和财力的安排就会有相当数量得不到

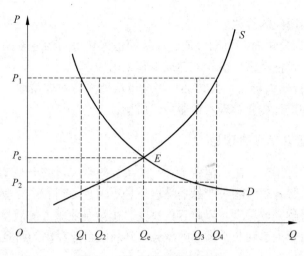

图 3-2　物业管理市场均衡

价值补偿，或者说，这部分人、财、物将没有"用武之地"，只能是一种闲置的资源。为了减少闲置和浪费，物业服务企业在不减少这些资源安排的情况下，只能降低服务的价格，或者干脆"撤掉"这部分资源的安排（减少供给），甚至退出物业管理市场。物业管理服务价格的降低，加上供给量的减少，最终会使市场物业管理服务过剩的状态得到缓解和逐渐消除。同样，在物业管理市场处于短缺状态时，一些没有得到满足的消费者将愿意以更高的价格来获得供不应求的服务商品，而物业服务企业发现自己提供的服务十分紧俏后，很有可能提高服务的价格，价格的提高又会诱使物业服务企业增加服务的供给量。价格和供给量的提高最终会消除需求短缺，使物业管理市场趋于均衡状态。

上述分析中，市场均衡状态成立的假定条件是：①完全竞争的物业管理市场；②供给和需求是整个行业的供给和需求；③非价格变量保持不变。如果前两个条件不变，第三个条件，即非价格变量发生了变化，物业管理市场的均衡状态也会发生变化。

四、物业管理市场营销理论的应用

物业管理中适用的营销理论通常有三种：消费者价值论；消费者非常满意理论；关系营销理论。根据不同的理论，物业服务企业需要作出不同的市场行为调整。

（一）消费者价值论

营销学中提出，消费者将从为其提供最高价值的企业那里购买产品。物业服务企业的服务对象是消费者，即现实的业主或租户。面对日益成熟的消费者，物业服务企业应深入研究"价值"这一观念，不断为业主提供比竞争对手更高的"附加值"，即更高的消费者利润。这一理论通常被称为消费者价值论。

消费者价值论对于物业服务企业具有重要的市场指导意义。物业服务企业借鉴这一理论，可以在以下方面进行改进：

（1）注意提高小区（大厦）的综合外部有形价值，包括外部环境、公共区域的形象性、艺术性、实用性的价值。

（2）注意提高公司内部行动价值，在组织指挥和协调沟通方面，保证各部门主动履行向业主作出的各种承诺，减少摩擦成本和无用功。

（3）高度重视培训价值，公司必须将全员培训提高到战略地位，只有通过不间断的培训才能保持和提升物业管理专业服务的质量。

（二）消费者非常满意理论

消费者非常满意理论指出，消费者在"购买"一家公司的产品（服务）以后是否再次购买，取决于消费者对所购买产品是满意还是不满意的判断。物业服务企业借鉴这一理论的意义在于提醒企业管理者以顾客的感受来衡量企业服务的质量。要努力使业主提高满意度，而要使业主达到非常满意的状态，必须使企业提供的特定消费效用超过消费者期望的价值效用。

基于这一考虑，物业服务企业管理者必须以业主的满意度为晴雨表，通过各种方式获取准确的信息来实时反映业主的真实感受。具体而言，需要在以下几个方面做好工作。

（1）为业主反映心声提供便利的传递渠道。除了使用意见表、建议箱等间接的较慢的信息反馈工具外，还要设立质量电话热线，收集企业改进管理与服务方面的反馈意见。

（2）开展定期调查，及时掌握业主满意度的变动情况。通过座谈会、致电、上门了解，每月至少分析一次业主（租户）所提意见与建议，为企业采取对策提供参考，保持正常的满意率。

（3）经常请人"客串"第三者，从业主（租户）的角度审视企业的服务管理工作，然后提出改进建议或做专题培训报告；企业也可以定期组织优秀员工到相同类型的优秀小区考察学习。这些做法可以使企业高层掌握第一手资料，对企业发展方向保持敏锐的头脑。

（三）关系营销理论

关系营销理论对于物业服务企业具有特别重要的意义。因为物业服务企业的服务一直围绕与众多业主的关系展开。关系营销理论强调，以与公众建立长期的情感和业务关系为目标，注重创造、保持和强化与消费者及其他有关人员的强有力的联系。

物业服务企业应用关系营销应重点做好下列工作：

（1）建立良好的员工关系，尊重、信任员工，重视企业信息的双向沟通，密切关注与员工的情感交流；

（2）建立良好的客户（业主）关系，了解业主的要求，提供始终如一的优质服务，及时处理好业主的投诉；

（3）与新闻媒体建立良好的关系，争取新闻媒体对企业的了解、支持，形成对企业有利的舆论气氛，增强企业整体的社会影响力；

（4）与政府部门保持良好的沟通，争取政府各职能部门对企业的了解、信任和支持，为企业的生存与发展争取良好的政策环境、法律保障、行政支持条件。

第四节 社区理论与城市管理

一、社区理论

（一）社区的概念及构成要素

社区是若干社会群体或社会组织聚集在某一个领域中所形成的一个生活上相互关联的大集体，是社会有机体最基本的内容，是宏观社会的缩影。社区是社会经济发展的必然产物，随着社会的发展，社区在人类生活中的作用越来越大。根据社会学家从不同的角度对社区进行的阐述，社区的含义可以理解为：由生活在一定的地域范围内拥有某种互动关系、地方特征的生活方式和共同的文化心理，且彼此依存的社会群体和社会组织所形成的社会生活共同体。

社区分为法定社区、自然社区、专能社区、城市社区、农村社区、小城镇社区、城乡联合体等，其中，法定社区是指地方行政区，自然社区是指人们在生产和生活中自然形成的聚落，专能社区则包括大学、军营、矿区等。

在城市，社区一般是指街道或小区，农村则指乡、镇或自然村。一个完整的社区通常由地域、人口、结构、社会心理及人际互动等要素构成。

社区是地域性的社会，必须占有一定地域，是人们从事社会活动的区域。没有一定的地域范围，社区就不可能存在。同样的道理，没有一定规模的人群，社区也就没有了对象和主体。人口是社区构成的第二大要素，主要包括人口数量、人口构成和人口分布等。在社区内，人口及其活动的空间分布是有规律的，某些活动往往集中于特定区域，逐渐呈现社区居民活动与生活设施的空间分布特征，形成了不同的活动区域。

社区的结构要素是指社区内的各类社会群体和组织之间的相互关系。在社区的地域范围内存在大量的社会群体和组织，包括家庭、邻里、业主委员会、居民委员会、政府职能部门（或派出机构）、党政机关、学校、医院、生产及商业部门，以及各种社会团体。城市社区内群体和组织的多样化及其相互间的互动关系的复杂化，增加了社区运行的负担，也促进了社区管理手段和形式多样化的发展趋势。同时，人们生活于一定的社区环境中，总是要通过血缘、业缘、地缘等关系与社区中彼此相互联系又有区别的个体形成种种不同的社会关系。在人与人之间以及社区群体与社区个体之间的互动关系中，社区的性质和规模对社区成员的心理和行为有极大的影响；而社区的个体心理认知也会对社区的发展和相关主体的行为方式产生一定的影响。

（二）社区的基本功能和工作内容

1. 管理功能

管理生活在社区内的人群的社会生活事务。为了维持社区的正常运作，社区设有各种层次的管理和服务机构。这些机构管理社区的各种事务，为社区成员提供相关服务。

各级政府部门、基层管理服务组织都是社区的管理和服务机构。

2. 服务功能

为社区居民和单位提供社会化服务,如家电维修、洗熨衣物、网络管理等。

3. 保障功能

救助和保护社区内弱势群体,如设置家庭病床、免疫接种、打扫公共区域等。

4. 教育功能

提高社区成员的文明素质和文化修养,如组织文艺表演、举办体育活动、组织外出旅游、组织青少年校外活动等。

5. 安全稳定功能

化解各种社会矛盾,保证居民生命财产安全,如守楼护院、调解家庭和邻里纠纷、提供法律咨询服务、办理户口等。

在我国农村,基层社区管理组织是村民委员会;在城市,基层社区管理组织是居民委员会,实际上归街道办事处领导。

除上述工作外,社区工作还包括团委、妇联、中国关心下一代工作委员会、文化、老年体协、司法普查等。

(三)和谐社区建设

和谐社区是指通过社区与政府、企业、社会,社区与环境,社区与居民的良性互动、协调发展,建设居民自治、管理有序、服务完善、治安良好、环境优美、文明祥和的社区,形成人人关心、人人参与、人人支持、人人热爱、人人享有的安全、团结、幸福、和谐的大家园。也就是说,实现社区内的主体和谐、人际和谐、秩序和谐和生态和谐等。

和谐社区建设是指以邓小平理论和"三个代表"重要思想为指导,全面贯彻落实科学发展观,努力把社区建设成为管理有序、服务完善、环境优美、治安良好、生活便利、人际关系和谐,各个社会群体和谐相处的社会生活共同体。

在进行和谐社区建设的过程中,要时刻遵循以下基本原则:①以人为本,服务大众。即要以社区居民的需求为导向、以社区居民的参与为动力、以社区居民的满意程度为准则,以求社区居民在社区发展中得到实惠,在参与和谐社区的建设中实现自身的发展。②围绕大局,协调发展。和谐社区建设要有利于经济、社会与自然的协调发展和可持续发展,有利于激发基层社会的创造活力。③夯实基础,与时俱进。和谐社会建设是一项系统工程,既要目标坚定,又不可能一蹴而就,要从实际出发,合理规划,分类指导,打牢基础,巩固成果。还要根据社区居民需求的发展变化,与时俱进,及时采取相应的措施和办法,推动和谐社区建设。④整合资源,共建共享。充分调动社区内机关、学校、社会团体和企事业单位参与社区建设的积极性,最大限度地实现社区资源的共建和共享,努力营造共驻社区、共建社区的良好氛围。⑤注重公平,兼顾效率。⑥发扬民主、健全法制等。

建设和谐社区的基本路径涉及以下几个方面的内容:

(1)扩大社区居民参与。建设和谐社区,关键是扩大社区居民参与,动员广大社区居民积极参加社区的各种公共事务和公共活动,将居民群众凝聚于基层社区组织内。

(2)动员辖区单位共建社区。通过宣传教育培养社区精神,调动社区成员单位的积极性,推动和谐社区建设。

(3)实行机关部门包联社区。组织市、区两级机关部门包联社区,一个部门包联一个社区。其任务是指导帮助社区加强内部基础性工作。

(4)开展"特色社区"建设活动。配合和谐社区建设,组织开展创建文明社区、平安社区和绿色社区活动,深化和谐社区建设的主题。同时,继续开展文化、卫生、科技和法律"四进社区"活动。

(5)强化社区党组织建设。健全的社区组织是推进和谐社区的组织保证。要把大批在职党员、外来劳动者党员、机关和企事业单位退休党员和流动失业人员中的党员组织起来,实现加强党员管理和发挥他们在和谐社区建设中的模范作用的双重目的。

(6)加大政府行政推力。政府部门应高度重视和谐社区建设,把和谐社区建设纳入政府工作日程,定期研究,建立工作目标责任制,明确市、区政府及部门工作目标和责任,实行目标、督促、考核工作机制,确保各项工作任务落到实处,确保和谐社区建设达到相关标准。

二、城市与城市管理

(一)城市

《辞源》一书中,城市被解释为人口密集、工商业发达的地方。

城市又称城市聚落,通常包括住宅区、工业区和商业区且具备行政管辖功能。城市的行政管辖功能可能涉及较其本身更广泛的区域,其中有居民区、街道、医院、学校、公共绿地、写字楼、商业卖场、广场、公园等公共设施。

城市的出现,是人类走向成熟和文明的标志,也是人类群居生活的高级形式。城市是"城"与"市"的组合词。"城"主要是为了防卫,并且是用城墙等围起来的地域。"市"则是指进行交易的场所。城市不仅是富足的标志,也是文明的象征。

从经济学的角度看,城市是指一个坐落在有限空间地区内的各种经济市场(住房、劳动力、土地、运输等)相互交织在一起的网络系统。

从社会管理的角度看,城市被定义为具有某些特征的、在地理上有界的社会组织形式。人口相对比较多,密集居住,并有异质性;城市具有市场功能,并且至少有部分制定规章的权力。

从地理学的角度看,城市是指地处交通方便环境且覆盖一定面积的人群和房屋的密集结合体。

(二)城市管理

城市管理是指以城市这个开放的复杂系统为对象,以城市基本信息流为基础,运用决策、计划、组织、指挥等一系列机制,采用法律、经济、行政、技术等手段,通过政府、市场与社会的互动，围绕城市运行和发展进行的决策引导、规范协调、服务和经营行为。广义的城市管理是指对城市一切活动进行管理，包括政治的、经济的、社会的和市政的管理。狭义的城市管理通常就是指市政管理，即与城市规划、城市建设及城市运行相关联的城市基础设施、公共服务设施和社会公共事务的管理。

城市管理的本质就是要充分实现城市功能，城市功能就是要促进城市经济、社会和环境的综合发展。具体来看，城市管理的目标可以概括为三个"有利于"：有利于促进可持续、有活力、低代价的经济增长；有利于社会的稳定和人民生活水平的提高；有利于城市生态环境、人文环境的改善。

尽管各国的社会制度不同，城市发展的具体情况各异，当前的城市管理仍然具有一些共同的内容和特点。

1. 规划的整体性

城市规划不只是用地规模和人口规模的规划，还包含社会、经济、文化建设等各项发展目标的综合规划，渗透了城市系统论的思想。城市是城市居民的城市，城市规划不仅是专业人员的工作，更是城市居民应该积极参与的公共事务；城市是区域中的一个子系统，其发展和管理要从区域或是城市群的角度来研究；城市规划是自然科学与社会经济、文化艺术等人文学科交叉结合的产物；城市在传承中发展，在发展中传承，应注重城市现代化的发展与保护城市历史文脉的结合。

2. 管理的开放性

城市是一个开放的大系统，与外界环境存在广泛的交流和联系。城市的开放性有两层含义：一是城市的运行与发展离不开外界环境；二是城市本身对外界也有很强的辐射能力。社会化大生产条件下的市场经济越成熟，城市对外界的依赖程度就越高。因为城市不仅需要输入原材料和燃料，而且要输出制成品，甚至到国际上去寻找市场。

城市的开放性决定了城市管理的开放性。只有实施开放性的管理，才能强化城市的开放性功能。因此，我国的城市管理应逐步实现地区间、行业间、国际上的开放，打破过去行政系统、行政区划造成的割裂封锁局面。

3. 内容的综合性

城市是一个高度综合性的社会地理概念，城市管理学是政治学、经济学、管理学、城市规划学、城市社会学、城市土地学、城市地理学等一批学科交融的产物。

从城市管理的过程来看，城市管理大致可以分为规划、建设、运行三个阶段。这三个阶段相互渗透和制约。在某一时空点上去观察一座城市，往往会发现城市的规划、建设、运行管理同时存在。这就需要城市化管理者综合协调好三者的关系。

4. 导向的市场化

城市管理应发挥市场体制对于资源配置的基础性作用，降低管理成本，提高管理效率和管理服务水平。

首先，政府管理职能要与具体的养护职能分开，物业管理、公共绿地、环卫保洁等具体作业要坚持走市场化和专业化道路，政府部门要致力于为城市管理创造良好的制度氛围。

其次，应重视社会中介组织和市民自治组织在城市管理中的作用，结合政府职能的转变，加快培育专业化程度较高的行业协会等中介组织。

在城市建设和管理的投资保障方面，一方面要扭转城市管理资金投入与建设资金短缺的状况，政府应保障必要的投入；另一方面要建立以政府为主体的多渠道资金投入机制，将一部分建设和管理资金的来源与运作纳入市场化轨道，包括接受社会捐助、企业捐助、市民捐助和海外资助等。

5. 决策的科学化

城市建设与管理的任何决策必须有科学观念，遵循客观规律。系统观念、科学模式和专家支撑是决策中不可或缺的环节。

制定城市公共事务决策时，要做到定性与定量相结合。随着管理科学及数量方法的推广应用，定量决策已成为城市公共决策的一个重要方向。当然，城市公共事务管理中有许多问题难以用数据定量化，城市管理者的个人经验、定性化的决策同样重要。

此外，城市管理者还要从长远的角度认识和处理问题，不能只考虑眼前利益和任期内的政绩，而是要将决策的影响力延伸到可以预见的将来。

联合国将城市发展的指标体系框架性地分为经济、社会、环境、体制四个部分。经济部分主要包括经济规模、生产和消费、进出口、财政资源和机制等；社会部分包括贫困、人口、人类健康、人类居住等；环境部分包括水、土地、其他自然资源、大气、废弃物等；体制部分包括综合决策、研究与开发、信息支持、公众参与等。联合国的城市综合发展指标体系是城市发展评价决策支持系统中的一个重要组成部分。

三、物业管理与城市管理

有居民生产生活的空间，就有物业，就会存在物业管理。物业管理几乎涵盖了人们工作、生活的方方面面。住宅小区的物业管理给人们提供了一个舒适的居家生活环境，高层写字楼的物业管理给企业提供了一个便捷高效的工作空间。可以说，现代物业管理已成为衡量城市管理水平的重要标志，没有规范有序的物业管理就没有现代化的城市管理。

（一）城市发展促进了物业管理的发展

1. 城市发展趋势决定了物业管理战略

城市发展的格局决定了物业管理发展的格局。了解城市发展的趋势，可以把握物业管理在城市管理中的发展空间和发展方向。

（1）城市化加速发展的趋势。进入21世纪以来，我国的城市化进程明显加快，城市化水平的提高为城市物业管理提供了更广阔的发展空间。

（2）城市地位进一步增强的趋势。21世纪是我国城市迅猛发展的世纪，城市地位将进一步增强，以城市为重心的经济发展格局进一步形成并发展，城市在国民经济发展中将居于更加突出的地位。

（3）城市可持续发展趋势。21世纪，我国面对人口、资源、环境的挑战和压力，改造和发展城市要依据可持续发展原则，实行城市经济的内涵集约化、低碳化发展，特别是加强城市生态环境建设，建设宜人的居住和工作环境。

（4）社会现代化趋势。到21世纪中叶，我国将基本实现现代化。现代化的国家必须有现代化的物业管理相配套。

（5）经济全球化趋势。随着我国市场经济体制逐步完善，经济对内对外的开放度会更高，经济的全球化要求物业管理水平的国际化。

（6）城乡一体化趋势。城乡一体化是我国现代化和城市化发展的一个新阶段，城乡一体化就是要把工业与农业、城市与乡村、城镇居民与农村居民作为一个整体，统筹规划、综合研究，通过体制改革和政策调整，促进城乡在规划建设、产业发展、市场信息、政策措施、生态环境保护、社会事业发展的一体化。随着城镇化和新农村建设工作的逐步推进，小城镇与农村的基础设施和环境建设逐步得到改善，物业管理的形式和内容将更加丰富。

2. 城市现代化促进了现代物业管理的发展

城市现代化推动了社会化、专业化的物业管理的诞生，也促进了城市管理水平的提高。改革开放以后，物业产权多元化和市场化格局逐步形成，物业服务企业成为物业管理的主体，将分散的社会分工集中起来统一管理，提高城市管理的社会化和专业化程度。

3. 城市功能加强提升了物业管理的需求

物业管理与城市发展密切相关。城市的发展总是以原有的城市结构为基础，并在空间上对其存在依附现象。由于历史积存原因，随着城市产业结构调整、人们的需求逐步提高、人口变迁，传统的居住文化被冲破，原有社区秩序的稳定和安宁受到威胁。

社会经济发展、金融业的繁荣、对外贸易的扩大、旅游业的兴起需要越来越多的办公楼、写字楼、高级宾馆、酒店别墅，也需要更高层次的、多种经营形式的物业管理服务。另外，随着人们生活水平和文化素质的提高，对文明、时尚和艺术的追求与生活方式的改变，人们对周围环境提出了更高的要求，需要有一个行业来填补政府行政管理、街道事务性管理、家庭生活便利之间的服务真空地带。

总之，与时俱进的物业管理是城市发展的内在需求，城市功能的多样化和服务社会化进度的加快对物业管理提出了更高的要求。

（二）物业管理是改善城市管理的保障

城市从"重建设、轻管理"进入"建管并重，重在管理"的发展阶段，亟待建立长效管理机制。城市管理是一个系统性、综合性很强的领域，而社会化、市场化、专业化的物业管理正是城市管理创新的内在要求，担负着城市基层管理的主要职责，是城市管理的重要组成部分，是实现城市长效管理的基本保障。

1. 物业管理是城市管理的微观基础

物业管理区域是城市经济活动、社会活动、文化活动及各种创建活动的微观地理单位，是一个个相对独立的小区、大厦，城市管理的范围则是由这些单位组成的整个城市。物业管理将这些遍布全市、建筑面积和规模较大的区域，规范地管理起来，以提升城市品位、改善市容市貌和居民居住环境。

2. 物业管理是城市管理活动的延展

物业管理将城市管理中分散的管理活动集中起来，由企业实行统一有效的管理。物业管理区域的房屋日常管理、交通、安全防火、治安、生态环境、卫生、文化等工作大多由物业服务企业承担或协助政府完成，以填补政府对公共环境和公共设施以外的社区生态环境和物质人文环境建设的空白，促进和谐社区的建设，完善和发展城市管理工作。

3. 物业管理是扩展城市功能的选择

现代城市功能的内涵是十分丰富的，既涉及城市原功能的扩展和城市改造后功能的完善，也涉及城市远景规划布局及社会生产、生活等基础设施功能的强化。城市基础设施建设与房地产的开发、改造与建设，是为城市功能的完善与发展创造物质基础。在城市的运转与城市居民的使用过程中，无论是基础设施还是房屋与公共建筑等，都要随时间推移，投入相应的人力、物力、财力，使其保持原有功能或完善、发展其功能，提高人们的生活质量。物业管理不仅是封闭式物业管理区域的"大管家"，也是现代城市保持功能与发展的"城市美化师"。

4. 物业管理拉动了消费需求

物业管理可以为物业的保值增值提供保证，促进房地产的销售和房地产业的可持续发展。此外，物业管理还可以扩大消费，拉动经济增长。有人测算在房屋70年的使用过程中，物业管理及装修、房屋修缮、设施改造的消费支出与购房支出的比例为1.3∶1。可见，物业管理不仅有利于刺激居民购房，而且随着社会经济快速发展，物业管理将创造更多的价值。

5. 物业管理是居民安居乐业的保障

良好的物业管理不但可以起到保障居民安居乐业的作用，为业主提供良好的居住工作环境，满足其对舒适、安全、整洁、方便的生产、生活条件的追求，而且是城市安定团结的重要保障。

6. 物业管理是加强城市文明建设的保障

物业是社会成员工作和生活的主要活动场所。加强物业管理区域的物质文明、精神文明、政治文明、生态文明建设，是现代城市建设赋予物业管理的重要职责。通过物业管理的方式，把现代文明的理念和精神传播开来，可以促进资源节约型和环境友好型物业管理区域建设，实现居住水平和道德水平的双提高。

7. 物业管理可以推动城市管理体制的变革

物业管理的推行要求城市管理体制中各种要素重新组合。物业管理是建立在市场经济基础上的专业化管理模式，其推行必将引起决策、信息和运作系统等城市管理体制要素的变化。从决策上看，城市管理的各层决策者必须考虑各个物业管理区域作为城市单元细胞的社区和多元业务利益的存在；从信息上看，城市管理的信息流动更多地体现为横向流动，而不再是纵向流动；从运作上看，城市管理体制的运转将从单纯的行政推动型转化为行政和市场双重推动型。

市场化、专业化、社会化的以合约为纽带的物业管理模式取代行政性的单一管理模式,依靠业主、使用人、物业服务企业以契约约束的方式进行的管理,促进了城市管理方式的转变,理顺了财产权和管理权的关系,转换了房屋管理机制。

复习思考题

1. 简述物权的概念及基本特征。
2. 什么是建筑物区分所有权?其基本特征有哪些?
3. 建筑物区分所有权由哪几部分构成?
4. 结合实际,简述当前住宅物业的产权形态。
5. 简述委托—代理的基本内容,了解物业管理委托—代理的基本关系。
6. 物业管理委托—代理问题的解决应从哪几个方面入手?
7. 了解物业管理市场及市场均衡。
8. 了解物业管理市场营销有关理论的应用。
9. 简述物业管理与城市管理的关系。

自测题

第四章

居住型物业管理

第一节 居住型物业管理概述

居住型物业是物业的基本类型之一，也是目前物业管理业务覆盖面最广的业务类型。居住型物业管理几乎涵盖物业管理所有的物业形式，其基本特点是通过完善、规范和创造性的服务，营造优良的居住环境和社会环境，实现和优化住宅的居住功能。对居住型物业，物业服务企业应注意管理模式的选择及规模、机构的设定，积极协调与业主委员会的关系，做好日常管理工作，特别是要彻底转变经营机制，拓宽思路。

一、居住型物业的含义和特点

（一）居住型物业的含义

居住是人类生存发展的基本前提，要居住就要有住宅。居住型物业是指建立于土地之上，供人们生活居住的建筑物。从房地产业的角度来看，居住型物业是与土地密切相关的，是以满足人们以居住为主要使用功能的房地产商品，主要包括普通住宅、公寓、别墅等，并以一定的聚落作为其部分特征，如城市中的住宅小区、居住区或是农村中的村落。居住型物业是房地产业中的重要组成部分，是居民赖以生存的空间，集住宅及附属的设备、设施和环境为一体。然而，居住型物业又绝非我们通常所讲的住宅房屋，而是包括不同结构类型、消费档次、服务需求的，满足栖身、修养、休闲及其他相关需求的各种房地产物业的统称。

（二）居住型物业的特点

1. 结构的系统性

传统的住宅结构大多是单元单层封闭型的，如北方的四合院、上海的石库门里弄和南方的大屋等，其内部通常包括能满足各种居住功能的起居室、厨卫等功能结构。住宅内部的功能结构不但要合理、齐全、优化，而且楼宇的公用设施也要系统配套，给排水、煤气、热力、空调、通风、通信、电缆等系统往往构成一个完整的网络。

2. 功能的多样性

居住型物业最重要的两个功能是栖身庇护和休息、休闲。人们可以在房屋内免受风雨之袭、冰雪之冻，可以免遭外界的威胁，并且可以休养生息，享乐怡情。然而，今天人们对居所功能的需求更为广泛，不仅需要满足生活所需的配套功能，而且需要满足现代精神需求和社会交往需要的各种功能。住宅内部的功能越来越完备，对住宅外部环境的要求也越来越高，需要功能完整的小区配套。即使生活中遇上难事，也能委托物业服务企业代办，服务的功能日益强大。

3. 产权的多元性

随着城市住房制度改革的日益深化，住宅业也逐步商品化和居民私有化，使小区内的房屋产权结构发生了根本性的改变。一个小区或一幢楼房有可能由几十家单位或众多的个人共同拥有。产权多元化是住宅物业的特点。

4. 商品的经济性

居住型物业是一种商品，生产者和使用者或使用者和再使用者可以通过交换实现其价值与使用价值的转换，所以其经济性首先表现为商品交换中供求关系决定下的价值体现，主要根据房屋初次投资与经常使用的费用进行估价分析。而物业管理水平的高低，对其经济价值的保障与提高具有重要的作用。通过物业管理和服务，最大限度地减少在使用过程中的再投入，即物业的保值、增值。在交换市场中，居住型物业往往是通过多次的买卖、租赁、抵押等方式来实现商品的经济价值。

5. 现代的社会性

由于住宅产权的多元性，其居住人口成分和来源比较复杂。小区内人数较多，而且各行各业的人都有。其特点是各种方言和信仰复杂化，社会活动、经济活动和生活方式多样化；户型规模相对较小，血缘关系不甚密切，人际关系广泛但较松散；文化程度相对较高，对精神方面的需求较高，充分体现现代社会的各种特征。

除上述特点外，居住型物业从市场营销的角度看，多强调其固定性、异质性、昂贵性、长期性、消费和投资两重性，即强调其市场价值；而从物业管理的角度看，居住型物业又具有使用价值的长期性、寿命的差异性、居住性（可以从住宅的性能、空气质量、声学环境和光学质量等方面进行定量的测试与分析）、舒适性（可以从住宅的平面功能、配套设施、厨卫设计、视觉效果、面积与尺寸等方面进行定性的分析）、安全性（主要从结构安全、防火、防盗、抗震及日常事故等方面来衡量）、耐久性（主要从结构部件与非结构部件的耐久性、防水防腐、防锈蚀、防白蚁等问题进行分析）等特点。

二、居住型物业管理的含义及市场特征

（一）居住型物业管理的含义

广义的居住型物业管理是指运用现代科学的管理理论和方法，以保证居住型物业的正常使用、满足使用者各种居住需求为目的的有偿性、专业性的委托服务，即由专业的物业服务企业以盈利为前提，运用现代管理理论与手段对居住型物业提供科学的、有偿的服务。

狭义的居住型物业管理是指住宅小区的物业管理，既是指新建住宅小区的整个区域管理，也是指经过改造的老小区和老城区住宅的管理。住宅小区投入使用后，需要通过管理，使居住环境和住房质量达到较高的水平。住宅小区的管理不仅可以保持小区原有的建设风貌，还可以解决开发建设期间遗留的问题，提高使用者的生活质量并改善小区环境。

（二）居住型物业管理的市场特征

充分认识物业管理的市场特征，对物业管理行业的健康发展具有重要意义。居住型物业管理的市场特征主要表现在以下几个方面。

1. 居住型物业管理需求市场的松散性

一般市场的买方（包括住宅商品房的购买者），其本身基本上是一个完整合格的消费者，也就是一般市场的消费者具有动力和能力，对于自己所购买的客体享有权利和承担义务，他们自然也有足够的动力关心自己作为消费者的权利。而物业管理市场的买方（消费者），一般是由多个单独住房使用者构成的，即为区分所有权人。他们充当消费者时，必须完成由单个消费者集合成为一个整体消费者的过渡。当他们处于分散状态时，谁都不能也无力充当买方，必须把他们聚集成为一个整体，买方才算基本形成，才可以充当消费者，才在形式上具备行使消费者有关权利的形体。

然而，即使分散的个体完成了集合性并形成了一定的消费者形体，也只是具备了行使消费者权利的表象和可能性，能否真正行使消费者的权利，还要看他们集合后形成的组织体的质量，是否有几个有能力、有热心且公正廉洁的消费者代表，代表消费者的利益，与卖方——物业服务企业经常性地打交道。其集合体——业主委员会同样不能现实地代表消费者行使有关权利。这就是居住型物业管理需求市场的松散性特征。

2. 物业管理权与使用权的分离性

在一般市场上，消费者在获取某种商品或服务后，会直接关心维护自己客体的质量，因为消费者的利益和客体的质量具有直接的利益关系，而在物业管理市场上，二者之间往往具有间接性和分离性。现行的市场上，客体的物业管理服务通常由第三方物业服务企业提供。

物业管理市场客体的质量主要反映在两个方面：一是物业的环境状况；二是物业附属设施的维护管理水平。而物业管理客体的质量与物业管理市场单个消费者自己房屋内的环境水平、设施保护有明显的区别。对于单个消费者来说，其自己房间内的环境维持、设施维护等问题一般无须他人操心，他们具有足够的约束力来维护自己的物业，即使业主破坏了自己房间内的环境和设施，也往往不影响他人。作为物业管理市场买方一员的单个消费者，对于其作为买方的客体（公共物业管理服务）并不一定积极保护，有时甚至会实施破坏行为，如在居住区内随地扔废物、破坏草坪、搭盖违章建筑物、乱停车辆等，其利益常常需要由卖方来维持，从而出现了消费者的所属物需要由对方维持的客体离散性。这种情况的出现主要是源于物业管理市场客体与消费者个人的利益具有分离性。因此，物业管理市场的质量在很大程度上依赖于一个社会的精神文明水平。

3. 对物业管理购买行为的持续性

在物业管理市场上，一旦买卖双方建立了买卖关系，签订了物业管理合同，如果没有特别重大的事情发生，买方必须在较长的时间内持续向同一个卖方购买物业管理服务。双方的买卖合同通常很难解除。而其他商品市场的连续性购买（如订购牛奶），消费者可以轻易地在任何单位时间内，中断与卖方结成的买卖关系，买方进出市场或者更换交易方都十分容易。

4. 卖方市场的天然垄断性

受物业管理市场购买行为连续性特点的影响，在物业管理市场上，一旦一家物业服务企业接管了某个物业，成为该物业管理市场的卖方，如果没有特别的事情发生，其他物业服务企业很难再介入。而且，物业管理市场的再介入通常需要较高的成本，这使先行者形成了一定力量的天然性垄断，也使物业管理市场具备了比较明显的有限竞争性。

5. 卖方经营行为的受雇性

尽管物业管理市场上的卖方行为属于经营管理的性质，但与一般市场相比，在物业管理市场上，卖方始终是受雇于买方，在买方的产权范围内，为买方提供服务，管理其居住环境、附属设施等。因此，卖方在对物业进行具体管理时，其权力是受到限制的，其权限的理想范围是由双方合同界定的，不能超越这个范围。

以上特点决定了现阶段居住型物业管理市场存在普遍的非市场化操作，也是物业管理问题较多、居住型物业管理水平不高的重要原因。

三、居住型物业管理的原则和要求

（一）居住型物业管理的原则

（1）权、责、利对等的原则。
（2）管理竞争的原则。
（3）保护业主财产的原则。
（4）专业服务与综合服务相结合的原则。
（5）专业管理与群众管理相结合的原则（物业服务企业与业主共管的原则）。
（6）政策性原则。如"三峡安居工程"内的住房户大多数为无房户或不方便户，其经济承受能力有限，根据政策，收费标准应以最低的水平确定。

（二）居住型物业管理的要求

（1）物质环境管理方面的要求，如增强住宅功能、搞好小区配套设施、创造优美环境。
（2）社会环境管理方面的要求，包括：健全机构，形成机制；完善制度，协调和理顺内外关系；综合治理环境；以改革开拓的精神探索小区管理的新思路。
（3）管理服务方面的要求。例如，要低起点，高要求。低起点是指居住型物业管理工作要立足于日常的管理服务，而高要求则是指即使平凡的工作，也要按照合同或规范的要求，达到相应的技术指标，如房屋完好率为90%以上、卫生清洁率为95%以上等。

四、居住型物业管理的基本内容和环节

（一）居住型物业管理的基本内容

居住型物业管理的内容相当广泛，并且呈现多样化、全方位的态势。从管理工作上可以分为行政管理、物业管理两大方面，常规性的公共服务、专项服务和委托型的特约服务三大类服务，以及房屋管理、设备管理、安全管理、环境管理和绿化管理五大管理。

1. 组建物业管理机构，制定管理目标和策略

对居住型物业进行管理，需要建立物业服务企业、业主委员会等相应的组织机构，配合街道办事处、居委会及派出所，开展住宅小区的日常行政管理和专业管理。物业服务企业在开展物业管理工作时，要根据所管物业的特点、具体的管理要求，制定服务定位和服务标准，并据此进行组织的构建及人员的选聘、培训，为管理工作的开展做好一切准备。

2. 管理项目的早期介入与接管

为了顺利开展管理工作，物业服务企业应提前介入，在物业的设计、建造过程中就要从日后使用和管理的角度，提出合理化建议，并在接管验收时严格按照规范开展工作。

3. 各项日常管理工作

做好房屋、设备的日常维修工作，确保物业的正常运行，为业主和租户提供基本的使用保证，加强保安和消防管理，为业主和租户提供生活的安全保障；加强车辆管理，防止车辆丢失、损坏或酿成事故，要求小区、大厦行车路线有明显标志，车辆限速行驶，定点停放；搞好周围环境清洁卫生，为业主或租户提供一个整洁舒适的居住环境；做好绿化草地和草木的养护工作，努力营造一个优美宜人的环境；搞好维修费及储备金的核算与管理，为用户的长远利益做早期筹划；及时办理物业附属设备的财产保险，避免由于自然灾害给业主造成巨大的财产损失；搞好多种配套服务经营，为业主和租户提供尽可能全面的服务；建立物业档案，随时掌握产权变动情况，维护物业的完整和统一管理。

4. 投诉与纠纷的处理

在居住型物业管理工作中，常常因为管理中出现的失误、误解、制度不完善等各种问题而产生投诉与纠纷，这也是一项具有经常性、突发性和必然性的工作。运用现代管理的理论和方法，加强人与人之间的沟通和了解，是提高管理水平的重要一环。

5. 质量管理与考核评估

随着物业管理行业的快速发展、物业管理市场的逐步规范，人们对物业管理的要求不断提高，物业服务企业要在市场竞争中立于不败之地，必须加强管理，提高管理质量和水平。考核评估是企业质量管理的一个重要环节，也是物业管理的基本内容。

6. 社区文化建设

协助政府进行社区管理，推进全社会的文明和进步，如共同构建社区的生活服务系统、培育社区文化环境等。

（二）居住型物业管理的基本环节

物业管理是一个长周期的工作，贯穿物业的整个生命阶段。物业管理工作的阶段性明显，各阶段的工作性质有所不同，工作重点也不一样。从物业的规划设计到投入使用，企业的全面运作涉及若干重要的工作环节。抓好这些基本环节才能保证物业管理工作的正常运作。

1. 物业的早期介入

从规划设计开始到全面接管，既包括顾问、监理、验收等工作内容，又体现物业管理工作理念上的超前。物业的早期介入是一个重要的科学决策的战略阶段。

2. 物业服务企业的组建

包括物业管理的服务定位、人员选拔、招聘、培训、企业架构的确立、管理规章制度的制定。这个工作环节是物业管理工作规范化、管理工作顺利进行的保证。

3. 接管验收与装修管理

这既是企业运作的前期又是管理工作最艰巨的开荒时期，也是体现企业管理素质的第一个工作环节。因为首次与业主打交道，这是能否被市场接受的第一关。

4. 召开业主大会、成立业主委员会

这是物业服务企业走上正轨、真正公平合理地开展正常管理工作的标志。业主是物业管理市场的首席主体，物业管理的委托服务合同必须以全体业主共同的意愿为前提。

5. 构建社区文化

社区文化是构成社区的一个重要要素，是居住型物业管理走向成熟的体现。文化需要培植、引导和积累。社区文化属于精神层面的东西，社区文化构建的成功，反映了物业管理的物化劳动与精神需求的融合，标志着管理的成熟和管理市场的稳定。

第二节　住宅小区物业管理

在人类的衣、食、住、行的基本活动中，"住"居于重要的地位。人们常说"小康不小康，关键看住房"，这一方面表明了住宅建设在今后发展中的重要性，也表明人们对新建住宅的质和量及其管理的要求。这就要求住宅小区物业管理不断完善，以满足业主的需要。

一、住宅小区的含义、特点和功能

（一）住宅小区的含义

住宅小区通常是指按照统一规划、综合开发、配套建设和统一管理的原则开发建设的，具有比较齐全的公共配套设施，且建筑面积达到一定规模，能满足住户的正常物质文化需求，并为交通干道所分割或自然界所围成的相对集中的生活区域。

住宅小区一般设置一整套可满足居民日常生活需要的基层专业服务设施和管理机

构。根据建筑的特征，我们可以把住宅小区分为多层住宅小区、高层住宅小区、别墅区和混合型住宅小区。

（二）住宅小区的特点

1. 统一规划，综合开发

由于城市建设的发展和人们物质文化水平及居住条件的提高，住宅小区的规划布局有了很大变化。在"统一规划、合理布局、综合开发、配套建设"原则的指导下，全国广大城镇统一规划、综合开发的新型住宅小区成片地兴建起来。

新建住宅小区一般是以多栋居民住宅楼为主体，配以商业、服务业、饮食业、邮电、储蓄、托儿所、文教卫生、娱乐、庭院绿化等配套设施，组成一个功能齐全的居民生活小区，这就要求区内各类建筑和居住环境相互协调、有机结合，由专业化的物业服务企业实行统一管理。

2. 规模大、功能全

新建住宅小区一般为多层、多栋楼体建筑群，占地少则几万平方米，多则十几万甚至百余万平方米。这些楼体建筑群中除了住宅楼之外，还有商业大楼、超级市场、电影院、体育馆、音乐厅、医院等。

小区如今已不仅是人们避风雨、挡严寒、生活休息、繁衍后代的栖身之处，而且是学习、工作、教育、科研的重要园地，还是休闲、娱乐、文化、体育活动的乐园，也是区域内购物、饮食、生活服务的场所，更是社会主义精神文明和物质文明建设的基地。住宅小区的多功能性，给小区的物业管理工作带来了很大的难度。

3. 居民结构整体化、配套设施系统化

住宅小区内，多座单体楼宇构成一个小区房屋系统，每栋楼房的地上建筑与地下建筑构成一个整体，区域内供水、排水、供电、热力、煤气管网互相联系构成一个网络系统，而这些系统交融组合形成了一个庞大的、复杂的、多功能的大系统。各种服务设施、配套设施，区域内绿化、道路、供水、供电、热力管网都是统一设计规划的，几乎都是为全住宅区服务的，是无法分割的，使住宅小区变成一个小社会。这就必然要求统一管理、统一经营。

4. 产权多元化、管理复杂化

由于住宅建设投资的多渠道、住宅的商品化及房改的深入，房屋的产权结构发生了变化。在市场经济条件下，房屋产权由单一所有制变为产权多元化。同一个居住区、同一栋楼宇内，全民、集体、个人等不同的产权共存。

住宅小区规划、设计、建设的统一性、系统性、功能的多样化、房屋结构与配套设施的系统化，再加上产权的多元化，使小区物业管理面临极为复杂的局面，导致物业管理工作的复杂化。

（三）住宅小区的功能

从物业管理的角度来看，住宅小区是一个集居住、服务、经济、社会功能于一体的

社会的缩影，主要具有以下功能。

1. 居住功能

居住功能是住宅小区最基础的功能，是指根据居民的不同需要，提供各种类型的住宅，如多种类型的居住单元、青年公寓、老年公寓等。在居住功能中，最重要的是提供人们休息的场地和环境。

2. 服务功能

住宅小区的服务功能是随着城市规划建设要求、房地产综合开发而来的，即要求小区的公用配套设施和管理能为居民提供多项目、多层次的服务。包括：教育卫生系统，如托儿所、幼儿园、小学、中学、医疗门诊、保健站、防疫站等；商业餐饮业系统，如饭店、饮食店、食品店、百货店、菜场等；文化、体育、娱乐服务系统，如图书馆、游泳池、健身房、电影院等；其他服务系统，如银行、邮局、小五金、家电维修部等。

3. 经济功能

住宅小区的经济功能体现在交换功能和消费功能两方面。交换功能包括物业自身的交换，即开展住宅及其他用房的出售或出租经纪中介服务和小区管理劳务的交换，亦即业主通过合同的方式将住宅小区的管理委托出去。消费功能是指住宅小区内住宅的商品化及商业化的管理，包括住宅在购、租两方面的逐渐商品化以及小区的管理和服务都是有偿的，住用人将逐渐加大对居住消费的投入。

4. 社会功能

住宅小区的主体是居民，居民的活动是社会活动，聚集在住宅小区的各种社会实体，如行政治安机关、商业服务业、文化教育、银行等以住宅小区为依托，共同为居民服务，发挥各自的功能。这些实体之间、实体与居民之间、居民相互之间组成了住宅区的社会关系、人际关系，形成了一个社会网络，相互影响和相互制约。

二、住宅小区物业管理的目标与要求

（一）住宅小区物业管理的目标

1. 实现住宅小区的经济效益

经济效益包括：①建房、管房单位的投资与经济收入之比达到预期目标；②管理、维护好房屋及其附属的设备设施，延长其使用寿命，使物业保值、增值；③对小区整个空间的管理。

2. 实现住宅小区的社会效益

首先，小区管理的社会效益表现在为居民提供一个安全、舒适、和睦、优美的生活环境。不仅指居室、楼宇内的环境，而且指整个社区的治安、交通、绿化、卫生、文化、教育、娱乐等方面，这对于调节人际关系、维护社会安定团结，有着十分重要的意义。其次，小区管理的社会效益表现在为政府分忧解难。实施小区管理后，小区复杂烦琐的管理工作及各种投诉的处理，都由物业服务企业负责，政府不需要再花费大量的时间与精力，而只需制定相关的政策规定，对小区管理进行指导、协调和监督。

3. 实现住宅小区的环境效益

环境效益的一个重要的方面是人类生态环境。住宅小区的环境因素主要包括小区的卫生、绿化、通风、采光、水质、空气质量、噪声、建筑密度及景观等。小区管理的环境效益主要是指通过良好的小区物业管理来提高小区整体环境质量，使人们有一个整洁、优美、安宁、舒适的居住环境。小区环境质量的改善，也有助于促进整个城市环境建设的良性循环。

4. 实现住宅小区居民的心理效益

心理效益是指良好的住宅小区物业管理可以使人们产生一种积极向上的心理，有一种安逸、满足、趋善、幸福的心理感受。相反，当物业管理达不到人们的要求和期望时，人们就会产生烦躁、讨厌等心态。因此，良好的住宅小区物业管理可以达到满足人们心理效益的目标。当然这种心理效益是一种心境与感受，因此是无形的和相对的，会随着自身条件的变化而变化。

（二）住宅小区物业管理的要求

应按照住宅小区物业管理的目标，根据各小区的实际情况和条件制定住宅小区的管理要求。总的来说，可以归纳为三个方面：一是物质环境管理的要求；二是社会管理的要求；三是以改革、开拓精神探索小区管理新思路。

1. 物质环境管理的要求

（1）增强住宅功能。把握住宅建设和居室装修的发展趋势，从方便和优化居民的生活实际需要出发，在收楼入伙、装修规定中积极引导居民，在设计上注意空间的节省、结构布局的合理、设备安装的方便到位等，引导居民在装修时通盘考虑房间的布局、采光、通风以及厨房设备、卫生设备、生活设备安装的合理性、安全性和舒适性。

（2）搞好小区的配套设施。小区内的治安、消防、卫生、交通、文体、娱乐等公共设施配套，通常按照"统筹兼顾、添建补缺"的原则，就近、方便配置。

（3）创造优美的环境。以绿化为主，配以雕塑、假山、水池、花架、喷泉、亭台等来美化环境。尽量对空地进行绿化，并注意花、草、树木的选择。具体要求是形成系统，合理布局，节约用地，因地制宜，搭配有序。

2. 社会管理的要求

（1）健全机构，形成机制，实行专业管理与群众管理相结合的管理模式，充分发挥住宅小区业主委员会的作用，调动各方面的积极性。

（2）完善制度，协调和理顺物业服务企业内外部的各方关系，进行综合管理。

（3）开展社区文化活动，加强住宅小区的精神文明建设。

3. 以改革、开拓精神探索住宅小区物业管理的新思路

住宅小区物业管理的改革，主要是对管理体制进行的改革。要使住宅小区的物业管理从行政管理转化为企业化、专业化、社会化、契约化和商业化的管理，可以遵循以下几个原则：

（1）服务第一，方便群众；

（2）企业经营，独立核算，实行"招标制"和有偿服务；

（3）统一规划，综合管理；

（4）专业管理，群众参与。

三、住宅小区物业管理的内容和原则

（一）住宅小区物业管理的内容

1. 住宅小区居民的管理和服务

住宅小区物业管理的管理和服务对象首先是住宅小区的居民。对于居民的管理是指管理其在小区居住时的部分行为。也就是说，为保证住宅小区的公共秩序及住宅小区全体居民的利益，每一位居民在住宅小区内都应该服从物业服务企业制定的一系列管理制度和规定。

2. 房屋管理

房屋管理是小区物业管理工作的基础和本源。房屋管理的主要内容包括：

（1）房屋结构与外观完整、完好的维护；

（2）房屋老化、损坏的检查、鉴定、赔偿与修复；

（3）房屋内外装修的审批与约束；

（4）房屋使用管理（包括入住、退房登记，使用单位、人员、室内用品的登记，房间钥匙的登记发放、收回及门锁的更换等）；

（5）建筑物内外标志、广告的管理；

（6）房屋档案的建立与维护更新。

3. 治安管理

治安管理的目标是保证整个住宅小区的安全与安宁。其工作分为两部分：一是安全保卫；二是正常工作和生活秩序的维护。具体而言，要做好以下几个方面的工作：

（1）配置保安设备，成立保安队伍，制定保安制度；

（2）对保安员进行专业技能与职业道德的培训和考核；

（3）实施区内定点监控、重点防范、治安巡逻；

（4）对进出人员和车辆进行登记，做好治安事件的记录，联防联保；

（5）纠正违章，进行文明礼貌和社会道德教育。

4. 消防管理

消防工作非常重要，其主要工作内容包括：

（1）贯彻国家和地方政府消防工作法令；

（2）坚持固定的巡查检修制度和节假日重大活动的全面检查，一旦发现问题，必须限期整改解决；

（3）健全专职和兼职的消防组织，建立严格的消防制度和责任人制度；

（4）经常性地开展防火防灾的宣传教育；

（5）抓好日常的管理训练和演习。

5. 环境卫生、绿化管理

环境管理的主要任务是维护、保持小区的宁静、舒适、整洁、优美。主要工作内容如下。

（1）制止区内乱丢、乱放、乱倒、乱堆废物垃圾，制止乱张贴、乱涂写，制止饲养家畜家禽，控制噪声及空气水质污染，消除区内污染源。

（2）对区内的马路、便道、绿化带、公共场所及时清扫保洁，设立卫生收集器具，及时收集、清运垃圾，及时对垃圾桶等卫生器具清洗消毒归位，加强防疫灭鼠、灭蟑螂、灭蚊蝇，加强对小区内经营商户的卫生管理和检查，保持区内清洁卫生。

（3）加强住宅小区内的绿化养护，对绿化带、小公园、道路两侧树木、花草及小品建筑等都要设立专人养、培、修、护，保持小区内的美化和绿化。

6. 小区内设施设备的管理

小区内设施设备的管理主要是对小区内供水、供电、公共照明、电梯、空调、健身器材等设备和设施的管理。具体工作包括：

（1）建立各主要设施、设备的管理和使用制度；

（2）确定专业技术人员的分工和责任；

（3）对设施设备进行定期检查和维护；

（4）建立报修、回访，以及特殊情况的公告及应急处理制度。

7. 车辆管理

住宅小区内人口众多，层次有别，汽车、摩托车、自行车，再加上外来的车辆进出频繁，因此车辆管理必不可少。车辆管理的主要工作是车辆的停放和保管。通常包括以下工作：

（1）根据实际情况（道路状况、安静度需要、停放场地大小、人流特别是儿童流量的大小等）划定允许进入小区的车辆品种及型号；

（2）设定合适的停车场、棚、库房；

（3）制定车辆进出门卫检查、放行制度；

（4）制定车辆停放保管制度；

（5）禁止车辆乱停乱放，制定并执行相应的处罚措施；

（6）配置相应的监控、防盗设施。

8. 市政设施维护管理

这里的市政设施主要是指住宅小区内的道路、公共排水、排污管道和化粪池等设施。道路管理的重点是制定车辆通行规则，主要工作是防止占道经营、车辆乱停乱放，做好道路的维护保养，保持道路平整通畅；排水、排污管道和化粪池管理工作的重点是防止人为因素引起的管道堵塞，防漏清疏，做好周期性的检查和维护。

9. 物业租赁管理

物业服务企业可以依据自身优势直接从事或代理物业租赁业务。物业租赁是物业经营的主要工作，通常包括以下基本环节：

（1）核查物业是否符合租赁条件；

（2）核准租赁物业的面积，合理分摊共用面积；

（3）开展市场调查，合理确定租赁价格；

（4）明确房屋租赁价格以外的收费内容与标准，如电话费、水电费、管理费等；

（5）做好公用场地、活动场所的租赁管理，如申请审批、收费、卫生管理等；

（6）拟定规范的租赁合同，到有关管理部门登记备案；

（7）处理好业主、租户与管理单位三者之间的关系，维护各方正当的合法权益。

10. 收费管理

收费管理包括各种收费标准、办法的制定，收费的实施，基金和各项经费的使用管理及账目公开等工作。

11. 提供其他各种服务

住宅小区管理的好坏不仅取决于上述项目管理的好坏，也取决于物业服务企业能否为小区内的居民提供周到细致的综合性服务。住宅小区内的综合性服务，按照服务的性质，可以分为以下几项：

（1）常规性的服务，又称公共服务，是为维护小区的整洁、环境的美化、居民生活的方便而提供的必需的服务项目。

（2）委托性服务，是根据居民的需要，接受委托而提供的服务，旨在方便住户。

（3）经营性服务，是物业服务企业为了补充小区管理经费不足、扩大企业收入来源、推动企业扩大发展而积极开拓的多种经营服务。经营性服务要求态度好、水平高、有针对性，同时收费标准也可适当提高。

（二）住宅小区物业管理的原则

1. 坚持以人为本，服务第一的原则

物业管理行业说到底是一个服务行业，物业服务企业的工作就是为其管理区域内的人和家庭提供各种各样的服务。也就是说，物业服务企业在日常的管理和服务过程中，应坚持以人为本，寓管理于服务之中，用优质、完善的服务满足业主和使用人在居住、生活等多方面的需求，真正管好小区，获得应有的效益。

2. 所有权与经营权、管理权相分离的原则

物业的所有权与经营权、管理权相分离，是社会主义市场经济的重要原则。在对住宅小区实施物业管理的过程中，也必须遵守这一原则。住宅小区的物业所有人既可以是法人，也可以是自然人，成分比较复杂，因此需要把物业的所有权与经营权和管理权分开，把所有权交归产权人，而把经营权和管理权交给物业服务企业，这样既可以减少纠纷和扯皮现象，也有利于人力、物力的节省，更有利于发挥整体优势，实现规模效益，最终实现住宅小区物业管理的统一高效。

3. 专业化管理与民主管理相结合的原则

住宅小区委托管理中的许多工作都具有技术性强、专业性强的特点，因此必须由专业的机构和专门的人员进行专项的管理。同时，住宅小区的物业管理非常繁杂，牵涉许多产权人和居民的私人财产与利益，因此在管理过程中必须取得产权人和住户的配合，必须成立业主委员会，发动和组织业主积极参与小区的建设和发展，形成完善的民主管理和监督机制，真正实现专业化管理与民主管理的有机结合，确保住宅小区的物业管理水平。

4. 综合管理的原则

住宅小区物业管理的这一原则，是由住宅小区规模大、设施设备复杂、功能多样、产权分散等特点决定的。现代住宅小区的住宅体系完整，配套的设施设备齐全，有很强的整体性和系统性，小区的功能多、产权分散，如果各管一摊必然会造成效率低下，只有统一起来，进行综合管理才能克服多头管理带来的推诿扯皮等现象，也才能充分发挥小区的整体性能，实现各环节、各部分工作的完善协调，保证小区的良好运作。也只有这样，才能使管理集约化，降低管理成本。

5. 有偿服务，合理负担的原则

要想使物业管理工作做得更好，就必须有稳定的管理经费，以维持整个住宅小区管理工作的进行和物业服务企业的生存发展。服务收费是小区物业管理活动的"水源"，物业服务企业应尽可能地提供全方位的有偿服务，以小区为依托开展多种经营，走以区养区的经营之道，保证住宅小区管理经费有固定的来源，形成良性循环。同时，住宅小区管理服务的项目、深度，小区管理服务收费标准的高低，也应根据实际情况，视居民的收入水平、承受能力而定，不能盲目增加服务项目、强制收费，以免引起纠纷，使管理工作陷入被动。

6. 竞争择优的原则

竞争是市场经济的灵魂，小区管理应遵循市场经济规律，引入竞争机制，鼓励公平合理的竞争，打破"谁开发，谁管理"等小区管理权的"世袭"和垄断现象，选择信誉好、水平高、收费合理的优秀物业服务企业负责小区的管理。只有这样，才能促进物业服务企业提高管理和服务水平，降低管理成本。

第三节 高级公寓物业管理

一、高级公寓的含义、分类和特点

（一）高级公寓的含义

高级公寓是居住型物业的一个重要类型，是以市场为导向的，公寓住宅单元都配有全套家具、电器、厨房及起居用品，高档的单元还可以提供酒店式服务。高级公寓的管理服务要求比普通住宅高，比酒店低。

（二）高级公寓的分类

高级公寓根据其设计和建造的不同可以分为下面三类。

1. 花园式公寓

在一些住宅小区的花园洋房或纯别墅区内，部分单元并不向业主出售，而是匹配完整的居室设施以出租的形式经营。由于其优美的小区环境、温馨的居室设计，这些公寓常常成为一些驻地高级官员或外企高级管理人员及其家属的安居首选。

2. 高层豪华公寓

这些公寓强调景观、设施和黄金地段，通常是大户型，装修豪华，家庭用具齐备，且提供方便、良好的酒店式服务，面向高收入、追求舒适的家庭；也有一些只有一个卧室的小户型，面向的是在城区工作的年轻的"金领"或"白领"一族。

3. 一般的公寓

公寓市场是需求量较大的市场。一般的公寓地处较偏远的地段，配套、环境不那么理想，但是对单身人士、年轻人、艺术家等很有吸引力。

（三）高级公寓的特点

1. 既具有封闭性又具有共处性

高级公寓的每个单元都是独立封闭的，功能完善，而这些独立封闭的单元又处于一幢楼宇之中，多户业主或住户共处一楼。

2. 业主和住户多具有国际性

高级公寓的业主和租户通常是白领阶层和富裕人士，其中外籍人士也不少。如上海古北小区建了十多幢高级公寓，据统计其中入住户来自20多个国家和地区，外籍人士占50%以上。

3. 建筑档次高，硬件设施齐备

我国目前新建的高档公寓一般是按规定在"统一规划，综合开发"的原则下开发建设的，其建筑档次与其他商业物业基本相同。在设计上讲究质量，适用性强，而且硬件配备比较齐全，除了有水、电、暖、煤气、通信、电视天线外，还供应热水，有的还设有中央空调，档次再高一点的还配有家电、家具和厨具等。

4. 居住面积大，户型比较合理

一般来讲，公寓每户的居住面积比普通居民住宅小区每户的居住面积大得多，比例大约为 1:1.5~1:2。同时，公寓设计在讲求质量、延长寿命、确保安全，以及提高使用效率的基础上，充分考虑住户的舒适方便，体现对人的关怀。设计上一般选择框架式，大开间；在房间的安排上，讲究自然采光，客厅面积大，可按用户的意愿调整分隔装修，适用性强。

二、高级公寓物业管理服务的特点和要求

（一）高级公寓物业管理服务的特点

1. 市场化程度高

"谁花钱，谁享受"以及"多花钱、多享受"的观念，高级公寓的住户一般都能接受，也能理解。业主和住户在要求全方位多项目服务的同时，对合理的价位也能接受。因此，在高级公寓的物业管理服务中，服务和享受的一致、价位与标准的一致，成为住

户和管理者双方的共识。

2. 管理要求严,服务层次高

高级公寓的住户对居住条件和环境要求比较高,因此对物业服务企业的管理水平和房屋质量要求也比较高,对保安、保洁和服务等方面的要求更是如此。要保证住户安全、进出口设有保安值班岗位,非居住人员不得入内,来客要登记等,努力为住户创造一个安全、静雅、优美、温馨的生活环境。同时,应提供购物中心、餐饮、洗衣、文化娱乐、代订报刊等服务。

3. 客户相对稳定,服务周期长

从目前的实际情况来看,开发商通常采用出售或出租两种方式进行经营管理,因此其业主和客户都相对比较稳定,流动性较小。同时,服务周期长,一天 24 小时,每时每刻都有人住、有人进出,因此物业服务企业要不间断地进行管理与服务。

4. 管理服务的涉外性

由于高级公寓的入住者中有较多的外籍人士,因此入住手续、产权证办理、投诉处理等具有涉外性,有些事务的处理还要会同外事部门共同解决。物业管理的从业人员在工作过程中,代表中国员工的形象,因此在礼仪态度方面必须十分注意。

5. 管理服务的对象较为复杂

高级公寓里居住的都是一家一户、几代人,有老有小,衣食住行时时刻刻都要管理好、服务好。由于人员层次不一,因此无形中增加了管理服务的难度。

(二)高级公寓物业管理服务的要求

1. 重视并做好前期的物业管理工作

由于高级公寓的质量和配套要求高并且开发商比较重视,因此早期介入是重要的工作之一,其内容包括规划设计是否合理,配套建设的时间安排、工程质量是否达到高标准等。接管验收着重从整体到个别,在从土建结构、隐蔽工程到设备设施运行的质量方面把好关。住户入住时,除了办好一切应办的手续外,还要做好签约、制度宣传、清扫、保安等服务,同时要热情做好住户接待工作,耐心回答住户提出的各种问题,尽量协助解决住户的困难。

2. 日常管理服务的重点

(1)房屋和设备保养维修应及时到位。具体包括平时勤养护、检修,确保电机设备、电梯、空调、水泵等正常运转,对住户涉及楼宇和居室的报修及时处理。

(2)配套建设应逐步完善。这类物业的市政配套建设抓得早,通常比较健全,而生活服务、文化娱乐方面的配套设施应在经营服务中逐步完善,如邮电所、银行、超市、餐饮、健身房等,有的还要求开设幼儿园、小学、书店、图书室等。

(3)特约性服务力求项目多、服务全。高级公寓的个性服务范围较广,从代办商店、代理房屋买卖租赁、代聘律师诉讼等服务到医疗康复、清洁、代洗熨衣服、代订牛奶、代收公用事业费等,应尽力满足住户不同层次的要求。

(4)保安、消防服务管理应措施得当、制度严格。高级公寓因住户比较富裕,容易成为偷窃作案的目标,因而住户对安全的期望值也较高。安保工作既要保证制度的严密,又要注意外松内紧,要技术防范、人员防范和建筑防范三管齐下。消防要抓设备设施合格率,组建义务消防队伍,经常进行演习,确保消防过道畅通无阻。

(5)关注业主的公共交往。物业服务企业应定期召开业主恳谈会、联谊会及各种联欢活动,如在节日期间或是业主生日时送蛋糕等以联络感情。同时,应经常走访业主,倾听住户的意见和建议,以改进管理和服务的方式,提高管理和服务的质量,增进彼此间的理解,争取赢得业主的支持。

三、高级公寓物业管理的内容

高级公寓物业管理的内容虽然与住宅小区物业管理的内容有相同之处,但也有自己的特点,主要体现在物业经营管理服务和家居管理服务中。

1. 公寓的租赁服务

以出租为主营的物业,经营的成败取决于营销决策,体现在出租率的高低上。加大物业的宣传力度、制定合理的市场价格,可以提高出租率。

对于公寓的租赁管理,具体应做好以下工作:

(1)为房屋承租单位或承租人提供优质服务。房屋租赁后的物业管理,必须把维护承租方的合法使用权、为承租住户或承租单位服务放在首位,支持承租方的合法要求,提高为承租方服务的质量,搞好房屋的维护和修缮工作,保证承租方安全、方便地使用房屋。

(2)制定合理的租金标准。应根据市场收费水平,考虑公寓自身的情况,制定合理的租金标准,以保护租赁双方的权益。

(3)依法维护正常的租赁关系。房屋租赁双方必须依法维护正常的租赁关系,及时处理租赁使用过程中发生的各种问题,注意调解用房纠纷,遵守国家的有关法律、政策与规定,抵制违反法律、法规与租赁合同的行为。

(4)严格控制租赁房屋的用途变化。租赁房屋的使用应严格按照房屋的设计用途,严格控制租赁房屋的用途变化。

2. 家居管理服务

高级公寓业主的收入较高,且追求舒适的服务,因此需要为其提供方便、良好、优质的服务。

家居管理服务通常包括以下内容:

(1)经常对公寓内部进行清洁,如定期对公寓房间进行打扫擦洗、更换床单等。

(2)确保公共区域(如楼道、大堂)清洁卫生,打造静雅、优美的生活环境。

(3)做好公寓的园艺绿化,营造良好的居住环境。

(4)强化保安消防服务,保障业主的人身、财产安全。

(5)及时进行公寓工程维修及配套家电的保养维护。

(6)开展丰富多彩的公寓社区俱乐部活动,为相对忙碌、封闭的业主提供交流的机会,增强业主的归属感。

（7）市场租赁服务，如汽车租赁等。

（8）医疗及救护服务，如设立卫生所、诊所等。

（9）家政服务，如营养顾问、清洁卫生、看管小孩、接送儿童入园等。

（10）社区服务，如设立邮局、银行、商场、装饰设计公司等。

家居服务需求的强弱受很多因素的影响。年轻上班一族对家政服务需求较高，老人则对医疗服务依赖性强，物业服务企业应视服务的需求量和社会化程度，以效益为目标，规划和开展相应的服务。

第四节　别墅物业管理

一、别墅的含义、分类和特点

（一）别墅的含义

别墅通常是指位于城市郊区或风景秀丽之处的一幢幢功能齐全、带有花园或院落的两层或多层独门独户的居住建筑，是低密度、讲究环境和庭院布局、突出各种建筑风格、内部建筑装修豪华、配备齐全、功能考究、个性突出的居住单元。

（二）别墅的分类

按照目前市场上别墅的建筑形式将别墅产品分为以下五大类。

1. 独栋别墅

独栋别墅独门独院，上有独立空间，下有私家花园，是私密性很强的独立式住宅，表现为上下左右前后都属于独立空间，房屋周围有面积不等的绿地、院落。这一类型是别墅历史上最悠久的一种，也是别墅建筑的终极形式。

2. 联排别墅

联排别墅的英文是 townhouse，每户独门独院，设有 1~2 个车位，还有地下室。它是由几幢单户别墅并联组成的联排住宅，一排二至四层联结在一起，每几个单元共用外墙，有统一的平面设计和独立的门户。建筑面积通常是每户 250 平方米左右。

3. 双拼别墅

双拼别墅是联排别墅与独栋别墅之间的中间产品，是由两个单元的别墅拼联组成的单栋别墅。在美国被称为"two family house"，直译为两个家庭的别墅。

4. 叠拼别墅

叠拼别墅是联排别墅的叠拼式的一种延伸，是在综合情景洋房公寓与联排别墅特点的基础上产生的，由多层的复式住宅上下叠加在一起组合而成，下层有花园，上层有屋顶花园，一般为四层带阁楼建筑。这种开间与联排别墅相比，独立面造型更丰富，同时在一定程度上克服了联排别墅窄进深的缺点。

5. 空中别墅

空中别墅的英文是 penthouse，即空中阁楼，原指位于城市中心地带的高层建筑物顶端的豪宅，现在一般指建在高层楼顶端具有别墅形态的跃式住宅。这种空中别墅发源于美国，以"第一居所"和"稀缺性的城市黄金地段"为特征，是一种把繁华都市生活推向极致的建筑类型。它要求产品符合别墅的基本要求，即全景观。目前这类产品主要存在于城市中心区的高档公寓顶层，在别墅区还比较少。

（三）别墅的特点

1. 建筑样式

别墅一般是二层至三层，以二层为多见，外观典雅古朴，带有欧美风格，讲究宽敞的阳台、明亮的采光。别墅具有自己完整的厅室体系、设备设施及场地体系，不与其他建筑物发生直接联系。

2. 室外环境

别墅的空间环境比较宽敞，生态环境也比较优良，周围一般有优美的绿化地带，空气流通，阳光充足，绿树成荫，舒适宜人。

3. 室内装修

别墅的室内装修一般比较讲究，用料也比较精良，设备齐全。一些高档的别墅内还有自设的中央空调、消防、安保预警、车库等设施。

二、别墅物业管理服务的特点和要求

（一）别墅物业管理服务的特点

1. 物业管理和服务要求高

面对高标准的建筑和精良的设备设施，在提供物业管理服务的过程中，必须高标准、严要求，因此要求有一支技术精、水平高的队伍来管理，使物业得到良好的维修养护，达到保值甚至是增值的目的。同时，在提供消防、保安、环境绿化及多种项目服务方面，也要有可靠的保证，实行封闭式的管理。

2. 特约服务多

别墅的业主大多为经济上富裕的国内外企业家或高级管理人员、科技工程技术人员，他们的工作和事务比较繁忙，无暇顾及家政事务，需要物业服务企业提供多种多样的特约服务。

3. 收费较高

我国目前国家及各级政府房地产主管部门仅对居民小区物业管理收费标准做了具体规定。对其他类型的物业，国家尚未作出具体规定，通常由委托方与受托方协商确定，一般收费较高。以北京为例，物业管理费通常是每月每平方米16~40元。

（二）别墅物业管理服务的要求

（1）服务态度积极主动、文明礼貌。物业管理人员、服务人员应主动热情、文明礼貌，包括衣冠整洁、语言规范、谈吐文雅、行为得体等。

（2）物业设备设施完好。良好完善的硬件设施是实现优秀服务的先决条件，应定期对空调、健身器材、娱乐器材、卫生器材等设备设施进行检修，使设备设施始终处于完好状态，保证服务的正常开展。

（3）物业管理人员技术过硬。工程人员具备过硬的设备维修技术，能迅速对设备设施进行调整，遇到故障能马上解决；财务人员具备丰富的财务知识，业务熟练，具有良好的职业操守；保安人员具备过硬的治安消防本领，能应对突发事件；服务人员能积极主动、有礼貌、高效地为业主服务。

（4）物业管理服务方式方便、灵活。本着设身处地为业主着想，及时准确、方便优质的原则，努力为业主提供各种灵活的服务方式，尽可能为业主提供方便，满足业主要求。

（5）物业管理收费合理。各种服务的收费标准应根据市场、行业的标准制定，既符合政府规定的收费标准，又要使业主感到物有所值。

（6）物业管理服务制度健全。制定并健全一套规范、系统和科学的服务制度，确保提供稳定、安全、优质的服务。例如，用人制度、清洁卫生制度、设备设施使用制度等应清晰有序、易于操作。

（7）物业管理服务高效便捷。针对别墅业主的特点，物业服务企业应提供高效的服务。服务效率高可以节省业主的时间，等于为业主带来了间接的利益，因此应尽量减少工作环节，简化工作程序。

（8）物业服务企业应增强服务理念，提升服务品质。企业的服务理念决定服务形象。在当今竞争日益激烈的形势下，物业服务企业必须不断更新自己的服务理念，改进技术，提高质量，提升服务品质，才能在竞争中立于不败之地。

三、别墅物业管理的内容

根据别墅及其物业管理与服务的特点，物业服务企业应重点做好以下几个方面的管理和服务工作。

1. 保证别墅区整体规划的完整性

物业服务企业应遵照规划设计要求，不随意改变别墅区内的建筑风格和整体布局，更不可侵占周围的绿地，不擅自改变用地位置，也不得扩大用地范围。

2. 认真做好别墅养护和设备设施的维修工作

按照国际标准的管理要求，对别墅区每隔 5~7 年要进行一次装修，更新设施，以保持全新面貌，保证设备设施的良性运行，有问题及时检修。

3. 重视消防与保安工作

对于别墅区的管理应具有高度的私密性、安全性和技术性。因为住在别墅区的人通常财产比较多，更容易引起不法分子的注意。因此，物业服务企业应加强消防与保安管理工作，实行封闭式管理，24小时全面巡逻、全面监控；对来访客人，在电话里征得住户的同意后方可放人。应采取一切有效措施，确保住户的人身安全和财产安全。

4. 搞好环境绿化工作

别墅区的环境管理的重点是园林绿化和养护，应不断调整别墅区内花草树木的品种，增设具有艺术品位的建筑小品或人造景点，使别墅区内实现一年四季常青，提高生态环境质量，尽量营造一个鸟语花香、温馨高雅的居住环境。在搞好环境绿化的同时，清洁卫生也是确保环境质量的重要一环。应及时清运生活垃圾，及时清除道路、庭院及草丛中的垃圾。此外，别墅区的车辆、交通管理也是环境管理的一个不可忽视的方面。别墅区内应设置明显的交通标志，实行车辆限速行驶及禁止鸣笛的规定。同时，别墅区内的车辆必须定点停放，有车库的应放回车库，禁止乱停乱放。

5. 提供全方位服务

为了方便住户的工作和生活，物业服务企业应在保证设备设施安全正常运行、卫生保洁达到标准要求、礼貌服务符合规定标准的前提下，尽量满足业主的各种要求，解决他们在生活和工作中遇到的难题。不过，特约服务项目的设立要有针对性。

复习思考题

1. 简述居住型物业的含义和特点。
2. 简述居住型物业管理的市场特征。
3. 简述居住型物业管理应遵循的基本原则。
4. 居住型物业管理的基本内容有哪些？
5. 简述住宅小区的含义、特点和功能。
6. 简述住宅小区物业管理的主要内容和应遵循的基本原则。
7. 了解高级公寓物业管理服务的特点和要求。
8. 别墅分为哪几类？
9. 简述别墅物业管理服务的要求。

自测题

第五章

经营型物业管理

第一节 经营型物业管理概述

一、经营型物业的含义和特点

经营型物业是指市场上公开出租、出售后用于经营的物业，包括办公类、商业类、酒店类、工业类、综合类等类型的物业。办公类物业包括行政办公大楼、业务大楼、商务写字楼等；商业类物业包括商场、购物中心、购物广场等；酒店类物业包括酒店大厦、饭店、宾馆等；工业类物业包括工业大厦、工业厂区、特种工业建筑等；综合类物业包括会展中心、会所、娱乐中心等。

1. 经营型物业具有商业特性

经营型物业是以商品形式存在的，具有商业特性。随着人们生活水平的提高，对这类物业的需求日益多样化和高档化。为满足这些需要，其功能的开发也日益多样化和高档化，于是其商业特性更加突出了。经营型物业的使用功能是以商业贸易和房屋出租为主、其他营业性经营为辅。尽管经营型物业是耗资巨大、功能多样化的特殊商品，但它作为商品形式存在，就要在交换过程中遵循价值规律。投资者或租客付出货币而获得物业永久或一定期限的使用价值，这就决定了投资性物业经营的主要方式是出租或出售，从而具有商品属性。

2. 以出租出售为主的经营型物业具有价值不能储存的特点

以出租出售为主的经营型物业中的房屋建筑物及其设备设施的价值和管理服务费是不能储存的，若当天未能售出或租出，就失去了当天的价值与费用回收和补偿的机会。例如，酒店中客房的数量是固定的，即使第二天的出租率为100%，也无法挽回因前一天的空置而造成的损失。而且无论物业的出租出售情况如何，与物业出租出售有关的所有管理服务支出都是相对固定的，一般不会因物业的空置而减少，也不会随物业出租率、出售率的变化而变化。仍以酒店为例，即使某天客房出租率仅为5%，也不可能马上裁减员工、停开中央空调或其他服务设施、减少清洁保安服务等。酒店如此，出租的写字楼与商场购物中心也是如此。

3. 经营型物业具有不断保持设施先进的特点

以房屋出租出售及其他附属性商业服务为主的经营型物业必须保证设施的先进性，

因为只有良好的、舒适的、高层次的、智能化的先进设施，才能保证出租率、出售率和营业收入，才会带来商业贸易的繁荣。例如，上海南京路上的上海商城、新世界股份有限公司等拥有的先进设施是其吸引租客和顾客的一个重要原因。南京路上历史悠久的和平饭店、国际饭店和华联商厦等，也是因为在不断地改良设施，保持先进和舒适，才会保持生意兴隆。因此，经营型物业与一般物业的不同之处，就在于它要不断更新设备设施，保持先进性，才能吸引租客、投资者和顾客。

4. 经营型物业具有综合性的特点

随着社会主义市场经济的发展，人们的物质文化需求日益增长，经营型物业也随之发展成为功能多样化的综合性物业。一幢现代化综合性大楼，既有解决居住问题的供出租的房屋，又有供购物的商业购物中心，还有解决吃饭问题的餐饮店以及供文化娱乐休闲的健康娱乐设施等。

二、经营型物业管理的含义和特点

经营型物业管理是指以经营性、收益性房屋为主体对象的物业管理。与非经营型物业管理不同的是，经营型物业管理通常需要重点考虑物业的出租经营状况、经营收益状况、租户稳定状况，因此其管理内容与方式更为丰富和复杂。

1. 经营型物业管理是一种创造性的活动

在经营型物业管理中，建筑物成了商品，由于外界环境的变化及内部管理的优势不同，其使用期限会有较大的差异，市场价格也会有很大变动。

2. 经营型物业管理必须实施现代化、专业化管理

由于经营型物业具有不断更新设备设施、保持先进性的特点，因而其设备设施的管理也必须高起点、高品位、高质量，应具有科学的、先进的现代化管理手段和专业化维修养护技术。一幢功能多、设施复杂、智能化的综合性大厦建成时，需要由了解且熟悉其日后管理可能遇到的细小问题的专业物业管理技术人员验收，而且由于设备设施多且复杂，在大厦运行后，还需要中央空调、电梯等的技术维修人员，以保证其安全正常运行。因此，无论是验收还是运行都需要专业化管理。

3. 经营型物业管理是综合性的统一管理

由于经营型物业具有综合性的特点，因此经营型的物业管理就有了综合性的统一管理特点。它既包括接受业主委托，参与物业的出售出租方案的制定与实施以及商业策划等，又包括结构装修、设备维修等技术管理内容，还有清洁、保安、绿化等专项服务内容，同时还代表产权人和租用者与政府有关部门、公共事业部门、社会团体等就相关问题进行协商。

4. 经营型物业管理具有极大的社会效益

随着社会主义市场经济的发展，经营型物业的投资主体和投资形式呈现日益多样化的趋势。其投资主体既有个人又有国家和集体，还有海外投资者；投资形式既有独资，又有合资和合作形式。不管何种投资形式，维护各种投资者的利益都是至关重要的，而要维护各种收益性物业投资者的利益，物业管理是不可或缺的。因为良好的经营型物业

管理可以使物业始终处于良好的运行状态，而且能不断适应社会经济发展潮流对经营型物业使用功能的要求，使经营型物业易于出租或出售，并保持一个较高的价格水平，因此经营型物业管理对保护投资者利益和实现社会安定、提高人民生活水平，以及美化城市、吸引外资等都起着重要的作用。

三、经营型物业管理的内容

不同类型的经营型物业存在不同的出租经营特点和使用功能，所以其物业管理的内容也有所不同。例如，办公大楼、写字楼、商场、工业区、酒店、会展中心等经营型物业的管理根据委托人和使用人的要求，有不同的侧重点和工作程序。但经营型物业有其共同的使用性质和管理特点，所以不管是哪种类型的经营型物业，除了包括非经营型物业管理的服务内容外，基本上也包括以下几个方面的物业管理服务内容。

1. 制订物业管理计划

物业服务企业的物业管理计划应尽量得到委托方和租户的认可。根据委托方和租户要求的管理目标和自身的管理力量，制订详实的物业管理计划，是实施物业管理服务的重中之重，其基本步骤如下。

（1）确定管理目标。委托方和租户的管理目标通常包括成本目标、服务质量目标、价格目标和管理责任目标，而这些目标中往往存在"物美价廉、成本低"这种自相矛盾的要求。物业服务企业要了解和协调各方面的管理目标，最终确定多方达成共识的管理目标，以方便物业服务企业制订行之有效的管理计划。

（2）检测物业状况。这是物业管理工作的一个重点内容：一方面要确定以后的维修保养责任；另一方面要根据委托方和租户的要求改进物业。物业的检测包括建筑物检测、设施设备检测、装修检测等方面的内容，既要检测是否满足安全正常使用的要求，又要检测是否满足租户业务运作的要求。通过检测物业状况，物业服务企业可以更全面地了解和完善物业的使用功能，提供更优质的服务。

（3）制定租金方案。物业服务企业要根据物业的建造档次、服务水平、市场状况等分析结果确定物业的租金方案。合理的租金方案既可以提高投资方的租金收益水平，也可以提高出租率从而提高物业服务企业的收入水平。

（4）编制物业管理费用预算。物业服务企业应根据物业的设施设备质量状况、管理服务质量状况、市场成本价格状况和自身企业管理水平确定各项管理服务的成本，最终编制出准确的物业管理费用预算方案，为制订物业管理服务收费、服务成本控制和企业物业管理计划提供有效的依据。

（5）签订物业管理服务合同。与物业投资方或租赁方签订物业管理服务合同，约定各方的权利和义务、服务内容、服务标准、管理成本、收费标准、管理规定及规章制度、违约责任及相应奖惩等合同内容。规范合理的物业管理服务合同有利于物业服务企业提供优质的服务，在满足投资方和租赁方要求的同时获取企业最佳的经济价值。

（6）编制物业管理方案。一个良好且可行的物业管理方案在满足各方要求的同时也有利于企业的管理服务运作。一个好的物业管理方案通常要在征求投资方、租户意见的前提下，根据企业的管理服务水平、市场的发展特点及竞争状况确定。经营型物业管理方案通常包括管理服务原则和目标、管理服务内容及标准、管理服务时间及频率、管理服务要求及规定、管理服务程序及制度、管理服务责任及处理规定等内容。

2. 租赁关系管理

租赁关系管理决定了物业出租率和物业管理收益的高低，也决定了物业服务企业的品牌建设。租赁关系管理包括投资商与租户、物业服务企业与租户两方面的关系管理。投资商与租户的关系管理主要包括租赁关系、合作关系和责任关系；物业服务企业与租户的关系管理包括服务关系、费用关系和纠纷关系。

（1）服务关系管理。征求租户、投资商及流动顾客等多方的要求，尽量提供令其满意的服务，建立与多方的良好服务关系，以利于物业管理的顺利开展。

（2）费用关系管理。在收费标准、收费时间、收费奖惩、财务公告等方面尽量与开发商和租户进行协商，维持良好的费用管理关系，以利于物业服务企业的持续经营。

（3）纠纷关系管理。物业服务企业应制定详尽合理的纠纷处理管理制度，与租户、投资商和消费者发生服务纠纷、管理纠纷时，应按照程序化的纠纷管理制度，尽量及时有效地解决矛盾，以利于维护各方良好的合作关系。

3. 租赁营销管理

租赁营销管理包括市场推广管理、租赁业务管理、营销计划管理和营销活动管理。租赁营销管理的好坏不但影响物业管理收益，还会影响投资商的投资收益，所以应加强物业的租赁营销管理，在稳定老客户的同时吸引新客户，以提高物业的收益率。

（1）市场推广管理。物业服务企业应协助投资商加强物业租赁的市场推广力度。

（2）租赁业务管理。物业服务企业要在租赁合同、租赁装修、租赁条款制定、租赁服务等方面加强管理。

（3）营销计划管理。物业服务企业应协助投资商制订行之有效的营销计划，保证物业经营的持续进行。

（4）营销活动管理。物业服务企业应协助举办各种营销推广活动，创建物业经营的品牌效益和良好形象。

4. 制定出租管理办法

如果物业是用来出租的，为了稳定和提高物业的出租率，需要制定合理有效的出租管理办法。经营型物业的出租管理办法通常包括招租、租金、租赁合同三个方面。

（1）制定招租管理办法。确定招租形式、宣传类型和租赁业务管理办法。

（2）制定租金管理办法。确定租金的标准、收取办法及优惠惩罚办法。

（3）制定合同管理办法。确定租赁合同和物业管理合同的各种管理办法。

5. 制定经营管理办法

如果物业不是用于出租，而是投资商自己经营，物业服务企业就要根据投资商的经营目标和性质制定相应的经营管理办法，提供与之适合的物业管理服务，以提升物业经营的价值。经营管理办法通常包括物业宣传管理办法、顾客管理办法、物业服务管理办法等。

（1）物业宣传管理办法。从各个方面对经营型物业进行有效的推广宣传。

（2）顾客管理办法。调查顾客的要求和满意度，制定有效的改进措施，并对出入经营型物业的顾客进行规范的管理，保证活动的有序进行。

（3）物业服务管理办法。对经营型物业的各个服务项目制定规范的管理办法，为投资商和顾客提供优质的、标准化的服务。

四、经营型物业管理的资金来源和使用

（一）经营型物业的收入

经营型物业的收入主要包括经营收入和其他业务收入。经营收入一般是指出租建筑物楼面及其附属的配套设备设施的租金收入。其他业务收入则包括管理费，附属性的餐饮、购物、商务中心、交通等项服务所得。

（二）经营型物业管理中的费用

经营型物业管理中的费用包括建筑物的维修养护费用、设备设施的维修养护费用、提供各种服务所需投入的费用以及房产税、增值税、城市建设维护税、教育费附加、土地使用税等相关的税费。

第二节　写字楼物业管理

一、写字楼的含义和类型

（一）写字楼的含义

"写字楼"一词原是我国香港地区对办公楼宇的称谓，20世纪80年代随着内地物业管理的兴起得到广泛使用。如今在物业管理中，写字楼是指办公大楼，也就是供政府机关、企事业单位等各行各业人员处理行政事务和从事各类业务活动的楼宇。写字楼可能被业主或投资人自己使用一部分，其余部分用于出租，或整座楼宇全部用于出租。

（二）写字楼的类型

写字楼在我国还没有统一的分类标准，一般参照写字楼所处位置、交通状况、大小、形象、智能化水平、建筑功能、收益能力等进行分类。从不同角度可以把写字楼分为以下类型。

（1）按建筑面积的大小，可分为小型、中型和大型写字楼。建筑面积在1万平方米以下的，称为小型写字楼；建筑面积为1万～3万平方米的，称为中型写字楼；建筑面积在3万平方米以上的，称为大型写字楼。

（2）按功能可分为单纯型、商住型和综合型写字楼。单纯型写字楼是写字楼基本

上只有办公一种功能，没有其他功能。商住型写字楼是既提供办公又提供住宿的写字楼。这类楼宇又分为两种：一种是办公室内有套间可以住宿，如上海的启华大厦；另一种是楼的一部分作办公用途，另一部分作住宿用途，如北京的国际大厦。综合型写字楼是以办公用途为主，同时兼具多种功能的写字楼，如兼作公寓、餐厅、商场、展示厅、舞厅、保龄球馆等，但各功能部分所占楼宇总面积的比例都不会太大，用于办公的部分依然是主要的，否则便不称其为写字楼。广州的中信广场、世贸大厦便是这种类型。

（3）按现代化程度可分为智能型写字楼与非智能型写字楼。智能型写字楼是具有高度自动化功能的办公大楼；传统的、不具备现代功能的写字楼则为非智能型写字楼。智能化是写字楼发展的方向，当今建造的大型高层写字楼几乎均为智能型写字楼。

（4）按建造等级、所处位置和物业管理的档次等，可分为甲、乙、丙级写字楼。甲级写字楼具有优越的地理位置和交通环境，建筑物的自然状况优良，建筑质量达到或超过有关建筑条例或规范的要求，收益能力与新建成的写字楼相当，有完善的物业管理服务，如 24 小时的维护维修及保安服务。乙级写字楼具有良好的地理位置，建筑物的自然状况良好，建筑质量达到有关建筑条例或规范的要求，但建筑物的功能不是最先进的（有功能陈旧因素影响），存在自然磨损，收益能力低于新落成的同类建筑物。丙级写字楼已使用的年限（楼龄）较长，建筑物在某些方面不能满足新的建筑条例或规范的要求，建筑物功能陈旧且存在较明显的自然磨损，但仍能满足低收入租客的需求并与其租金支付能力相适应，相对于乙级写字楼，虽然租金较低，但仍能保持一个合理的出租率。

二、写字楼的特点及其管理要求

（一）写字楼的特点

1. 多建于城市的繁华地段

由于大城市交通方便、经贸活动频繁、信息集中通畅，所以各类机构均倾向于在大都市的中心地带建造或租用写字楼，以便集中办公、处理公务和经营等。在以金融、贸易、信息为中心的大城市繁华地段，写字楼更为集中。

2. 建筑规模大，各类机构集中

写字楼多为高层建筑，楼体高、层数多、建筑面积大，办公单位集中，往往汇聚成百上千家国内外大小机构，人口密度大，涉及面广。

3. 设备设施先进，专业化程度高

为吸引有实力的机构进驻办公，满足其体现身份、高效办公的要求，写字楼所用建筑材料通常较为高档先进，外部装饰也强调有独特的线条、格局和色彩，内部通常配有先进的设备设施，如中央空调、高速电梯、监控设备、现代资讯手段等，这方面的最新集中体现便是现代化的智能办公大厦。

4. 服务功能齐全，设施配套完善

现代写字楼要求有完善的配套设施和综合的服务功能，通常有前台服务、大小会议室、小型酒吧、车库等，综合型的写字楼宇甚至有餐厅、商场、卧室等配套设施，能为客户的工作和生活提供方便，满足其高效办公的需要。

5. 使用时间集中，人员流动性大

一般来说，写字楼物业主要集中在白天上班时间使用，此时上下班人员及业务往来人员川流不息，人员流动性大，对保安、保洁、设备运行要求很高。而下班以后，整个物业基本处于暂停使用状态。这一特性决定了写字楼物业管理在排班安排等方面与小区有很大不同。

6. 经营管理要求高，时效性强

由于现代写字楼规模大、功能多、设备复杂先进，加之进驻的多为大型客户，各方面的管理要求都较高；此外，由于写字楼经营型物业的特性，高出租（售）率是其获得稳定收益的保证。经营管理不当则不能赢得客户，甚至会立即失去已有的客户，导致无可挽回的损失，所以其经营服务的时效性很强。

（二）写字楼物业管理的要求

写字楼物业管理可围绕"安全、舒适、快捷"六个字展开。安全是指让用户在写字楼里安全放心地工作；舒适是指创造优美整洁的环境，让用户感到舒适、方便；快捷是指让用户在大楼内随时可与世界各地联系，交换信息，抓住商机。为此，写字楼管理与服务要按照以下要求展开。

1. 高起点、高要求

现代写字楼技术含量高，管理范围广，不能仅凭经验办事，而应积极探索制定并不断完善一套覆盖各个方面的管理制度，使整个管理工作有章可循、有据可依，管理与服务科学化、制度化、规范化；要有高素质的员工队伍、高技术的管理手段、高标准的管理要求。只有这样，才能取得好的管理效果。

2. 加强治安防范，严格出入管理制度，建立客户档案

写字楼的安全保卫工作很重要，不仅涉及国家、企业和个人财产与生命安全，还涉及大量的行业、商业、部门机密。由于写字楼在办公时间通常都是开放的，所以治安管理难度大。必须加强治安防范，建立健全各种值班制度，坚持非办公时间出入大楼的检查登记制度，坚持定期检查楼宇防盗与安全设施制度，坚持下班交接检查制度。加强前门、后门的警卫及中央监控，坚持 24 小时值班巡逻。同时，应全面建立客户档案，熟悉业主、租户情况，增加沟通了解，确保业主、租户的人身和财产安全。

3. 加强消防管理，做好防火工作

由于写字楼规模大、功能多、设备复杂、人流量大、装修频繁，加上高层建筑承受较大风力和易受雷击，所以火灾隐患大。因此，写字楼防火要求高，应特别加强对消防工作的管理。应教育员工、业主、租户遵守用火、用电制度，明确防火责任人，熟悉消防基本知识，掌握防火、救火基本技能；加强防范措施，定期检查、完善消防设施，落实消防措施，发现问题及时处理，消除事故隐患。

4. 重视清洁管理

清洁情况是写字楼管理服务水平的重要体现，关乎大厦的形象。由于写字楼通常采用大量质地考究的高级装饰材料，所以清洁难度大、专业要求高。为此应制定完善的清洁细则，明确需要清洁的地方、材料、清洁次数、检查方法等。同时应加强经常性巡视保洁，保证大堂、电梯、过道随脏随清，办公室内无杂物、灰尘，门窗干净明亮，会议室整洁，茶具清洁消毒。

5. 强化设备设施的维修保养

设备设施的正常运行是写字楼运作的核心。应重视对写字楼水电设施（包括高低压变电房、备用发电房、高低压电缆、电线、上下水管道等各项设施）的全面管理和维修，供水供电要有应急措施。应特别注重电梯的保养与维修、消防系统的检查与测试和空调系统的保养与维修。要有健全的检查维修制度，定期检查、维修维护大厅、走廊、电梯间等公用设备、公共场所。对业主、租户的设备报修应及时处理，并定期检查。要做到电梯运转率不低于 98%，应急发电率和消防设备完好率达 100%。

6. 设立服务中心，完善配套服务

管理就是服务。为方便客人，满足客人需要，写字楼应有配套的服务，设立服务中心；帮助业主、租户办理入住和退房手续，解决相关问题；提供问讯、商务等各类服务，包括提供一些日常性服务，如协助接待来访客人，回复电话问讯，提供打字、传真、复印及订票服务等；提供其他委托服务，如代客购物、代送快件等。

7. 加强沟通协调，强化服务质量

要加强与业主、租户的沟通，主动征询、听取他们对管理服务工作的意见与要求，认真接受、处理业主和租户的投诉，及时解决他们提出的问题。要谨慎对待，协调好各方关系，协调配合政府各部门的工作，并不断改进各项管理，提高服务质量。

三、写字楼物业管理的模式

（一）自管型

自管型即房地产开发商或业主自己组织力量进行管理。由于大多数地区的物业管理刚刚起步，这种管理方式在我国占较大比例，主要有以下几种模式。

1. 自建自管模式

大型企事业单位投资或部分融资兴建商务写字楼，除部分满足自身使用外，余下部分通常用来出租给客户。在建筑写字楼期间，投资者往往会组建自己的筹建班子，并在工程即将结束时转向物业的日常经营与管理工作。有的房地产开发商为了完善售后服务，会组建物业服务企业进行日后的管理。这种自建自管模式的优点包括：竣工、验收、接管过程中与开发部门摩擦少；物业管理人员熟悉物业，资料齐全；管理启动费用来源直接、可靠。但是也存在一些问题，如自建的物业服务企业缺乏各类从事物业管理的专门人才；物业服务企业运行中容易受到开发商高管的行政干预；管理易变成"大而全，小而全"的统包统管等。

2. 自管与专业公司相结合的模式

由于写字楼的经营、组织、管理、运作有很强的专业性，楼宇及设备的维护和保养有很强的技术性，因此出现了自管与专业公司相结合的模式。财务、人事、产权产籍、入住、装修管理、停车场、综合营销等方面一般属自管范围；而专业性、技术性较强的方面，如保安、保洁、园林绿化、餐饮、娱乐、电梯、空调、变配电室等方面的经营以及专业设备的日常维护和保养则由专业公司承担。这种模式主要是以契约方式合理组合各类专业公司，为客户提供优质的服务。

3. 自管与顾问公司相结合的模式

房地产开发商或业主自建的管理公司为了向专业物业服务企业平稳过渡，而在转移阶段聘请顾问公司保驾护航。顾问公司通常是资深的物业服务企业，经验丰富，有独到的管理理念，可以帮助物业服务企业制定制度，拟定人员配备、组织机构、工作范围，制订设备设施的维修养护计划，挑选有资格的专业公司进行合作等。在顾问公司的帮助下，房地产开发商或业主自建的物业服务企业可以逐渐建立专业化的日常管理规范，并逐渐适应日常经营、组织、管理工作及各种突发性事件的处理。

（二）委托型

委托型管理就是写字楼建造完成后通过签订委托协议书将其委托给专业的物业服务企业管理。因为房地产开发商的主要精力是开发，自己组建物业服务企业由于专业知识方面的欠缺，在精力、经费上都比聘用专业公司投入多。在发达国家，委托专业物业服务企业管理是最常见的一种形态，因为专业的物业服务企业具有较丰富的管理经验和实力，委托它们管理能收到最佳效果。我国委托型管理起步较晚，但发展很快。目前，深圳、广州、上海、北京等大城市的高档写字楼开始逐步采用委托型管理方式。委托型具体又分为委托管理型和租赁经营型。

1. 委托管理型

物业服务企业受托对写字楼的大厦本体、设备设施、安全、清洁等实施管理，并应房地产开发商或业主要求提供产权产籍和物业档案资料的管理、物业的中介管理、多种经营及有偿服务等。有的物业服务企业将具体的事务管理以分包的形式委托给专业公司，物业服务企业除了挑选有资格的专业公司外，还负责对专业公司的承包内容进行监督、检查、考核。采用委托管理型模式体现了社会化分工及专业化的必然趋势。

2. 租赁经营型

业主将已建好的写字楼通过签订租赁或承包协议的方式，出租或出包给物业服务企业，实现所有权与经营权、管理权的分离。业主不用花费精力即可定期获得租金或承包基数。物业服务企业则致力于写字楼的租赁及租售后服务，在照章纳税、定额向业主缴纳租金或承包上缴基数后，有更大的经营自主权，可以通过认真经营获取更高的收益。

四、写字楼物业管理的内容

（一）写字楼物业管理的基本内容

1. 房屋维修养护及装修管理

在管理过程中，应做到：大厦及栋号、楼层有明显的引路标志；无违反规划乱搭乱建；大厦外观完好、整洁；房屋完好率达98%以上，零修合格率达100%；建立回访制度和做好回访记录；监督业主和使用人对写字楼进行的二次装修，确保楼宇结构及附属设施、设备不受破坏。

2. 设备设施管理

写字楼的设备设施管理主要应做好以下工作：

（1）设备制度管理。做好写字楼各项设备验收文件资料的存档，建立设备登记卡；完善工程部架构；建立各部门、各工种的岗位责任制；抓好物料采购、供应和消耗环节的计划与控制，开源节流；制定设备的保养和维修制度；建立监管制度，监督检查专项维修保养责任公司和个人的工作。

（2）维修与保养管理。主要应做好维修报修程序、设备保养、设备维修、设备改造四个方面的工作。维修报修分为自检报修和客户报修两种类型。设备保养通常可建立三级保养制度：日常保养制度、一级保养制度和二级保养制度。设备维修的关键是维修计划的制订和维修制度的完善。编制维修计划时应注意是否按设备分类编制计划，维修周期是否科学，维修方法是否恰当。维修方法通常包括：强制维修法，即不管设备技术状况如何，均按计划定期维修；诊断维修法，即根据使用部门的报告和提供的技术资料，对设备进行检查诊断，确定要维修的项目或部件，然后进行维修；全面维修法，即当设备出现严重磨损、损坏或故障时，对主体和部件的全面修理（大修）。设备维修制度主要包括设备检修制度、报修制度。设备更新改造管理的关键是要把握更新改造的时机，制定切实可行的更新改造方案。

3. 安全管理

安全管理主要是加强保安措施，配备专门的保安人员和保安设备（报警装置、门户密码开启装置、闭路电视监控器等），加强写字楼内部及外围保安巡逻，加强停车场的保安及交通指挥，杜绝各类可能发生的事故。写字楼往往有大量复杂的人员和产品、设备进出，因此物业服务企业应加强出入登记、设备监控、保安宣传、人员培训等。同时应遵循"以防为主，宣传先行，防消结合"的指导思想，实施严密的消防管理措施，保证写字楼内生命财产的安全。

4. 清洁卫生管理

清洁是写字楼管理水平的重要标志，也是维护保养建筑和设备的需要。清洁的日常工作重点应放在两个方面：①建立卫生清洁的检查制度，包括定期巡检、每日抽查、特别项目检查（食用水质及排污处理检查）等；②保持大堂、洗手间、公用走道等楼内公共场所的清洁。

5. 绿化管理

绿化管理既是一年四季日常性的工作，又具有阶段性的特点，必须按照绿植的不同品种、习性、生长期等客观条件，适时确定不同的养护重点，安排不同的措施落实，无破坏、践踏及随意占用绿地现象。

（二）写字楼的服务管理

1. 前台服务

写字楼的前台服务与宾馆相似，主要是为客户提供一些日常服务。主要工作包括：接待内外客人，帮助解决有关问题，如问讯答复、出入引导、接听电话等；提供报纸分发、打字、传真、复印及订票服务等。良好的前台服务管理有助于提高写字楼和物业服务企业的品牌形象，提高租赁客户的满意度和企业的收益率。前台服务的好坏直接影响客户对写字楼档次的认可度和对物业服务企业的满意度，因此物业服务企业应根据客户要求提供周到、高效、优质的前台服务。

2. 委托代办服务

受业主和租户委托，与外界联系，帮助办理与生活、工作有关的日常事项，如购物、订票、邮寄等许多服务。这类服务一般由物业服务企业事先设立，收费也有一定的标准。

3. 特约专项服务

与业主和租户单独约定，为业主和租户提供某些有针对性的专项服务，满足其特殊需要，如入室清洁服务、保安服务等。

4. 综合配套服务

写字楼除有办公用途外，通常还具有开展商务活动、餐饮、健身等功能，应针对这些功能提供相应的配套服务。

（三）写字楼的营销管理

由于写字楼具有经营型物业的特性，因此营销推广是一项经常性的管理工作。写字楼除了少部分自用外，大部分用于出售和出租（主要是出租）。写字楼的整体形象设计、宣传推介、办公空间的分割布局，与买租客户的联络、谈判、签约，客户投诉与要求的受理与处理，客户与经营管理者、客户与客户间关系的协调，以及组织客户参加旨在联络感情的各种联谊活动等均属于写字楼营销推广工作的范畴。

由于转变投资地点、方向，兼并、破产等各种原因的影响，写字楼客户变动的情况时有发生，客户也经常会提出对办公空间进行重新布置、增减面积、改变设备配置与服务等方面的要求，为吸引、招进和留住客户，写字楼的营销服务工作是一项十分重要的经常性工作，否则无法保证较高的出租率，会影响写字楼物业的收益。

这方面应有专门的营销人员在写字楼前台工作或设立专门的办公室办公，主动寻找目标客户，征求已有客户对物业的使用意见，尽力满足各方面客户的要求，使物业保持较高的出租率。

第三节　商场物业管理

一、商场物业的含义和类型

（一）商场物业的含义

商场物业是指建设规划中必须用于商业性质的房地产，也称商业场所物业管理。它是城市整体规划建设中一种重要的功能组成部分，其直接的功用是为消费者提供购物场所。其中，公共性商业楼宇是因商业发展而兴起的一种新的房地产类型，与一般零售商店不同：零售商店即使规模再大，仍然只有一个经营实体；而公共性商业楼宇通常有很多独立的商家从事经营，各行各业的经营服务都有，范围远远超过零售商店。商场物业不仅包括零售商店，而且包括银行、餐饮等各种服务性行业和娱乐场所。

（二）商场物业的类型

1. 按经营方式分

商场物业按经营方式可分为货柜隔离购物和开放式购物两类。货柜隔离购物是每个层面被柜台或铺位分割成销售不同种类商品的小单元，顾客购物时不进入柜台，而是由售货员拿给顾客进行挑选，这种零售商店一般被称为百货商场（或专营商店）。开放式购物是把零售商品陈列在开放式货架上，顾客可直接挑选，这种零售店被称为超级市场或仓储式购物中心。

2. 按楼宇功能分

商场物业按楼宇功能可分为单一经营型商店和综合多功能经营商店。

3. 按档次分

商场物业按档次可分为普通型和豪华型。普通型商场物业的设备设施和管理方式都是传统型的，所经营的都是大众化商品。豪华型商场物业多是在对外开放过程中由外资建造的高档商业楼宇，其购物环境豪华、高雅，设备设施齐全、先进，如电视监控、消防系统都是由计算机系统控制的。

二、商场物业与商场物业管理的特点

（一）商场物业的特点

1. 商场楼宇精心策划，合理布局

规划设计合理，就是要合经济规律之理、合经济发展之理、合提高经济效益之理。商场楼宇的建设要与周围地区的人口、交通、购买力、消费结构、人口素质、文化背景等特点紧密联系，因地制宜地规划设计方案，规模可大可小，一切从实际情况出发，功能宜多则多，宜少则少，档次宜高则高，宜低则低。

2. 建筑结构设计新颖、别致，有特色

商场楼宇在设计时就要下功夫，务求新颖、奇特、别致。在外观上突出商场楼宇的个性及地区特色，给顾客留下较深的第一印象；在内部设计方面，进出口处要有鲜明的标志，有条件的可以在内部配置喷泉、瀑布、阳光走廊等小景点，而且内部装修颜色要协调，布局比例要恰到好处，令人赏心悦目。

3. 选址和规模满足不同层次的需要

商场楼宇的设施应依据城市人口的数量、密集程度、顾客的多少，分散与集中兼备。在大城市中，由于常住和流动的人口多，居民消费水平高，所需的商业、服务业设施也较多、较齐全，物业档次的要求也较高。高档的商店、高级餐厅等都要选在人口密集、流动人口量大的繁华闹市，有的可连在一起建成商业街、食品街或购物中心等。而日用小百货店、副食店或修理店则可以分设在各个居民区，以便就近服务。

（二）商场物业管理服务的特点

1. 保持商场楼宇的美观、整洁、有序

商场楼宇不同于办公楼宇的气派、雅致，主要追求热闹、休闲，在大空间、大间隔式的层面里显得商品琳琅满目且一览无余，外墙上、商场内的广告往往铺天盖地，有的还会在广场上建造喷水池，在室内摆设花卉，设置小瀑布或高大的人工树木等。经营者为创立品牌做足了文章。商场楼宇的人流量和物流量比其他物业大得多，因此应重视保洁服务、环境保护、广告管理、通道管理、咨询管理服务、车辆管理等，以保持商场楼宇的美观、整洁、有序。

2. 设备设施配置齐全、先进

商场楼宇尤其是豪华型商场楼宇的设备设施往往配置齐全、先进，有的已属于智能化建筑。

3. 加强保安工作

商场楼宇不仅客流量大，而且人员构成复杂，这些人在进出商场楼宇时又不受任何人的限制，尤其是敞开式的商场堆满了商品，保安工作尤为重要。同时，应加强对易燃易爆物品的管理和清场后的商铺管理。

4. 按照与经营者签订的契约实施管理服务

物业服务企业在对某一商场楼宇进行管理时，应与经营者签订管理委托合同，按照合同要求做好每一项工作，提供良好的服务和优良的经营环境。

三、商场物业管理的内容和要求

（一）商场物业管理的内容

1. 楼宇及附属设备设施的养护和维修管理

商场楼宇的日常养护标准高，维修要求严，其内容同办公楼相似，但方式不同。商业楼宇的重点是各种设备设施，因为这些都会直接影响经营环境。高档次商场楼宇的设备设施多而复杂，信息化程度高，如供电、监控、安全管理、消防、给排水、交通管理等各系统大多互联为网络，电梯、自动扶梯等设备易出故障，保证其正常运行离不开日常养护。

2. 环境卫生及绿化管理

环境卫生是管理的重点，分为外部环境和内部环境两个方面。外部环境包括楼宇外墙、附属建筑设施及周围场地等；内部环境包括过道、楼梯、自动扶梯、电梯、卫生间、会议室、餐厅等一切公用场所，以及承租户和业主的铺内、办公室等非公用部位。绿化是指花草树木的种植及养护，旨在创造整洁、优美、和谐怡人的商业氛围。

环境卫生管理方面应注意以下几点：

（1）楼宇内外的广告牌、条幅、悬挂物、灯饰等凡属商户铺内的，由商户提出设计要求或制作，由物业服务企业统一安装在合理位置；

（2）柜台内陈列架上商品陈列应美观，不得凌乱或随意置放；

（3）商户铺内产生的垃圾应装袋并放至指定位置，及时清理；

（4）楼宇内外的主要卫生清洁工作应安排在非营业时间，营业期间必要的清洁应由清洁人员用抹布擦拭，而不用长柄拖布擦拭；

（5）下雨时，进门处及其他公用过道应设置一些雨具存放器，尽量不要把带雨水的雨具带进大厅。

3. 安全保卫管理

安全保卫管理是商场物业管理的重要工作，由消防和治安管理两部分组成。

（1）商场楼宇通常安装先进的自动火灾报警装置和自动灭火装置，这些装置直接与电视监控系统联网，一旦发现火情，烟雾达到一定的浓度或温度达到一定的高度，这两种装置便会自动通过导线将报警信号传输至报警装置、电视监控系统和自动喷淋装置。

（2）运用电视监控系统对商场进行全方位、多角度的监控，尤其对出售贵重商品的柜台及金融营业点进行日常监视，发现可疑人员或突发事件、恶性事件时监控人员及时录像并将其储存，作为证据供以后查询。在地下车库或露天停车场亦须安置监控探头，防止车辆被窃。由于商场中铺面多、柜台多，人流密集，容易造成监控死角，人防必不可少。门岗的保安人员的主要责任是发现可疑人员时用对讲机通知场内便衣保安人员加以注意。流动岗应着便装，流动巡逻，做到勤观察、勤分析，善于发现问题、及时解决问题。对突发事件和恶性事件应及时处置，防止事态扩大并注意保护现场，及时向上级和公安部门报告。

4. 广告管理

商场广告既多又杂，广告如无序会影响整体环境，还要避免广告违反广告法规定，必须严加管理。

（1）市场内部广告应由物业服务企业委托专业广告设计人员按商场整体布局设计。承租户广告需将式样、颜色等报物业服务企业审核，做到管理有序。一般不设置户外广告，如果属于商场整体促销广告也应注意整体性和形象性。

（2）橱窗展示宣传，应做到橱窗玻璃洁净、灯光明亮、开关及时、陈列物品整洁有序。

5. 装修管理

商场楼宇的租赁往往将整个层面向外出租，出租后由承租商依据经营要求，提出装修申请。也有业主把一个层面装修完毕之后出租铺面，承租商户对铺面只能通过申请批准后做一些小的变动。装修管理应做好以下几个方面的工作：

（1）制定周全、详细、便于操作的管理制度；
（2）专人负责对工程实行严格的监督；
（3）选定资质高、信誉好的工程承包商进行装修；
（4）对装修现场进行监督管理。

6. 租赁管理

（1）出租方式。主要分租金投标和协议租金两种。在地段好、顾客量大的商场，商户往往要争相租赁，在同时出现多个承租商户的情况下可采用竞标方式，以获取理想的租金。而在一般地段，不存在商户争铺面的情况时可采用协议租金，这一方式较灵活、便利。

（2）租金管理。在商定租金时应考虑多方面的因素，如商品经营的范围及类别、附近商场楼宇的空置率、承租户的经营特色、商场所处位置、经营商品给管理带来的难度等。租金计算可以采用两种形式：一种是先规定一个固定的月租金（根据面积），然后根据市场情况和货币升贬值决定，几年后再增加合理的幅度；另一种是按面积定出最低租金，然后根据承租户销售总额按一定的百分比收取租金。

（二）商场物业管理的要求

1. 商场楼宇应树立良好的形象

（1）商场楼宇必须具有良好的整体环境和商业特色；
（2）商场楼宇的良好形象是潜在的销售额和潜在的资产。

2. 建立商场楼宇识别体系

企业识别系统是强化企业形象的一种重要方式，包括理念识别体系、视觉识别体系和行为识别体系，三者相互推进、相互作用，能产生良好的商业效果。

企业识别系统是通过改变企业形象注入新鲜感，增强企业活力，从而吸引广大消费者的关注、提高销售业绩的一种经营手段。

3. 商场楼宇安全保卫服务要求高

（1）综合性强。一些大型商业区、商住区，不但建筑物类型复杂、楼层高、楼幢多、功能各异、建筑面积大、进出口多，而且物业区内公司多、商场多，造成人流量大、人员复杂，给制定和落实安全措施造成了一定的困难。同时，众多单位又各有各的管理部门，物业服务企业不可能过多干预，只有与各单位、租户、业主的主管部门、派出所等密切合作、相互配合、积极参与，才能较好地完成管理工作。

（2）服务性强。物业服务企业的治安管理工作实质上就是服务，就是为用户提供保安服务，为保障商业区内员工、客户的人身和财产安全服务。因此，保安人员应树立"服务第一，用户至上"的思想：既要有公安人员的警惕性，又要有服务人员的热忱；既要坚持原则按制度办事，又要文明礼貌，乐于助人。

（3）保安人员素质要求高。保安人员不但要有较高的思想品德，还要知法懂法和会用法；不仅要坚持原则，依法办事，还要讲究处理问题的方法和艺术。保安工作除了与违法犯罪分子做斗争外，更多的是与违反规章制度的群众打交道，因此要区分清楚、不同对待，以免因处理不当而陷入被动。

第四节　酒店物业管理

酒店是人类社会发展、社会化交往活动的必然产物。人们要生活、要进行社会活动，就必须有酒店以自身的服务为这些社会活动提供前提条件。酒店是为宾客提供餐饮和住宿的场所。现代化的高档酒店为了方便宾客、吸引宾客还配备并向宾客提供舞厅、卡拉OK、桑拿按摩、游泳池、高尔夫球、台球、保龄球、酒吧、健身房等娱乐及健身设施和相应的服务。

一、酒店物业的含义和分类

酒店（hotel）一词源自法国，原指贵族们在乡下招待贵宾的别墅，是富人和名流聚会的地方。酒店一般包括两个部分：一是设施方面，即硬件配置，包括能满足客人吃、住、行、游、购、娱、通信和商务等需求的多功能建筑及设施；二是服务，酒店通过提供有形和无形的服务得到经营的保障。

酒店物业按照不同的分类标准可以分为不同的类型。

（一）按酒店特色及宾客特点

1. 商务会议型酒店

商务会议型酒店一般地处城市中心区，建筑富丽堂皇，档次高，价位高，客房、餐厅及各种服务设施设计配备齐全，规格上乘，主要以接待涉外客商、旅游、会议为主，是我国目前档次最高的酒店，如北京的王府饭店、上海的锦江饭店、广州的白天鹅宾馆、深圳的香格里拉大酒店等。

2. 度假型酒店

度假型酒店主要为宾客旅游、休假、开会、疗养等提供食宿及娱乐活动，一般建在海滨、海岛、河谷、温泉、湖畔、森林等风景优美的地区。

度假型酒店除了提供与其他类型酒店相同的各种服务外，往往根据所在地特点，提供独具特色的娱乐服务项目（如滑雪、骑马、狩猎、钓鱼、划船、冲浪、滑翔、跳伞等）以吸引宾客。这类酒店在我国属中高档次，主要是为宾客提供各种假日休闲与享受。

3. 长住型酒店

长住型酒店主要是指其客房宾客不是短暂停留,而是以办公为目的,较长时间租住,酒店性质类似于写字楼间,俗称"长包房"。酒店与承租者须签订租赁合同,明确双方的责权利、承租价格和合同期限等。

目前在我国,这类酒店占有相当比例,属中下档次,一般只提供住宿(兼顾办公)、饮食等基本服务,酒店的设计建筑、配套设施、物业管理及服务等都比商务型酒店、度假型酒店档次低,主要服务对象是各类中小公司、外地公司的办事处等。

4. 一般酒店

一般酒店在外国称为汽车旅客酒店或汽车(公路)酒店。这类酒店一般建在城市的平民区或马路旁,规模小,档次低,往往只有餐饮和住宿客房,主要是为长途汽车司机、普通老百姓和普通工作人员休息、吃饭或住宿提供场所,价位一般比较低,经济实惠。这类酒店目前在我国城镇占绝大多数。

(二)按酒店的建筑规模

按酒店的建筑规模,酒店可分为大、中、小三类。据有关资料介绍,国外是根据酒店所建客房数量为标准进行划分的,一般拥有 600 间以上客房的酒店为大型酒店,300~600 间客房的属中型酒店,少于 300 间客房的为小型酒店。

(三)按酒店的建筑档次

1. 高档酒店

高档酒店的特点是建筑档次高,各种设备设施配备齐全,管理服务层次高,房租、餐饮价位高,入住宾客身份、地位高。目前在我国列为高档酒店的,应是三星级以上的酒店,特别是四星级、五星级酒店。

2. 中档酒店

中档酒店在设备设施等各方面都比高级酒店略逊一筹。在我国,中档酒店一般指一星级、二星级酒店。

3. 低档次酒店

低档次酒店通常指星级以下的各类酒店。

(四)按酒店经营管理形式

1. 股份公司或集团连锁经营酒店

(1)公司所属。公司自己经营管理的酒店,有的是直属公司、连锁公司拥有并直接经营管理的酒店。

(2)合同经营酒店。签订租赁合同缴纳租金或管理费,业主将酒店出租给承租方,以联营公司的名义注册登记,使用其"名称"和"标记",进行经营管理。

(3)特许经营酒店。由经营管理者购买并使用某一联号公司的"名称"和"标记"。这种方式下,购买者有产权,财政上保持独立,但在经营管理上接受联号公司的指导与协助。因为使用的是原有名称和标记,所以在经营管理上有一定的限制。

(4)合作联营酒店。多个独立酒店为了共同利益联合起来,使用统一的质量标准和标记,联合进行广告宣传,互相沟通信息,提供客源等。

2. 独立经营酒店

目前我国联营制与个体的中小酒店一般都采用独立经营的管理方式。

二、酒店物业及其管理的特点

1. 宾客流动频率高

酒店的主要功能,一是餐饮,二是临时住宿。宾客到餐厅吃一餐饭少则半小时(早餐),多则 2 小时(中餐),最多也不会超过 3 小时(晚餐)。客房住宿亦是如此(除了长包房外),今天来明天走,即使开会也至多一个星期,宾客流动频率特别高。这是写字楼等其他物业不可比拟的。

宾客流动频率高给物业管理,特别是服务,增加了难度,需要的服务人员不仅数量多,而且必须经过专业化培训,素质要高。尤其是高档酒店,服务人员从穿戴、化妆,到站姿、坐姿,到迎送宾客的礼貌语言、微笑服务,再到端菜、送菜、报菜名等都有严格的规范要求。

2. 建筑规模大、档次高

酒店是为宾客提供餐饮和住宿的公共场所,为了吸引宾客,一般都建筑得比较好,特别是高档商务会议型与度假休闲型酒店,其主体建筑加上配套设施,多数都在 10 万平方米以上。而且设计造型各具特色,建筑使用的主要材料、设备(如钢材、木材、石料、涂料、电器材料、卫生洁具、餐具,以及制冷、供电、空调、监控、供暖、供水等主要设备)大多是进口品。每到一个城镇,不管城市大小,往往地理位置最好、交通方便、建筑档次最高、规模大、建得最漂亮的都是大酒店。

3. 服务时间长

酒店的这一特征,主要表现在餐饮及其他各种娱乐活动服务项目中。酒店的一日三餐,对每餐或每批宾客的服务时间短,即使是晚餐,每批用餐宾客最多也不会超过 3 小时。但从全天看,除了一日三餐之外,夜总会、舞厅等通常要营业到深夜一两点。为此服务要几班倒,管理服务到深夜。因此,酒店物业管理必须制定严格的轮岗制度和交接班制度。

4. 卫生管理服务标准要求高

酒店的卫生条件要求非常高。所提供的各种食品必须新鲜清洁,无毒无害;餐厅、餐桌、餐具必须经过严格消毒,无尘无污;服务人员必须衣着干净整洁;客房应按规范要求每天清扫换洗;被套、床单、枕巾、拖鞋、牙具、毛巾、浴巾等必须每天更换。

5. 宾客层次高,要求享受的条件与标准高

通常情况下,凡能入住高档酒店的宾客层次都比较高,其对服务与管理的设施条件和服务质量等要求也相应较高。因此,酒店物业管理要严格控制管理和服务的标准,力求提供最高品质的服务。

三、酒店物业管理经营的模式

（一）业主自己经营管理

这种模式下，业主自己投资兴建酒店物业，然后自行组织酒店企业进行经营管理，不依赖经营管理公司。

目前有相当一部分酒店（特别是中低档酒店）采用这种经营管理模式。其主要优点是：如果经营得好，可以创造最大的经济效益，业主不必向经营公司支付酬金。但是如果业主缺乏酒店管理方面的经验，不了解市场，又缺乏各种专业人才，则会经营管理不善，有时经济效益不但不能增加，反而会减少，而风险则由全部业主承担。

（二）租赁经营管理

这种模式下，业主将酒店物业通过签订物业租赁合同的方式，明确租金、租赁期限和双方的责任与权限，租给经营公司进行管理。

采用这一经营模式，可以实现所有权与经营权的分离，权责清晰，比自建自管进了一步。业主放弃了经营权，排除了经营风险，换取了由租赁合同明确规定的有限的租金收入；而承租经营者有独家经营权，如果经营得好，按租赁合同规定向业主缴纳租金后，可以获取更多的收益，但同样要承担更大的经营风险。如果经营不善，不但租金要按合同规定支付，亏损额也全部由承租经营者自己负责。高档酒店很少采用这一模式。

（三）委托经营管理

这种模式下，酒店业主采用委托经营管理的方式，将酒店经营管理权有限度地委托给受托方，由受托方进行酒店的日常经营管理工作。

业主需按委托合同约定的数额支付经营管理方面的酬金，而酒店的经营权全部归业主所有，经营风险也全部由业主承担。管理酬金在国内一般为营业收入的3%~5%，在国外一般为营业收入的4%~7%。具体酬金由双方商定，并在委托合同中注明。也有的在确定基本管理酬金的前提下，为鼓励经营管理方多创收，规定超计划指标实现的收入或营业利润，可另行提一定比例的奖励酬金，具体计提比例由双方协商确定。

委托经营管理的优点是业主不用担心酒店的收益被经营管理者拿走，营业收入和营业毛利润都归业主，因此业主会千方百计支持经营管理者的工作，鼓励其多收、超收。经营管理者因酬金是按营业收入一定比例计提的，也会努力创收，而且因为不必承担经营风险，经营管理起来比较灵活，再加上不需要或只需要少量资金投资、不用计提折旧、不必支付物业的维修保养费就能增加自己管理的酒店数量，增加酬金的收入。

正由于双方都认为这种合作方式利多弊少，不用为租赁价格讨价还价，不必为经营风险过分担心，从而容易被双方所接受。我国的高档酒店大多采取这种管理模式。

（四）联号经营

联号经营是指联号公司授予成员酒店在特定的地点、特定的期限内按照规定的方式经营业务的权利。与管理合同不同，联号既不是租赁经营管理，也不是委托经营管理，联号公司只是提供成员酒店权益品牌、各种标准和要求、营销网络、采购联络及质量控制服务。

对酒店联号集团而言，联号既有助于快速扩张，承担的风险又相对较少。归纳起来，联号经营有如下优点：

（1）使集团公司用很少的投资即可达到扩张目的，尤其是在当地资金较少或资金与利润无法转移的国家或地区；

（2）使联号集团的收入多元化；

（3）以最低的成本保护了未来的市场，可以有效地抵御外来竞争者；

（4）标准专利权受到保护；

（5）有利于缓冲国内业务的季节性波动；

（6）克服针对外国所有权的各种贸易壁垒；

（7）最大限度地利用积累的经验和知识。

对酒店联号集团而言，联号的劣势包括：丧失了对酒店日常工作的监控；不好与酒店业主打交道；潜在的负债危险；服务质量、卫生等失去控制；无法控制成员酒店的定价，服务质量不一致会引起顾客的困惑；更糟糕的是，有时想与那些声誉很差的成员脱钩都很困难。对成员酒店来说，联号经营的优势是能得到广告促销、集体购买、计算机预订客房、定期检查与经营管理建议方面的支持，而最直接的好处是能够得到顾客立即的认同，企业品牌形象可以迅速提高。成员酒店还能得到员工培训的机会，也可以取得融资的渠道。

酒店联号有多种形式，但绝大多数允许成员酒店使用联号集团的设计格局、经营体制、服务流程、团体广告、全球预订客房系统、促销与采购项目。联号集团常常提供选址建议、可行性研究、指定建筑商等服务，帮助成员酒店修改其建筑设计，对家具、设备、计算机系统等的质量有十分严格和详细的要求。成员酒店要执行联号集团公司的设计风格、经营与维修标准，就需要额外的支出，而且联号费也是来源于客房收入，因此酒店联号经营的盈亏平衡点相对较高。

四、酒店物业管理的内容

1. 酒店物业的保安管理

加大对保安员的培训力度，如岗位形象、礼节礼貌、应急处理能力等培训，增强保安员的工作责任心和整体素质；强化服务意识，树立"友善与威严共存、服务与警卫并在"的服务职责，保安员在治安管理职能外，还为业主提供各种服务。协助酒店员工处理与客人或雇员有关的问题，控制酒店的警报系统和消防系统，联络当地的公安局及其他酒店的保安部门，及时避免在酒店附近发生不愉快的事件，与上级经理保持密切联系，随时通报发生在酒店的与保安工作相关的事件，迅速掌握有关保安方面的新设备、新制度，在酒店发生事件时，代表酒店协助公安部门、法院等执法机关进行调查、询问等。

2. 酒店物业的工程管理

做好设备的日常检查巡视，定期进行检查、保养、维修、清洁，并认真做好记录，发现问题及时解决。例如，水池、水箱每半年清洗消毒一次，进行水质检验，以保证水质符合国家标准；发电机每月试运行一次；消防泵每月点动一次，以确保发生火灾险情时，消防泵能够正常使用。酒店消防安全工作是一项系统工程，贯穿酒店设计、建设和使用的全过程。酒店消防设施关键时刻要能发挥其效用，除了科学严格的维护管理之外，还离不开系统的良好设计、精心施工和合格的产品。

3. 酒店物业的前台服务

了解客人所需鲜花、水果的种类、色彩、数量和摆放方式，并记下房号和姓名。按要求进行摆设，要注意技巧，避免客人禁忌的花，水果要消毒，尽量了解客人摆鲜花和水果的原因，进一步提供细致的服务。确定客人到达的时间，查清客人是否因某些原因在机场内受阻。

4. 酒店物业的保洁管理

有效的保洁工作使酒店物业看上去舒适、高雅，富有魅力，是酒店物业兴旺发达的标志。保洁工作不仅可以延长酒店建筑、设备、用品的使用寿命，而且具有服务性。保洁人员在工作时会接触到客户，其服务态度是否热情周到、服务项目是否周全丰富，对客户有直接的影响，是客户衡量"价"与"值"是否相符的重要依据。因此，保洁人员热情礼貌、细致周到的服务态度，体贴入微、恰到好处的服务方式，训练有素、操作熟练的服务技巧，以及内容丰富的服务项目（如家具打蜡、地毯清洗等人性化服务），可以使物业管理的内涵更为丰富、表现力更强，是被服务对象摸得着、看得见，最贴近日常生活的重要组成部分。

第五节　工业物业管理

一、工业物业管理概述

（一）工业物业的含义

工业物业是指已建成并投入使用的各类工业厂房、标准厂房和工业园区及其附属的设备设施和相关场地。工业物业是随着工业发展而兴起的一种物业类型。工业是指对自然界资源或农产品、半成品等进行加工，以制造各种生产资料、生活资料的产业。而直接进行工业生产活动的场所就称为工厂。工厂中储备原材料和储藏产品的建筑物称为仓库或堆场。工厂、仓库等工业生产、储存场所统称为工业物业。

（二）工业物业的类型

1. 根据工业物业的特性或租户类型分类

（1）重工业厂房。石油、钢铁、橡胶、汽车工业等厂房是典型的重工业厂房。这类厂房结构通常是根据用户的具体要求设计的，大多由用户所有。

（2）阁楼式厂房。这是一种早期的多层建筑，通常是水泥结构、砖石外墙。阁楼式厂房多是为加工工业设计使用的。

（3）现代单层标准厂房。这些建筑都是为一家住户设计的，通常为用户所有，也有一部分是业主出租给厂商的，通常由租户负责物业的维修养护和一切经营开支。

（4）孵化器式的厂房。这类厂房通常归业主所有供出租，业主收取租金并支付大部分经营开支，一般是小型的多租户厂房。创业阶段的企业会租用这类厂房，通常在其实力壮大后会迁往更大的地方。

2. 根据工业场所的适用性分类

（1）普通型工业物业。普通型工业物业具有广泛的适用性，既可用于仓储，也可用于技术密集型的工业生产或劳动密集型的工业生产。

（2）特殊型工业物业。特殊型工业物业受某种条件的限制，仅适用于某些应用范围，如要求带有很强绝缘性质的仓储设施。

（3）单一型工业物业。单一型工业物业是指只适用于某一类型生产运行的物业，甚至是只适用于某一类企业的物业，而且通常无法改作他用，如钢铁厂等。

（三）工业物业管理的含义

工业物业管理是指物业服务企业对工业物业区内厂房、仓库等房屋建筑及其附属的设施设备以及各种综合性服务的管理。

工业物业管理是一项比较困难的物业管理，然而长期以来并未得到足够的重视。例如，厂房储存易燃货物与材料容易引起火灾；笨重的机器和存量过大多的货物，其重量往往超过楼面结构的负荷；机器开动时会造成振荡，耗损严重，而且噪声污染大；固定资产比重大，维修、保养费用高等。

（四）工业物业管理的职能

（1）负责厂房、建筑物的日常管理事务；

（2）代表各企业、车间统一对外联系，协助落实街道办事处交办的社会任务；

（3）监督厂房和仓库管理规定的实施，协调各企业对公共部分的使用，维护绿化布局，落实卫生制度；

（4）负责厂房和仓库范围内公共部位、公共整体性设备及附属设施的管理、养护和维修；

（5）负责建立厂房和仓库修缮管理基金，设立专项账户，集专款用于公共交通、公共设施维修；

（6）按时收取和分摊管理费、维修费，并定期公布账目；

（7）有权采取必要的措施，保证管理规定的实施。

二、工业物业管理的特点

（一）工业物业的特点

1. 投资大

要建立满足需要的工业性厂房，通常需要大量的投资，要占用生产性企业的大量经营资金。工业物业的这一特点决定了许多生产性企业都会租赁物业，而不是自己建造物业。

2. 非流动性

由于不同的行业对工业建筑厂房的要求是各不相同的，再加上一些工业物业具有大规模的特点，使工业性房产在房地产市场中成为一种交易缓慢的商品，具有非流动性。这种非流动性会增加投资者的投资风险。

3. 属于投资性物业

由于各生产性企业对厂房等的地点、功能有着特殊的要求，而租赁来的物业总有一些不适合，因此希望自己建造一个满足需要的物业，但由于资金有限，需要寻找投资者来合作。

4. 功能易过时

新技术革命使工业物业对技术设备的落后特别敏感，从而增加了投资风险。因此，在做远景规划时，必须以审慎的态度，通过增加物业的租赁用途和降低物业的折旧费来降低风险。

5. 租赁期长

由于工业生产的期限比较长，再加上重型机械的搬运和设备保养的费用很高，因此频繁地更换厂址既不现实，也不合算。工业物业的租赁者通常具有两个特征：一是具有较长的期限，通常至少为 10~25 年；二是对于挑选合适的厂址非常重视，有时甚至是十分挑剔的。

（二）工业物业管理的特点

1. 管理复杂

物业管理中辅助配套的工作多，复杂程度高，难度较大。部分企业是 24 小时连续生产，与之相配套的辅助部门也要作相应的安排，如门卫、餐厅、浴室、动力供应和仓储运输等，以保证一线生产的正常进行；对有毒有害和易燃易爆危险品的仓储运输，以及三废的排放处理等要有严格的管理办法和监督措施；为防止超负荷使用动力，要组织协调，制定限额使用的规定等。

2. 专业性强

工业物业管理的重点是生产性用房的管理，生产性用房通常采取出租或出售方式经营，由不同的企业使用。由于各生产企业都有其特殊的要求，专业性很强，因此物业管理部门应了解不同行业的有关知识，有针对性地制定具有权威性和约束力的管理规定，统一规范和协调各企业的生产经营行为，维护辖区内正常的生产经营秩序。

3. 易出现房屋、设施的意外损坏

因使用不当和使用频繁，造成房屋损耗以至带来结构的变化，险情的出现难以预料。例如，笨重的机器和存量过多的货物使重量超过楼面结构的负荷；机器开动造成振动可能缩短房屋的使用年限；电梯高频率的使用，电器和水泵等其他设备会由于超负荷运转而意外损坏，使保养费增高。

4. 治安保卫和消防工作有比较特殊的要求

很多生产企业是高科技型的，生产高精尖产品，从原材料到产成品不仅价格昂贵，而且技术保密性强，因此必须加强安全防范措施。作为生产企业，会使用和接触一些危险品，如管理不善，则可能发生火灾爆炸事故。消防工作应坚持以预防为主，配备足够的消防设备和器材，24小时有专职消防人员值班，严防火灾的发生。

5. 生产用房保持清洁难度大

由于使用功能的特殊性，生产用房难以保持清洁。例如，厂房内机器的油污容易弄脏走廊等地方，生产过程中排放的有害气体、尘埃等要花费大量的人力、物力、财力来清除。

6. 环境保护要求

工业物业管理必须重视环境保护，严格控制工厂的排污，采取措施净化工厂生产制造过程中产生的废气、废水和废渣，使工厂排放物符合环保要求。

7. 需提供多方位的社会化服务

工业物业管理除了生产用房的管理外，通常还涉及办公楼宇、住宅等其他类型的房屋的管理。物业服务企业除负责公用设备设施、环境清洁、厂区安全、庭院绿化等常规性工作外，还要经营餐厅、浴室、医务室、自选商场等配套服务，为用户日常生活和工作提供方便。

三、工业物业管理的内容

（一）制定严格的管理制度

（1）工业厂房与仓库的管理规定；
（2）各个岗位的工作职责与操作规定；
（3）机器设备的安装、管理、使用规定；
（4）材料领取、加工、检验、耗用等规定；
（5）产品入厂、入库的规定；
（6）成品发货出库、出厂等制度；
（7）安全保卫制度；
（8）消防制度。

（二）工业区公用部位的管理

（1）为确保厂房和仓库及附近建筑物群体的协调和美观，满足给排水要求、消防

安全规定及保障生产和人员安全，企业不得在红线范围内的地基上、屋顶、外墙、技术层搭建和安装设备。要在外墙及屋顶上设置企业标志和广告，应事先向管理部门申请，经协调批准后方可实施。

（2）为确保文明生产和绿化环境，无论购买或租赁多大的厂房和仓库均不可占用园林绿化地面积。

（3）为确保公共卫生，企业应加强员工教育，对违反环卫保护规定的人员，要追究相应的责任。

（4）企业不得以任何形式占用在购买或租赁合同中明确的公用部位。

（5）企业应教育员工爱护公用部位的房屋结构和设备，如有人为损坏，要负相应责任。

（6）厂房和仓库的公共场地除与物业服务企业协商确定停放自行车和汽车外，不得堆放货物等物品。

（三）工业区设备设施管理

工业区设备设施大体可分为工业生产专用设备设施、工业生活公用设备设施、工业物业附属设备设施三大类。工业生产专用设备设施，如炼钢厂的炼钢炉、机械加工厂的各类机床等，其管理的专业性强，应由工业企业自管。工业生活共用设备设施及工业物业附属设备设施（以下简称工业物业设备设施），如供水、供电、供气、供暖、通信等通用的设备设施，可委托物业服务企业进行管理。工业物业设备设施管理应建立健全工业物业设备设施的使用、维护保养制度，保证工业物业设备设施的正常运行，定期维护保养。

（四）工业区环境管理

1. 工业区环境污染的类型

（1）空气污染。造成空气污染的因素包括：燃煤排放的二氧化硫气体；机动车尾气；工厂内排放的化学烟雾、粉尘。

（2）水体污染。工业废水里含有大量有毒、有害污染物，进入水体内造成水体污染。

（3）固体废弃物污染。工厂内固体废弃物是人们在生产、生活中丢弃的固态物质。

（4）噪声污染。噪声可分为交通噪声、生产噪声和生活噪声三种。

（5）电磁波污染。

2. 做好绿化和环卫工作

绿化和环卫工作既是治理环境污染的有效措施，也是提高环保质量的有益途径。工业区内的绿化能够净化空气、防尘、防噪声，改善工业区内的小气候，美化人们的工作、生活环境。工业区的绿地包括：

（1）公共绿地，即工业区内、生活区域及文化活动场所的绿地；

（2）公共场所，即公共建筑及公用设施绿地；

（3）宿舍住宅区及庭院绿地；

（4）道路及广场绿地。

工业区的环境卫生要注重"扫"和"防"相结合，公共场所应放置卫生桶、卫生箱等，公路要天天清扫、洒水。

3. 清理物业管理区的违章搭建

违章搭建是对整个物业区和谐环境的破坏，既有碍观瞻，又影响人们的日常活动，还可能造成交通不便。因此，物业服务企业要认真清理物业区内的违章搭建。

4. 加强公用设施管理

物业管理区域内的生活、办公服务设施是工业区物业的一个重要组成部分。公用设施一旦受到破坏，会影响人们正常的生活和办公，因此要加强管理。

5. 努力建设新型的人文环境

新型的人文环境应该是和睦共处、互帮互助的生活环境，互利互惠、轻松有序的办公环境等。新型的人文环境可以让人焕发热情，提高工作效率，对社会治安状况的好转也有很大的促进作用。

（五）工业区治安管理

治安管理的目的是保障物业服务企业所辖的工业区域内的人、财、物不受伤害和损失，维护正常的工作和生活秩序。工业区治安管理具有以下特点。

1. 综合性强

工业区内地域广阔，建筑物类型繁多、功能各异，生产单位连续作业，生产产品数量大；生产区域与生活区域混杂，工业区内的人员、车辆繁杂；各生产企业、车间单位的管理方法大相径庭。物业服务企业不宜多加干预，只能与各生产单位、车间及生活区的宿舍、住户管理单位密切合作、相互配合、积极参与，力争较好地完成管理工作。

2. 服务性强

物业服务企业的治安管理，实质上就是治安服务，即提供保安、保卫服务，为保障工业区职工、住户的人身、财产安全服务。作为保安人员，要树立"服务第一、用户至上"的思想，既要有公安人员的警惕性，又要有服务行业的热诚；既要坚持原则、按制度办事，又要文明礼貌、乐于助人。

（六）工业区消防管理

消防管理的基本目的是防止工业区内发生火灾，最大限度地减少损失，为工业区的业主、单位、职工、住户等的工作和生活提供安全保证，增强其安全感，保护其生命和财产安全。

消防管理的方针是"预防为主，防消结合"。要求消防工作者在思想上把预防火灾放在首位，在人力、物力、财力、技术等方面做好火灾的预防，确保物业的安全使用。

（七）工业区车辆交通的管理

1. 车辆管理工作的内容

（1）建设合适的停车场、停车棚和车库；

（2）配置相应的监控、防盗设施；

（3）建立健全车辆管理制度；

（4）检查、放行进出工业区的车辆；

（5）保证车辆在工业区内的正常行驶和停放。

2. 停车场地的建设要求

（1）停车场地位置规划。物业服务企业对停车场地位置的规划，要尽可能地利用已有停车场地，因地制宜地规划设计既与工业区相协调，又符合实际需要的停车场地。

（2）停车场（棚、库）内要求有不同的空间，适合不同车辆。停车场（棚、库）要保证停车畅通无阻，其内部要设置清楚而且要有足够的指示信号灯、指示标语和消防设备。停车场（棚、库）的车位要按车型规格分别布置，避免各类车型的车辆混杂存放。

复习思考题

1. 简述经营型物业的含义和特点。
2. 经营型物业管理的主要内容有哪些？
3. 简述写字楼的特点和分类。
4. 写字楼物业管理的主要内容有哪些？
5. 写字楼物业管理有哪几种模式？
6. 简述商场物业管理的主要内容和要求。
7. 了解酒店物业的基本特点及其管理模式。
8. 简述工业物业的含义和特点。
9. 简述工业物业管理的特点。
10. 工业物业管理的主要内容有哪些？

自测题

第六章

特种物业管理

第一节 特种物业概述

一、特种物业的分类

特种物业主要是指住宅、写字楼、商业场所、酒店物业和工业物业以外，有必要运用物业管理的方法实施管理的物业。特种物业按使用功能和用途分为以下几种类型。

（1）文化类物业：包括学校、图书馆、博物馆、档案馆、文化馆等。
（2）体育类物业：包括体育场、体育馆、健身房、高尔夫球场等。
（3）娱乐类物业：包括剧场、影视厅、音乐厅、舞厅、游乐厅、度假村等。
（4）卫生类物业：包括医院、疗养院、药检所、养老院等。
（5）交通类物业：包括公路、铁路、桥梁、涵洞、通道、车站、码头、空港等。
（6）宗教类物业：包括教堂、礼拜堂、庙宇、宗祠等。
（7）其他物业：包括古建筑、名人故居、公用建筑、教养院、监狱等。

以上物业有些是公益性的，有些是经营性的，在传统房屋体制下，一般按系统进行管理，在投资、维修、养护等方面由主管部门承担主要责任。在社会主义市场经济条件下，按照政企分开的原则和物业管理实行的企业化、社会化、专业化的要求，这些物业可以由主管部门委托物业服务企业进行管理，也可以由主管部门按照现代物业管理模式进行自治管理。

二、特种物业的特点

特种物业的物业管理具有一般物业管理的共性，即都是"以物为媒，以人为本"的管理服务，在物业维护、环境清洁、治安保卫、车辆管理等方面有其共同点。然而，在具体实施物业管理时，还应着重分析各类物业的不同特点，进行有效的管理和服务。各类特种物业的差别主要体现在以下几个方面。

1. 不同的服务对象

各种特种物业的服务对象不同，因而决定了其管理重点的不同。服务对象首先具有年龄的差别，其次具有滞留时间的差别。例如，学校是青少年集中的场所，他们充满活力，行动敏捷、动作幅度大，相对而言对设备设施的坚固性、耐久性、安全性的要求比较高。同时，他们在校内一般要滞留 2~4 年，有自己的组织可协助进行各方面的管理。又如，游乐场所中有各种年龄层次的人群，一般滞留时间在 2 小时左右，流动性很大，清洁和疏散成为管理的重点。再如，图书馆的接待对象主要是中青年人，有一定的流动性，但也有常客，通常滞留半天到一天，因此要求环境安静并适当配置餐饮服务。

2. 不同的服务需求

在特种物业中，求知的场所要求灯光明亮、环境安静，一般来说应铺设地板或地毯。医疗卫生场所则应注意通风，并配置一定数量的座椅供患者和家属休息等候。

3. 不同的管理对象

物业管理服务还涉及对于"物"的管理。例如，图书馆、档案馆、博物馆收藏了不少珍贵的图书、资料、文物等，对环境的要求比较高，在防火、防盗、防光、防潮、防灰、防虫、防鼠、防有害气体等方面必须采取专门的有效措施。对医院的化疗、放射性工作室则应作防护测定，并配备警示装置等。

4. 不同的经费来源

特种物业中，凡属经营性的，如歌舞厅、卡拉 OK 厅、健身房等，可以采取自负盈亏的方式实施物业管理。凡属半营业性质的，如疗养院、卫生所等，基本上由主管部门补贴。凡属公益性质的，如图书馆，基本上依靠财政拨款，同时，可以开展一些收费服务，如图书馆的复印、翻译、展览等，但金额通常不高。

总之，特种物业无论是在理论研讨还是在时间运作方面都处于起步阶段。从物业管理的角度出发，特种物业管理与一般物业管理都要进行房屋建筑及设备设施的维修养护、环境保洁、保安等基础性管理，都要通过委托物业管理服务合同维系业主与物业服务企业的劳务交换关系，塑造一个安全、整洁、舒适、优美、方便的环境。随着实践的不断深入，特种物业管理将像其他物业的管理一样步入正轨，获得快速而稳定的发展。

第二节　高校物业管理

过去，高校的物业通常由学校的后勤管理部门负责，但是近年来高校的物业管理日益社会化。相关管理者已经认识到，在高校中引入现代物业管理可以提高物业管理服务水平，保障教学和科研工作的顺利进行，创造清洁、优美、舒适、方便、文明、安全的校园环境。

学校作为物业产权人及使用人的代表，负责选择物业服务企业，对物业服务企业进行委托、指导、监督和检查，并协助物业服务企业开展工作。

高校物业管理的范围包括学校房地产范围内全部教学、科研、生活房屋及其附属设备和公共设施，要对房屋及其设备以及相关的居住环境进行维修养护和管理，承担校园物业的保安、防火、绿化养护、清扫保洁，以及产权人和使用人日常生活必需的便民服务。

一、高校物业管理的含义和特点

高校物业管理是对高校已经建成并投入使用的各类建筑物及其设备、公用设施、绿化、卫生、交通、治安和环境等管理项目进行维护、修缮和整治，并向物业所有人和使用人提供综合性的有偿服务的活动。高校是以教学、科研为主要职能的事业单位，是法人单位，不同于小区业主或其联合体。因此，在委托或是招聘物业服务企业进行物业管理时有不同的要求和服务标准。高校物业管理与社会其他物业管理相比具有以下特点。

1. 高校物业管理决策者及业主观念固化

高校成立的历史往往比较久，几十年甚至上百年的发展过程中，已经形成了自身的管理模式和体系，领导者的某些观念不易改变。同时，高校住宅小区的居住群体非常稳定，居住观念已经固化。因此，在高校实施物业管理，最难解决的就是改变决策者和居住者的观念问题。

2. 高校传统的生活习惯会影响高校物业管理的开展

大多数高校自身就是一个小社会，校内各种设施齐全。高校中人与人之间都比较熟悉，领导者和群众之间可能有师生之谊或是同窗之情，因此群众的各种声音很容易就会传到领导者耳中。将原来享受的各种免费服务变为现在的收取物业管理费的现代化的物业管理服务，人们难以接受这种转变，可能会影响决策者的信心和决心。

3. 高校物业管理的现状呈现多元化的特点

高校的建立时间和领导者观念的差异，导致各高校的物业管理体制千差万别：一些后勤社会化比较彻底的高校已经建立了自己的后勤集团和物业服务企业，不仅对内承担食堂、公寓、办公楼的建设和管理职责，还对外承接相应的项目，实行独立核算、自负盈亏；另一些高校只在内部实行准市场化运作，不对外承接任何项目；还有一些高校的后勤和物业管理仍在按照计划经济的模式运作。

4. 高校的物业管理多采取内部"甲乙方制度"

高校将原来的后勤单位一分为二，一部分作为甲方，代表学校对相应的物业管理机构（乙方）进行监督。二者通过签订委托合同的方式建立关系。然而无论是甲方还是乙方，他们原本都是学校的职工。甲方必然心存保护员工的想法，从而使监督成为空话，无法给物业管理机构形成一定的压力。

5. 高校物业管理还具有教育功能

高校物业管理由于具有对校园环境的改进和优化作用，可以促进高校育人工作的全面实施。高校物业管理的育人功能具体包括：①育身功能，校园绿色植物的增加，可以保持空气清新，有助于人们的身体健康；②育心功能，通过物业管理，使校园更干净、道路更平坦、花木更艳丽，这样的环境让人心旷神怡，容易形成乐观向上、豁达开朗的良好心态；③育美功能，通过物业管理装点而成的校园文化长廊、水景、雕塑等给人以丰富的美学价值和审美因素，有助于培养人们的审美情趣，达到审美教育的目的；④育德功能，通过物业管理人员着装上岗、语言文明规范、服务热情周到以及规范管理和服务起到一定的示范作用。

6. 高校物业管理具有政治性

高校物业管理中存在"等、靠、要"观念及缺乏竞争、技能较差等问题，难以应对社会化的改革，因此需要做好思想政治工作，使相关人员在认识上提高、心理上接受，才能使改革不断向前推进。

二、高校物业管理的原则

高校物业管理总的原则是，既要适应高等教育、教学工作的特点，把社会效益和长远利益摆在首位，又要引入竞争机制，提高工程质量、服务质量和整体效益。

1. 坚持为教学科研工作和广大师生服务的正确方向

认真研究后勤社会化改革给学生学习方式和生活方式带来的变化，积极探索思想政治教育和管理工作进入学生公寓，对建在校外、多校共用的学生公寓，要按照各负其责的原则，派专人进驻，以确保校园的稳定。

2. 以校内为主，一校一寓

学校应全面规划、合理调整校园布局，尽最大可能扩大校内学生公寓面积，采取在政府资助下多渠道筹资的办法加快建设速度。政府应免除校内新建、改建、扩建学生公寓项目的各项税费，简化项目审批手续；银行应主动做好高校学生公寓建设贷款发放工作。

3. 坚持高校物业管理的非营利性

政府有义务为公众提供公平且相对低廉的大学教育，并保持非营利的性质。由高校提供土地、由银行贷款或由开发公司投资建设的学生公寓，学校是产权拥有者。产权与使用权分离的后勤社会化改革，应该有利于教育、教学，有利于学生公寓管理的现代化。物业服务企业应该实行高效、微利管理，不能以高额利润为目的，更不能追求利益最大化，牟取超额利润。

三、高校物业管理的内容

（一）学生公寓的管理

学生公寓的管理内容包括学生公寓的安全管理、卫生管理、住宿管理，各种公用设施的零星维修工作，学生公寓家具维修、采购及其管理，学生床单、被罩的洗涤和发放等工作。学生是学校公寓的使用人，对学生公寓的管理也包括对使用人的要求。

1. 安全管理

（1）制定公寓管理安全工作目标、方案和措施。

（2）组织安全教育、安全工作检查，及时发现和解决安全隐患，抓好各方面安全工作的落实。利用谈心、板报、表扬、服务等形式对学生进行安全、纪律等方面的思想教育。

（3）对进出学生公寓的来访人员验证登记，禁止无证来访者及推销商品者进入公寓，电脑、行李、包、箱、公寓家具等大件物品出入时要核实登记。

（4）充分发挥学生的主观能动性，由学生选举自己宿舍的宿舍长，配合物业服务企业全面负责寝室的安全工作。抓好公寓各项安全制度的落实。

（5）向学生明确提出安全要求，如不准在公寓内使用电炉子、电加热器等大功率电器，不准在公寓内乱拉、私拉电源线、电话线、电脑网线，不准在公寓内吸烟、点蜡烛、焚烧垃圾和信件等，不准乱动消防器材和设施，不准留宿外来人员，不准往窗外扔各种物品等。

2. 卫生管理

物业服务企业负责公寓楼外周边以及楼内大厅、走廊、卫生间、洗漱间、楼梯、公共部位的暖气片、灭火器、门窗等处的卫生保洁。

3. 住宿管理

（1）寝室人员办理住宿登记卡和床头卡，并将床头卡按要求挂在指定位置。

（2）如果个别学生需要调整宿舍，应按相关规定要求的程序进行调整。

（3）严禁私自留宿外来人员，如遇特殊情况需留宿，必须携带有关证件到公寓管理部门办理手续。

（4）客人来访必须持有身份证、学生证、工作证等有效证件办理登记手续。

（5）严禁在宿舍内养宠物。

（二）教学楼的管理

1. 教学楼内外的卫生保洁

（1）按要求清洁教室、大厅、走廊、楼梯、电梯、厕所、道路等公共场所，做到无污迹、无水迹、无废弃物、无杂物、无积水、无积雪。

（2）为屋顶、墙角除尘，做到墙面无灰尘、无蜘蛛网。

（3）每天上课前，必须擦净黑板、黑板槽、讲台，清洁讲台踏板，掏空课桌内垃圾。教杆、黑板擦等教具要摆放整齐。

（4）定期收集、清运垃圾。

2. 电梯管理

（1）电梯载员过多时，应及时疏导，分批搭乘，以免超载发生危险。

（2）按要求清扫电梯内外部，做到内壁无灰尘、无蛛网，外部无手印。

（3）经常清理电梯门轨道内的垃圾，确保电梯门开关顺畅安全。

（4）定期检修电梯设备，如发现电梯有震荡、有异响或是有损坏，应立即记录并通知维修人员进行维修。

（5）妥善保管电梯机房钥匙及电梯门钥匙，任何非操作人员不得私自使用。

（三）设备的管理

做好给排水、供电设施的安装、维修、管理与服务工作，主要包括水电设施的改造、安装与维修，新建楼房水电安装，供水系统设备维修管理，教学用电铃的安装与维修养护等。具体应满足下列要求。

（1）熟悉学校各楼电力总闸、电路分线、保险丝、电表水泵、空调和消防设备所在位置，熟悉紧急开关的操作程序。备足各种配件，以备紧急情况发生时应急之用。

（2）每天检查各楼层，注意电线等设备设施是否有损坏，记录需修理的电灯、线路，并及时修理，保障电的正常供应。如发生停电，要立即抢修，确保及时供电。

（3）在各楼内配备应急灯和手电筒。

（4）每天检查门、窗、课桌、凳、灯、开关及厕所内设施的完好情况，发现问题及时修理。

（四）绿化环境的管理

（1）协助学校做好绿化美化的总体规划和设计，或在实施校园绿化总体规划过程中，保留原有的可观赏绿化、美化项目，适当开发新的绿化、美化项目工程，根据校园内天然的地形地貌，逐渐形成树木、花草兼观赏经济树木的阶梯式绿化美化格局。应特别做好花坛等绿地集中地段的绿化美化工作，做到绿化图案美观、密度合理，以美化校园环境。

（2）及时完成绿化带内缺株树木的补栽和花草的更换，特别是要及时对老化树木进行修枝，保证学生的安全。枯死树木淘汰后，应及时补栽，确保整体协调。

四、高校物业管理的现状及发展策略

（一）高校物业管理的现状

从严格意义上讲，绝大多数高校的住宅还没有纳入真正意义上的物业管理体系，房产管理的改革多放在管理权力的调整上，经营管理功能尚不能充分体现。

（1）管理观念落后，水平低下。目前，很多高校对房产的管理仍然采取以行政管理为主的方式，物业管理人才缺乏，教职工的思想观念跟不上物业管理发展的趋势。

（2）管理经费短缺，包袱沉重。长期以来，房屋维修的资金来源单一，主要依靠少量的房屋租金及学校行政拨款。由于住宅的维修工作量很大，学校每年需投入大量的资金。学校建房越多，投资管理的费用也越高，投入产出严重失衡。

（3）住宅的社区服务功能较差。物业管理是一个整体，包括地产管理、安全保卫、环境卫生、绿化和其他小区服务。高校居住区通常由学校后勤部门、街道、派出所及环卫等部门共同承担管理职能。分散多头管理容易造成责任不清、各自为政、遇事相互推诿。没有统一的管理标准和健全的管理体制，各项管理工作难以到位，导致社区的整体服务功能较差。

（二）高校物业管理的发展策略

根据高校面临的新形势，以及物业管理的原则和运行机制，在高校后勤社会化的改革过程中应采取以下发展策略来实现真正意义上的物业管理目标。

1. 把体制转换放在首位

高校后勤改革的任务之一是把房产管理工作推向市场，真正转换机制，建立与市场经济相适应的市场化、企业化的物业管理体制。

2. 培养高素质的物业管理人员，提高物业管理水平

高校物业管理走向市场化、企业化，迫切需要大批高素质的物业管理人才。要通过素质教育、岗位培训、技术考核等形式提高从业人员的专业水平和服务意识，并通过机制转换和专业部门利益调整，做到优胜劣汰，建设优秀的物业管理队伍。

3. 造就适合物业管理发展的良好社会氛围

政府要创造必要的条件，支持高校物业管理的健康发展，并承担相应的社会职能。而且，学校物业管理是一项新生事物，需要政府在政策上给予相应支持、在税收上给予优惠。

高校物业管理是经济发展新形势下出现的新事物，是对高校住房管理体制的重要改革。高校应当在统一认识的基础上，采取切实有效的措施，进一步深化高校住房管理体制改革，尽快建立并完善高校物业管理体系。

第三节 体育场馆物业管理

近年来，我国各地以承办全运会、省运会、城运会以及各种国际比赛等大型运动会为出发点，新建、改建和扩建了一批大型体育场馆。在对体育场馆的物业管理中，应分别就体育场馆在比赛期间和比赛后两种情况进行有针对性的管理，以便为体育场馆创造更大的效益。

一、体育场馆物业的特点

1. 占地面积广、建筑规模大、功能综合性强、投资金额高

现代体育场馆的建设标准除满足全民健身的需求外，还要兼顾大型赛事、活动需要，建设选址还要充分考虑交通便利。在项目及功能的设置上，体育中心内通常设有综合体育馆、游泳馆、足球场及配套的训练场馆，以满足各类赛事的需要。此外，还应配套相应的商业网点，如酒店、超市、餐饮、娱乐场所等。诸多的功能决定了现代体育场馆具有占地面积广、建筑规模大、功能综合性强、投资金额高的物业特点。

2. 设备设施规模庞大、齐全，科技含量高

现代体育场馆除了拥有供电、给排水、空调、电梯等常规设备外，还配有智能化的中央控制系统、无线上网系统、广播扩音系统、照明系统、草坪加热系统、制票检票系统及门禁身份识别系统，规模庞大、齐全，科技含量远高于一般写字楼。

3. 使用功能多元化

现代体育场馆主要是为体育比赛提供专业化的场地，如田径、足球比赛等，同时也可用于大型商业演出、大型集会、会展等，呈现使用功能多元化的态势。

4. 人性化设计程度高

现代体育场馆在建筑设计上体现以人为本的人性化设计，如武汉体育中心仅供运动员、观众等使用配套设计的洗手间就有 164 个。为弱势人群考虑的残疾人专用通道及残疾人专用看台，为运动员、观众配备的医务室，以及为满足高水平消费层次人群设计的贵宾包厢等，都是现代体育场馆人性化设计程度高的充分体现。

5. 配套商业网点密度大、交通通信设施容量大

商业网点、交通通信设施的配置大容量是对社会公众开放的现代体育场馆所必需的。特别是在举行大型赛事、活动时要满足几万人购物、餐饮、停车、通信信道的畅通的需求，并需要具备在短时间内疏散观众、车辆的能力。例如，武汉体育中心配有可容纳 3 000 辆汽车的停车场。

6. 新闻、传媒设备设施先进、完善

体育赛事的现场直播是传媒业的主要业务，也是体育产业的重要收入来源。体育产业与传媒业已成为关联产业，因此作为赛事活动载体的现代体育场馆为传媒业提供先进、完善的硬件设施也是体育产业自身发展的需要。例如，武汉体育中心新闻发布中心配有同声传译系统、音像同步系统、无线上网系统、电视转播机房等。再如，奥运会、世界杯足球赛的赛事转播权销售收入是体育赛事的主要收入。

二、体育场馆物业管理的内容

（一）人力资源配备工作

现代体育场馆建筑规模大、设备设施多、科技含量高、客户群体广等特点要求专业物业服务企业必须在所涉及的每个领域都是专家，因此要做好以下几方面专业人才的配备工作。

1. 体育专业人才

体育场地的使用规范、体育器材的识别、体育运动的各项要求，都要依靠专业人才才能实现现代体育场馆赛事服务，就连管理处的保管员也具有裁判员资格证。

2. 专业场地维护人才

足球草坪、田径跑道都是现代体育场馆的重要设施，本身价值高达几百万甚至上千万元。如果维护不当，会产生巨大的经济损失。专业场地维护、专业人才的引进与培养是一项重要工作。

3. 高科技专业人才

大型赛事、活动的大屏正常显示、音响设备的安全播放、检票口的规范操作、运动员休息室的热水供应等环节都要求专业人员持证上岗并能熟练排除故障。

4. 全方位高素质的服务专业人才

现代体育场馆的客户特点要求接待服务人员具有较高的综合素质。语言能力、沟通能力、接待礼仪、处事应变能力等都是高水准服务的直接体现，也是企业精神风貌的充分展示。

（二）确立物业管理架构

现代体育场馆物业的使用频率远远低于一般物业，具有超长的维护保养期和极短的使用期。科学合理地安排人力资源、有效控制人力资源成本是现代体育场馆管理关注的重点。一般物业使用时，物业管理工作均衡性强，时间持久，人员流量变化基本不大，而体育场馆平常情况（非大型赛事、活动期）下各设备设施都处于停止运行状态，无须操作，所需人员极少，而一旦进入大型赛事、活动期，则需要大量训练有素的专业人员，开启各种设备设施，并且满负荷运行，环境保障需在短时间内达到使用要求，安全保卫要各就各位，服务人员要提供准确到位的服务等。招商局物业武汉公司经过一年多的实际管理表明：无论是大型赛事还是商业演出活动（大型赛事、活动期），体育场馆使用时需要的各类操作所需服务人员及工作量是日常（非大型赛事、活动期）管理操作的2~6倍。因此，设置低成本的有效管理架构、人员岗位，是现代体育场馆实施专业物业管理的关键所在。

1. 日常管理工作的组织架构

按照大型赛事、活动期设置管理处，按照非大型赛事、活动期配备部门人员。体育中心物业管理处各部门的职能如下。

（1）环境部：负责合同范围内的保洁工作并协调与环卫部门的关系。

（2）场馆服务部：负责体育场馆内草坪、跑道的日常维护及大型赛事、活动期间的服务保障。

（3）信息技术部：负责体育场馆网络通信、智能化控制部分的日常维修保养，并保证大型赛事、活动期间监控系统、音响等正常运行。

（4）机电工程部：负责体育场馆机电设备部分的日常维修保养，并保证大型赛事、活动期间电梯、空调等正常运行。

2. 大型赛事、活动保障工作的组织架构

发挥专业物业服务企业的人力资源优势，在原日常管理工作组织架构的基础上扩充各部门的工作职能、人员配置等，集专业物业服务企业上下之力组成"大型赛事、活动工作保障组"，其下分为若干个专业工作组。根据大型赛事、活动的工作需要，合理分配人力资源，保障各项工作的正常进行。各专业工作组的职能如下。

（1）接待服务组：负责主、客队训练、比赛及各级领导、官员、教练员、运动员、来宾、记者等人员的接待服务工作，负责部分售票工作。

（2）保洁组：负责除赛场以外全部区域的环境卫生工作。

（3）机电设备组：负责各种机电设备设施的安全运行工作。

（4）弱电组：负责各种弱电设备设施的安全运行保障工作及服务收费工作。

（5）场地保障服务组：负责比赛场地设备设施的安装管理工作。

（6）检票组：负责各检票口的检票工作。

（7）车辆管理组：负责体育中心外停车场的车辆停放秩序维护及交通疏导。

（8）综合保障组：负责公司支援人员及体育中心管理处人员的交通、饮食等生活保障，负责采购比赛所需的各项用品、工具、备件、耗材等，负责收集赛事信息及工作进展情况。

（三）大型机械化维护设备配备

现代体育场馆面积大，配备必要的专业机械是减少人力成本、提高劳动效率的有效手段。例如，武汉体育中心疏散平台的面积为 28 275 平方米，日常保洁人工彻底保洁一次，需一人使用尘推花费 5 个工作日才能完成；用中型清扫车全面清扫吸尘一次，需一人驾驶花费半个工作日的时间完成；近 20 000 平方米的专业草坪，在配备齐各种机械设备后，包括修剪、浇水、撒药、覆沙所有工作，仅需按专职两人配备。

（四）建立完善的运行管理和服务保障体系

1. 制定覆盖各专业工作的详细的规章制度

现代体育场馆大型赛事、活动期间的运行管理需要事先制订周密的计划，并提前一周安排部署、沟通协调。大型赛事、活动的举办，有电视现场直播和新闻记者现场采访，还有国际、国家、地方官员的光临，一旦有任何工作不到位，负面影响是不可估量的，而且是即时的。

2. 制定大型赛事、演出活动的应急方案

大型赛事、活动期间的运行管理和服务保障主要体现在各种大型赛事、活动期间的应急处理上。

（1）机电设施设备的应急操作。体育场馆的机电设施设备在日常工作中，除了正常维护保养与检查外，在每场赛事活动前，必须制订演练计划并进行实操演习。特别是在赛事和活动进行时，要确保设备的运行不能出现任何闪失，并能随时启动应急设备。

（2）面面俱到的保洁工作。对于一个大容纳量的体育场馆，保洁面广、工作量大、工作任务集中，且在赛事、活动期间，要根据不同功能区域采取不同的保洁标准和程序。事前制定保洁标准、程序是确保大型赛事、活动顺利进行的必要条件。

（3）严谨细致的保安工作。在大型赛事、活动期间，体育场馆人口密度会急剧增大。开场前，大量人群在短时间内集中进入；散场时，集中的人群要迅速疏散。保安人员必须具备训练有素的专业安全管理技能，具备确保设备设施安全、观众安全、贵宾安全、工作人员安全、车辆管理及活动中各种突发事件的处理技能，同时要与地方对口管理机构保持密切且有效的联络，保证大型赛事、活动期间的安全。

3. 全员进行大型赛事、演出活动的物业管理培训

4. 制定具体活动的物业管理方案

（1）覆盖各类客户的专业化、人性化服务。客户群体的多元化决定了物业使用人所需服务的复杂化和差异化。由于服务对象广泛，特别是对多元化的客户群体，不同规格的接待都非常讲究细节服务，要注意民族习俗、地域差异关怀等。

（2）内外人员的调度协调工作。

（3）对内的后勤保障工作。

三、现代体育场馆物业管理实施过程中的注意事项

1. 安全防范措施

要重视安全问题，避免纠纷和人员受伤，遇特殊情况应提前开启通道。

2. 避免法律纠纷

要重视法律问题，对逃票、破坏设施人员的处置应依法合规。

3. 设施保护手段

除了防止设施受损外，还应收取押金，对组织单位收取保证金。

4. 内部纪律规定

具体包括对员工"以权谋私"的管理，如带人进入、与明星合影签字等。

第四节　医院物业管理

医院是为患者提供医疗服务及进行医学教学和科研的特殊场所。医院内部大体上可分为办公楼、门诊部、住院处、礼堂、宿舍、食堂、配电室、机房、库房、锅炉房、停车场等。

医院的外来人员较多，对物业管理的要求较高。这里不仅需要清洁的卫生环境、优美的绿化环境、安全的治安环境、舒适的工作环境、宁静的教学环境、安静的休息环境，而且供电、供水、空调、电梯、供暖等设备设施必须始终保持正常运行。

一、医院物业管理的特点

1. 设备运行具有连续性

医院不同于写字楼或住宅小区，医院的部分设备需要 24 小时不间断地运行，几乎无法利用停水、停电的方式进行设备维修。这给医院的物业管理工作带来了相当大的困难，无形中增加了物业管理费用。医院设备的维修养护必须做到科学合理，对于不能间断运行的设备必须保证备用设备的良好使用性，一旦出现故障，要立即将备用设备投入使用。

2. 保洁工作专业性强

医院每天都会有大量的医疗废弃物产生，这些废弃物携带致病菌和有害物质，必须按照严格的规定进行分类处理和清运。从事医院保洁工作的人员必须执行严格的消毒、隔离和防护制度，防止出现交叉感染。同时，保洁人员要具备一定的医疗常识，能够在工作中做好自身的防护。

医院作为病人治疗疾病、恢复健康的场所，需要有一个温馨、安静的环境，医院的保洁工作既要保证医院内的干净整洁，又要考虑医院环境的特殊要求，大面积作业时应注意防止机器设备使用时产生过大的噪声及对场地环境造成污染。

3. 安全保卫工作具有特殊性

手术室、药房、化验室、太平间、库房、财务室等特殊场所，应采取严密的警戒措施，重点加以防范，并制定处理突发事件的应急方案。一旦遇到突发事件，要确保患者的安全，并保护好医疗档案及各种试剂等。

在医院的物业管理工作中，还要特别注意人身健康安全的保护，楼道、病房等各类场所要经常开窗通风，以降低细菌的密度，医院的分区标记应醒目，放射性工作室应做好防护测试，并配以警示装置。

二、医院物业管理的内容

（一）房屋及附属设备设施的维修养护与运行管理

这方面的工作主要包括对房屋建筑、中央空调系统、锅炉、高低压配电系统、备用发电机、消防报警系统、给排水系统、电梯、水泵系统、照明系统、污水处理系统、楼宇智能系统、通风系统、制冷设备、广播系统、停车场（库）等的维修养护和运行管理。要保证24小时的水、电、气、热供应，以及电梯、变配电、中央空调、锅炉房、氧气输送系统等的正常运转。电梯运行有专职驾驶员站立服务，层层报站，做到微笑服务。

物业服务企业应根据医疗要求和设备运行规律制订维修养护计划，提高维修养护效率，保证设备设施的完好率，不得出现任何有损患者的安全事故。物业维修技术人员必须有一定的理论水平和丰富的实践经验，在出现紧急情况时能采取有效的应对措施。

（二）安全保卫服务

安全保卫服务主要包括门禁制度、消防安全巡查、安全监控、机动及非机动车辆管理、突发事件处理等，尤其要做好手术室、药房、化验室、太平间、财务室、院长室等重要或特殊区域的安全防范工作。保安部门要加强对医护人员的安全保护，对于打架、斗殴或医疗纠纷等应及时、慎重地进行处理。要加强对医院出入口的监控，有效开展防盗工作，防范治安刑事案件。

定期组织消防安全工作检查，彻底消除安全隐患。要配备专职的消防工作人员，成立义务消防队伍，定期进行业务知识培训和消防演习。

（三）病区被褥用品洗涤及供应管理服务

这方面的工作主要包括病区脏被褥用品的收集、清点、分类装袋、分类处理等，传染性及被血、便、脓污染的衣物要密封；回收各类被褥、工作服进行洗涤，患者衣物与医护人员工作服要分开，遵守衣物分类洗涤原则，回收的脏被褥要及时消毒浸泡；干净被褥应分类、分科、分病区，按时下发到科室，并做好清点登记；每天做好破损物品的修补等记录。

（四）环境管理服务

医院的卫生保洁工作主要包括对医院各病区、科室、手术室等的卫生清洁，对各类垃圾进行收集、清运。处理垃圾时要区分有毒害类和无毒害类，定期消毒杀菌。医用垃圾的销毁工作要统一管理，不能流失，以免造成大面积污染。

医院的保洁人员应具备较高的素质，掌握基本的医疗医护知识，清楚遇到突发事件时的处理程序，严格遵守医疗医护消毒隔离制度。保洁人员要随脏随扫，同时保持安静的就医环境，服务态度要好，切忌一问三不知。

有效开展对医院公共区域的绿化美化工作，定期对树木和绿地进行养护、灌溉和修剪，保证无破坏和随意占用绿地的现象。

（五）护工服务管理

护工服务是医院物业管理的特色，是对护士工作的延续和补充。护工是医护人员的得力助手，一般应具有中等专业知识和技能，在护士长和护士的指导下，8小时工作制3班运转或12小时工作制2班运转地照顾患者的生活起居。

1. 护工的工作内容

（1）护送各病区不能行走的患者、无陪伴患者的各种检查与治疗，为患者领取外用药、输液和医用消耗品，给患者打开水，协助行动不便的患者进行各种必要的活动。

（2）保持病房整洁，物品摆放整齐划一，保持床铺平整，床下无杂物、无便器。

（3）及时收集送检患者的化验标本并取回报告单，急检标本立即送检；递送各种治疗单划价、记账，特殊检查预约和出院病例结算等。

（4）接送病区手术病人，送检手术中、手术后的手术标本。

（5）点送医护人员工作服、患者的脏被褥和病员服。

（6）清点送给各科室的洗涤物品。

（7）送修病区小型医疗仪器。

2. 专业陪护

专业陪护人员为患者提供专业化、亲情化服务，要认真做好患者的生活护理、心理护理、健康宣传、饮食指导、病情观察等，治疗处置时要协助护士监测患者用药过程中的反应，发现异常情况及时报告。专业陪护员必须是卫生学校或医疗专业毕业的专业人员，经考核合格后方可录用。

3. 导医、导诊

导医、导诊要清楚科室设置、医院设施、医疗专业技术水平、特色专科，热情主动，有礼貌，有问必答，百问不厌，引导患者挂号、候诊、检查。

（六）医院的其他服务项目

（1）开设商务中心。提供打印、复印、传真服务；办理住院陪住证；代售火车票、飞机票等。

（2）成立配送服务中心。服务内容包括患者接送、送取患者的常规化验单、预约单、会诊单、出院单；保存、煎制、加热、送取各种药品等。配送中心实行 24 小时服务制度，可利用配送服务计算机软件系统，科学管理配送人员。通过对讲系统，保证配送工作准确、及时、安全、快捷。

（3）开办多功能的小型超市。出售生活必需品、新鲜水果、鲜花、礼品、图书等物美价廉的商品，既可以丰富患者的生活，又可以有效控制因患者外出造成的交叉感染及意外伤害。

（4）开设对外餐厅。可以满足患者家属就餐、患者医疗康复、职工生活服务三方面的需求。除追求色、香、味之外，更注重营养搭配、医疗辅助作用。可以开展职工餐、患者营养膳食的订餐送餐服务。

三、医院物业管理的要求

1. 抓服务质量关键控制点，促进保安部门高效运作

由于医院楼幢多、管理范围大，因此要推出行之有效的治安管理和服务措施。首先将整个管理区划分为大门岗、门诊楼、住院楼、综合楼、住宅楼、停车场等六大控制点。每一个控制点都有明确的工作职责和服务质量标准。例如，门诊楼的保安员不仅要做好治安值勤工作，还要与大门岗保安员一起接应救护车、帮助患者，并完成维持就诊秩序、导诊、咨询、空调与灯光控制等工作。停车场保安员承担车辆监控、引导车位和收费等多项任务，并与大门岗保安员共同完成车辆疏导工作。对每项服务都应有相应的质量标准，如空调与灯光控制，需要何时开几盏灯都有明确规定，并进行监督检查，落实到位。

采取群防群治的治安管理措施。医院属于开放式场所，人员流动量大，治安管理难度远高于一般住宅。一方面要狠抓内部管理，实行岗位责任制；另一方面要发挥广大医务人员的作用，认真培训和提高医务人员的自我防范意识，发现可疑人员立即通知保安员，使治安管理防患于未然。

2. 彻底转变服务观念，提供主动式维修服务

现代物业管理要求用新的管理思想、管理手段管好物业，为业主和使用人提供优质、高效、便捷的服务。机电维修部应在管理中心的领导下，严格按照 ISO 9002 质量保证体系规范运作，着装、文明语言、维修质量、工作记录都做到一丝不苟。维修人员应一改"接听电话再行动"的被动服务习惯，变成不定期主动上门服务，及时与科诊室、住（用）户和患者沟通，收集机电维修信息，发现问题及时处理。

供水、供电、电梯、空调、消防及洗衣机等是医院的重点设备，不能出半点差错。为保证设备正常运作，须将重点设备保养工作责任到人，并制订各项设备保养计划、标准和监督检查制度，制订停水、停电应急处理程序，保证医院后勤工作的顺利进行。

3. 实施劳动定额管理，提高清洁服务质量，降低管理成本

量化管理是实施质量体系标准的基础，劳动定额管理是量化管理的重要内容。应确保每一位清洁员都能按照服务标准在规定时间内满负荷工作。对每一张台、每一张床、每一间病房都设定明确的清洁时间标准，根据各清洁区总劳动量确定清洁员名额，合理调配人员。

4. 实行严格的考核制度，建立有效的激励机制

对每位员工的工作表现及绩效给予公正及时的考评，有助于提高员工的工作积极性、挖掘潜力，不断提高管理成效。应依据 ISO 9002 标准建立质量体系，实施日检、周检、月检考评制度，另外还要针对各部门实际运作状况制定详细的奖罚细则及岗位工作质量标准。

采用量化考核，用数字说明，用分数表达，以体现考核的准确性。考核结果作为月底发放工资、评选当月优秀员工的依据，也是员工升降级的主要依据。通过采取严格的考核制度，激励员工认真完成自己的职责，保证物业管理的质量。

复习思考题

1. 简述特种物业的分类和特点。
2. 简述高校物业的管理应遵循的基本原则。
3. 高校物业管理的主要内容有哪些？
4. 简述体育场馆物业的特点。
5. 简述医院物业管理的主要特点。
6. 医院物业管理的主要内容有哪些？

自测题

第七章 物业管理法律法规

第一节 物业管理法律法规概述

一、物业管理法律关系

（一）物业管理法律关系的含义

法律关系是指法律规范在调整社会关系的过程中所形成的人与人之间的权利和义务关系。物业管理法律关系作为法律关系中的一种，是指物业管理法律规范在调整物业管理及相关活动的过程中所形成的法定权利和义务关系。

（二）物业管理法律关系的三要素

物业管理法律关系由主体、客体和内容三个要素构成。

物业管理法律关系的主体是法律所规定的物业管理法律关系的参加者，即一定权利的享有者和一定义务的承担者。物业管理法律关系的主体主要是业主或使用人身份的自然人、代表和维护全体业主合法权益的自治性组织——业主大会或业主委员会、具有独立法人资格的物业服务企业和房地产开发企业。此外，物业管理法律关系还涉及各级政府行政主管部门等。

物业管理法律关系的客体是指物业管理法律关系主体的权利和义务共同指向的对象，主要包括：

（1）物。亦称标的物，如各类建筑物及其附属设备设施等。

（2）行为。行为是指物业管理法律关系主体行使权利和履行义务的活动，包括作为和不作为，即根据主体之间形成的各种合同、协议等法律文书（如物业服务合同）所进行的物业管理活动。

（3）非物质财富或智力成果。物业服务企业、小区或大厦的荣誉称号、发明专利等，可以列入物业管理法律关系的范畴，但同时也归民法、专利法等范畴更宽、更准确的法律规范调整。

物业管理法律关系的内容是指物业管理法律关系的主体之间依据法律和合同享有的权利与承担的义务。

在物业管理法律关系中，主体的权利是指主体依法享有的权能和利益。一般表现为：

①权利享有者依法有权自己作出一定的行为。例如，业主或使用人可以合法使用物业及其公共配套设施。②权利享有者依法有权要求他人作出或抑制一定的行为。例如，业主有权要求物业服务企业提供规定或约定的有关服务，物业服务企业有权要求业主不得擅自占用或损害物业管理区域内物业共用部位和共用设施设备等。③权利享有者的权利受到不法侵害时，依法有权要求有关国家机关予以保护。

在物业管理法律关系中，主体的义务是指义务人为满足权利人的权利需求而依法承担的某种责任。一般表现为：①义务承担者依法必须按照权利人的要求作出一定的行为。例如，业主按时交纳物业管理费，物业服务企业按物业服务合同承担各项管理和服务工作等。②义务承担者依法必须按照权利人的要求不得作出一定的行为。例如，业主或使用人不得损害公共设施、破坏公共环境和秩序等。③义务承担者不履行义务时，权利人有权请求有关国家机关强制其履行义务，义务承担者必须承担由此而引起的法律责任。

（三）物业管理法律关系的类型

物业管理法律关系可以分为平等主体之间民事性质的法律关系和不平等主体之间行政管理性质的法律关系。

民事性质的法律关系在物业管理法律关系中占大多数，如业主与物业服务企业之间基于物业服务合同所建立的服务与被服务的关系。民事法律关系主要有三个特点：主体法律地位平等；大多由当事人自愿设立；当事人的权利、义务一般是对等的，即双方之间互相享有权利和负有义务。

行政管理性质的法律关系的主体之间有隶属关系，一方接受另一方的管理。在物业管理活动中，国家行政机关依法行使管理的职权，业主、业主大会和物业服务企业等要服从其管理。

二、物业管理法律规范

（一）物业管理法律规范的含义

法律规范是由国家制定或认可的，具有普遍约束力的行为规则，它规定了社会关系参加者在法律上的权利和义务，并以国家强制力作为实施的保障。法律规范是构成法律体系的细胞，是一种特殊的行为规范。

一个完整的法律规范在逻辑上是由"假定""处理"和"制裁"三个要素构成的。假定是指适用该规范的条件和情况，也就是说，当发生了假定设定的行为或事件时，规范就开始生效。处理是指规范中规定的主体的权利和义务，即关于允许做什么、要求做什么和禁止做什么的规定。制裁是指违反规范的规定时行为人应当承担的法律责任以及国家将采取的强制性措施。

物业管理法律规范是指由国家特定政权机关制定或认可而具有普遍约束力，反映执政集团对物业管理社会秩序的利益要求和纵控意志，并依靠政权强制力量保证实施的，用以纵控物业管理社会关系中某一类具体关系或某一具体活动类型的行为规范。法律规范是物业管理有序运作的基本前提和重要保障。

（二）物业管理法律规范的表现形式

1. 宪法

宪法是我国的根本大法，它规定了我国的各项基本制度、公民的基本权利和义务、国家机关的组成及其活动的基本原则等，由全国人民代表大会制定和修改。宪法的地位和效力在我国法律渊源中居于首位，一切法律、行政法规、地方性法规都必须根据宪法所规定的基本原则制定，不得与宪法相抵触，否则无效。

例如，《宪法》第十三条规定："公民的合法的私有财产不受侵犯。国家依照法律规定保护公民的私有财产权和继承权。"《宪法》第三十九条规定："中华人民共和国公民的住宅不受侵犯。禁止非法搜查或者非法侵入公民的住宅。"这些条文是我国物业管理立法的根本依据和指导思想。

2. 法律

法律是由我国最高权力机关——全国人民代表大会及其常务委员会制定、颁布的规范性文件的总称，其法律效力和地位仅次于宪法，高于行政法规和地方性法规。

目前我国有多部法律直接或间接涉及物业管理，例如，2021年1月1日实施的《中华人民共和国民法典》中有物权、所有权、建筑物区分所有权、相邻关系、物业服务合同等条款，《土地管理法》《城市房地产管理法》《城市规划法》等法律则包括物业管理应该遵循的一些强制性规范。

3. 行政法规

行政法规是国家最高行政机关——国务院根据宪法和法律制定的有关国家行政管理活动的规范性文件，包括条例、规定、办法三种形式。行政法规的地位和效力低于宪法和法律。涉及物业管理的行政法规很多，如2003年颁布实施的《物业管理条例》等。

4. 地方性法规

地方性法规是由省、自治区、直辖市或全国人民代表大会特别授权的市（如深圳市）的人民代表大会及其常委会制定和发布，只在本辖区内有效力的规范性文件，如《北京市物业管理条例》《深圳物业管理条例》《上海市物业管理条例》等。目前全国各地基本上都有自己的物业管理地方性法规。

5. 行政规章

行政规章是国务院主管部门、县级以上各级人民政府依法律规定的权限制定和发布的规范性文件，包括规定、办法、章程、通知、命令等。规章分为两类：一类是国务院有关部委，如建设部、国土资源部等在其权限范围内制定的，如2003年《建设部关于印发〈业主大会规程〉的通知》、2004年《建设部关于印发〈前期物业服务合同（示范文本）〉的通知》、2004年《物业服务企业资质管理办法》等；另一类是省、自治区、直辖市的人民政府以及省、自治区的人民政府所在地的市和经国务院批准的较大的市的人民政府制定的有关规章，如2005年北京市人民政府发布的《北京市物业服务收费管理办法（试行）》、2006年南京市人民政府发布的《南京市物业管理办法》等。

6. 司法解释

为适应司法实践的需要，最高人民法院在总结审判经验的基础上作出了许多司法解释，作为立法的补充和执法的依据，如最高人民法院 1998 年发布的《关于贯彻执行〈中华人民共和国民法通则〉若干问题的意见（试行）》、2003 年发布的《关于审理商品房买卖合同纠纷案件适用法律若干问题的解释》等。

7. 政策文件

政策是党和国家为实现一定历史时期的路线而制定的行动准则。物业管理行业在我国的发展速度很快，而立法工作又相对滞后，在这种情况下，相关政策就成为法律法规的必要补充。例如，国务院 1998 年发布的《关于进一步深化城镇住房制度改革、加快住房建设的通知》，对物业管理事业有很大的推动作用。

一般来说，政策比法律调整的社会关系的范围更广泛。政策的适应性和针对性比较强，灵活性和变化性比较大，相对稳定性比较小。党和国家的政策往往是立法的先导，经过一段时间的实践之后，又转化为更为规范和稳定的法律。

8. 其他规范性文件

房地产行政机关在其法定职权范围内制定的具有约束力的规范性管理文件，作为行政机关实施具体行政行为的依据，具有法律效力，如 1997 年北京市房屋土地管理局发布的《关于全面开展组建物业管理委员会工作的通知》等。这类文件涉及面广、数量大。此外，目前仍存在一些自管房产单位及房产经营管理单位所制定和执行的规范性文件，这些文件不代表国家意志，只代表本单位的意志，但只要其内容不与现行法律法规抵触就是合法的。

三、物业管理法律责任

法律责任是指违法行为人对其违法或违约行为必须承担某种不利的法律后果。法律责任与道义责任或其他社会责任所不同的是，法律责任具有国家强制性，并以法律的规定为最终依据。

物业管理法律责任是指违法行为人因自己实施的违反物业管理法律规范的行为而必须承担的法律后果。根据物业管理违法行为的性质和危害程度，可将物业管理法律责任分为民事责任、行政责任和刑事责任三种。

（一）民事责任

民事责任是民事主体违反合同义务或法定民事义务，侵犯他人合法权益，依照民法所应承担的民事法律责任，主要包括违约责任和侵权责任。

1. 物业管理违约责任

物业管理违约责任是指当事人一方不履行物业服务合同义务或履行合同义务不符合约定条件，依法应当承担的民事责任。例如，《物业管理条例》第三十五条规定："物业服务企业未能履行物业服务合同的约定，导致业主人身、财产安全受到损害的，应当依法承担相应的法律责任。"这里的法律责任就是违约责任。物业管理活动是建立在物业服务合同和管理规约基础上的，因而违约责任是物业管理活动最容易引致的法律责任。

物业管理活动中，产生违约行为的情形主要有：①开发商未按销售合同规定的期限和质量交付物业；②物业服务企业未按物业服务合同约定的内容为业主提供服务；③业主没有履行服务合同约定的义务等。

2. 物业管理侵权责任

物业管理侵权责任是指在物业管理民事活动中，民事主体因违法实施侵犯公、私财产权和公民、法人人身权的行为而应承担的不利后果。

物业管理活动中，产生侵权责任的情形主要有：①因房屋建筑质量不合格而产生的侵权责任。例如，交付使用后的商品房在质量保证期内，发生了墙壁倒塌事故，致使住户被砸伤、家庭财产被损坏时，开发商应承担赔偿损失的责任。②因物业维修施工而产生的侵权责任。例如，物业服务企业在对房屋进行维修施工或在通道上挖坑修缮地下设施时，没有设置明显标志和采取安全措施而造成他人损害的，应当承担人身损害赔偿的责任。③因违反相邻关系义务而产生的侵权责任。例如，妨碍相邻他方正常给、排水；堵塞或改变通道，造成他人通行困难；新建建筑物或附属设施影响他人采光和通风等，因此给相邻他方造成妨碍或损失的，应当停止侵害、排除妨碍、赔偿损失。④因物业管理人员违法履行职务而产生的法律责任。例如，物业服务企业员工在履行其职务时因超越法定权限或违反法律义务而给他人造成损失的，必须承担赔偿责任。这种责任是一种转承责任，即损失虽然是物业管理人员造成的，但对受害人的赔偿应由责任人所在企业承担。

3. 承担民事责任的主要方式

承担民事责任的主要方式有停止侵害、排除妨碍、消除危险、恢复原状、修复或更换、赔偿损失、消除影响、恢复名誉、赔礼道歉等。以上承担民事责任的方式，可以单独适用，也可以合并适用。

（1）停止侵害。对行为人正在实施的侵权行为，受害人有权请求其停止实施或请求人民法院制止实施。例如，损害房屋的行为正在进行，受害人或利益关系人有权要求停止侵害。

（2）排除妨碍。权利人行使其权利受到他人不法阻碍或妨碍时，有权请求行为人排除或请求人民法院强制排除妨碍。例如，某业主将自己的杂物堆放在公共通道上，妨碍了他人的通行，则应按照《民法典》的有关规定将杂物清理搬走，排除妨碍。

（3）消除危险。在有造成财产或人身损害之虞时，权利人有权请求行为人消除或请求人民法院强制其消除。例如，因违章搭建致使可能危及他人的损害发生，利益关系人有权要求消除危险，违章搭建者应承担消除危险的责任。

（4）恢复原状。在财产被不法损害或性能状态被改变而有复原的可能时，受害人有权请求恢复到财产未受损坏或未改变时的状态。例如，因房屋装修造成相邻业主或使用人的自用部位、自用设备损坏，行为人应承担修复的责任。

（5）修复或更换。对产品质量承担责任，如房屋施工质量或物业设施的维修、更换或重做。

（6）赔偿损失。行为人支付一定的金钱，赔偿因其行为给他人造成的损害。例如，因房屋装修造成相邻业主或使用人自用部位或设备的损害，同时对他人自用设备的损害无法修复，行为人只能承担赔偿责任。

（7）消除影响，恢复名誉。公民或法人的人格权受到不法侵害时，有权通过人民法院要求行为人以公开形式承认过错，澄清事实，或者辟谣，消除所造成的不良影响，以恢复未受损害时社会对其品行、才能或信用的良好评价。例如，房屋承租人利用所租房屋进行违法乱纪的活动，使出租人名誉遭受损害，行为人应承担消除影响、恢复名誉的民事责任。

（8）赔礼道歉。公民或法人的人格权受到不法侵害时，权利人可要求行为人当面承认错误、表示歉意，以保护其人格尊严。

（二）行政责任

行政责任是指物业管理行政主体和物业管理行政相对人的行为违反物业管理行政法律或者不履行行政法律义务而必须依法承担的行政法律责任。

1. 产生物业管理行政责任的主要情形

（1）非法买卖、租赁物业的行为。主要表现包括：①为谋取暴利，骗取国家优惠补贴，非法买卖、租赁物业，妨害物业市场秩序的行为；②逃避物业登记管理，非法出租物业，或以临时借用等形式变相买卖、出租物业，这实质上是一种非法的物业交易活动，也是一种偷逃物业税的行为。

（2）非法经营行为。主要表现包括：①无证经营，即不具备从事物业管理的能力和资格而从事物业管理活动的行为；②超范围经营，即物业服务企业超越经营资格和经营能力的限制，从事不属于其经营范围内的活动。例如，超越资质条件承接物业项目，或超越营业执照规定的经营范围从事其他活动等。

（3）妨碍管理行为。主要表现包括：①妨碍执行公务的行为，即物业管理人员以各种非法手段妨碍国家有关机关执行公务；②妨碍实施监督行为，即物业服务企业员工拒绝或阻碍业主及业主委员会对物业管理工作实施正常监督的行为；③渎职行为，即物业服务企业工作人员玩忽职守、滥用职权、徇私舞弊、索贿受贿的行为等。

（4）不正当竞争行为，即物业服务企业采用不正当手段或违法手段获取经营利益的行为。例如，在投标过程中，物业服务企业采取行贿等窃取标底或其他公司投标计划的手段而设法中标的行为。

2. 承担行政责任的方式

承担行政责任的方式主要有行政处罚和行政处分。

（1）行政处罚，即对公民、法人违反行政管理法律法规的行为所实施的制裁，方式有警告和通报批评、罚款、没收非法所得财产、限期停业整顿或吊销营业执照、行政拘留等。

① 警告和通报批评。警告是管理机关对违法者的正式谴责和警示，是强制性的行

政处罚，应有书面裁决；通报批评也是对行为人的谴责和警示，适用于处分有较大危害性的违法行为。例如，业主、使用人或物业服务企业搭建违章建筑，经教育劝止屡教不改的，房地产管理部门可对此作出处罚。

② 罚款。罚款是经济制裁，使用较为广泛。

③ 没收非法所得财产。行政机关将违法人的非法所得、违禁物或实施非法行为的工具予以收缴并上交国家。

④ 限期停业整顿或吊销营业执照。房地产管理部门因物业服务企业有严重违法行为，而命令其停业整顿的行政处罚。例如，《物业管理条例》规定，物业服务企业挪用专项维修资金，情节严重的，除了由县级以上地方人民政府房地产行政主管部门追回挪用的专项维修资金、给予警告、没收违法所得，并处挪用数额2倍以下的罚款之外，可以由颁发资质证书的部门吊销资质证书。

⑤ 行政拘留。这是特定行政机关对违法的公民在短期内剥夺其人身自由的一种处罚，应由县级或县级以上的公安机关决定并施行。

（2）行政处分，即由单位对其工作人员违反行政法规或组织纪律的行为实施的制裁，包括警告、记过、降职、降薪、撤职、留用察看、开除等。

（三）刑事责任

刑事责任是行为人违反刑法的规定、实施犯罪行为所应承担的法律责任，由国家审判机关依法给予行为人相应的刑事制裁。《中华人民共和国刑法》规定，承担刑事责任的方式是刑事处罚，包括主刑和附加刑。主刑包括管制、拘役、有期徒刑、无期徒刑和死刑；附加刑包括罚金、没收财产和剥夺政治权利。

四、物业管理法律法规建设

（一）物业管理法律法规建设的必要性

1. 社会主义市场经济体制的客观需要

社会主义市场经济是法治经济，是按照一定规则运作的经济。因此，健全法制，制定规则是市场经济重要的基础和前提。法制建设在一定程度上代表了一个国家的文明进步程度和市场化进程。在我国虽然推行物业管理的历史不长，但对物业管理法规建设的需求早已提上日程。通过法律的形式，规范物业管理各市场主体的权利和义务，最大限度地减少物业管理中出现的不和谐因素，为物业服务企业市场化运作创造一个良好的法制环境，是保障物业管理市场健康发展的重要前提。

2. 完善中国社会主义法律体系的需要

依法治国，建设社会主义法治国家，是建设有中国特色社会主义的基本方略。物业管理法律体系作为房地产法律体系的分支，理应是中国社会主义立法的重要组成部分。物业管理涉及房屋及房屋附属设施设备维修管理、绿化管理、环境卫生管理、治安保卫及消防管理、社区文化和公共服务、特约服务等方面，涉及面广且影响大，物业管理服务和经营质量的好坏影响市民工作或生活环境的质量、物业的经济和使用价值、城市管理的现代化进程。物业管理行业的发展,客观上要求这些活动也应有序化、规范化和法制化。因此,为完善中国的社会主义法律体系,应当建立健全物业管理法律体系。

3. 物业管理行业健康发展的需要

物业管理作为一个新兴行业,要想得到快速健康的发展,必须依靠法律、法规对物业管理行为进行引导、规范和制约。尽管我国物业管理法的体系框架是由宪法、法律、行政法规、部委规章、地方性法规等构成的,但是调整物业管理关系主要靠行政法规《物业管理条例》及有关部委规章,这种立法体系难以适应行业发展需要。为了全面规范物业管理活动中各方主体的权利义务关系,维护合法权利,完善物业管理监督体制、管理体制、规范物业管理市场,克服已出台的法规规章未涵盖物业管理的全部内容、可操作性不够强的缺点,加速物业管理立法,建立完整、科学的物业管理法律体系已成为物业管理工作的当务之急。

(二)物业管理法律法规建设的途径

1. 树立依法进行物业管理的思想观念

虽然物业管理行业在我国已有 40 年的历史,一些物业管理部门和实际工作者在进行物业管理的过程中,存在没有做到依法办事、依法管理,仍然沿用传统的行政管理方法,把自己放在主人的地位,把产权人、使用人置于被管理的地位的现象。因此,要加速物业管理的发展,必须树立依法进行物业管理的观念,把建立物业管理法律体系和加速物业管理立法放在突出的位置,使物业管理尽快走上有法可依、有章可循的轨道。

2. 增强立法的计划性和系统性

建立物业管理法律体系,是制定物业管理法律规范、保障立法工作有序进行的基础。在立法中必须增强计划性和系统性。如果没有立法的计划性和系统性,不仅容易导致立法的过滥现象,而且会导致所立法律、法规顾此失彼或互相矛盾。因此,在建立健全物业管理法律体系中,必须从全局出发,有步骤、有规划、有预见地开展立法工作,建立严格的目标责任制,将责任落实到具体部门,使立法工作按立法计划有序进行,从而加速物业管理立法的步伐,尽快扭转立法滞后的局面。

3. 评估现有法律法规,提高法规质量

政府应组织更多的专家、学者和长期从事物业管理的资深人士,全面评估现有物业管理法规、规章的质量,修改、完善和补充法律法规,避免漏洞,着重解决当前人们关注的几大问题,使法规更具操作性和具体性。在完善《物业管理条例》的基础上,可以由各地因地制宜颁布实施细则。对于物业管理过程中涉及的各项流程,都应该有配套的法律法规或者规章来规范,如维修基金的收取和使用、建筑物的修缮和物业管理费用的收取标准等都应该有法可依、有章可循。同时,在立法上增加可执行条款,在物业管理过程中发生的问题都能在法律条文中找到解决办法,使物业管理的法律法规真正落到实处。

4. 理顺物业服务企业与有关部门、机构的关系

物业服务企业需要经常打交道的部门和机构有房地产、工商、税务、物价、市政、

绿化、环卫、交通和公安等行政主管部门,供水、供电、供气、供热、通信、有线电视等单位,物业建设单位,业主大会和业主委员会,专业性服务企业,街道办事处和居委会等。在物业管理立法中,必须对物业服务企业与政府有关部门的职责分工、物业服务企业与政府有关部门及其他有关机构的关系作出明确的规定。

　　5. 借鉴国外物业管理立法的经验

　　物业管理在国际上已有上百年的历史,经济发达国家在物业管理方面不仅有许多成功的经验,而且在立法和建立物业管理法律体系方面有许多值得我国学习借鉴的地方。我国应大胆借鉴国外立法的成功经验,利用国外先进的研究成果,结合我国物业管理和立法活动的特点及实际,使我国的物业管理立法更加完善、更具有操作性。

第二节　物业管理法律体系

一、民法典

　　《中华人民共和国民法典》(下文简称民法典)是根据宪法,为了维护民事主体的合法权益、调整民事关系、维护社会和经济秩序、适应中国特色社会主义发展要求、弘扬社会主义核心价值观而制定的。它是新中国第一部以法典命名的法律,开创了我国法典编纂立法的先河,具有里程碑意义。

　　民法典共7编、1 260条,各编依次为总则、物权、合同、人格权、婚姻家庭、继承、侵权责任,以及附则。

　　民法典规定了民事活动必须遵循的基本原则和一般规则,规定了民事权利及其他合法权益受法律保护,确立了平等、自愿、公平、诚信、守法和公序良俗等民法基本原则,并将绿色原则确立为民法的基本原则,规定了民事主体从事民事活动应当有利于节约资源、保护生态环境。

　　民法典的物权编在原物权法的基础上进一步完善了物权法律制度,规定了物权制度基础性规范。所有权是物权的基础,是所有权人对自己的不动产或动产依法享有占有、使用、收益和处分的权利。针对近年来群众普遍反映业主大会成立难、公共维修资金使用难等问题,并结合此次新冠肺炎疫情防控工作,民法典进一步完善了业主的建筑物区分所有权制度。

　　在合同编部分,针对物业服务领域的突出问题,增加规定了物业服务合同。

二、物业管理条例

　　2003年5月28日,我国第一部物业管理行政法规——《物业管理条例》经国务院第九次常务会议审议通过,2003年6月8日国务院第379号令公布,并于同年9月1日起正式施行。《物业管理条例》的颁布和实施标志着我国物业管理进入了法制化、规范化发展的新时期。《物业管理条例》是目前我国物业管理方面最高级别的专业法规,是物业管理从业人员执业最直接依赖的法律依据。

《物业管理条例》对物业管理法律关系做了更为详细的划分和规定，坚持以业主自治自律为基础，强调业主和物业服务企业之间是平等协商与政府兼管相结合的原则，贯彻了公平、公正、公开的社会主义市场经济要求。《物业管理条例》的颁布实施，适应了推进我国商品房改革的迫切需要并且具有一定的前瞻性，为维护物业管理市场秩序、规范物业管理活动、保障业主和物业服务企业合法权益提供了法律依据，对于促进物业管理行业持续、健康、有序发展，进一步改善人民群众的生活和工作环境具有十分重要的意义。

2016年2月第二次修订后的《物业管理条例》共七章68条，对业主及业主大会、前期物业管理、物业管理服务、物业的使用与维护等做了明确规定，并明确了相应的法律责任。

（一）业主大会制度

《物业管理条例》确立了业主大会和业主委员会并存，业主大会决策、业主委员会执行的制度，规定物业管理区域内全体业主组成业主大会，业主大会代表和维护物业管理区域内全体业主的合法权益。同时，明确了业主大会的成立方式、职责、会议形式、表决原则及议事规则的主要事项，规定了业主委员会的产生方式、委员条件、职责、备案等。业主委员会作为业主大会的执行机构，可以在业主大会的授权范围内就某些物业管理事项作出决定，但重大的物业管理事项的决定只能由业主大会作出。这一制度有利于维护大多数业主的合法权益，保障物业管理活动的顺利进行。

（二）管理规约制度

《物业管理条例》确立了管理规约制度，规定管理规约对全体业主具有约束力，规定建设单位应当在销售物业之前，制定临时管理规约，对有关物业的使用、维护、管理，业主的公共利益，业主应当履行的义务，违反规约应当承担的责任等依法作出约定。建设单位制定的临时管理规约不得侵害物业买受人的合法权益。业主大会有权起草、讨论和修订管理规约，业主大会制定的管理规约生效时临时规约终止。管理规约是多个业主之间形成的共同意志，是业主共同订立并遵守的行为准则。实行管理规约制度，有利于提高业主的自律意识，预防和减少物业管理纠纷。

（三）物业管理招投标制度

《物业管理条例》突出了推行招投标制度对于促进物业管理市场健康发展的重要作用，提倡业主通过公平、公开、公正的市场竞争机制选择物业服务企业。鼓励建设单位按照房地产开发与物业管理相分离的原则，通过招标投标的方式选聘具有相应资质的物业服务企业承担前期物业管理工作，并对住宅物业的建设单位应当通过招标投标方式选聘具有相应资质的物业服务企业作了明确规定。

(四)物业承接验收制度

《物业管理条例》规定物业服务企业承接物业时,应当对物业共用部位、共用设施设备进行查验,物业服务企业承接物业时,应当与建设单位或业主委员会办理物业承接验收手续,建设单位或业主委员会应当向物业服务企业移交有关资料。物业承接验收制度的确立,对明确开发建设单位、业主、物业服务企业的责、权、利,减少物业管理矛盾和纠纷,促进开发建设单位提高建设质量,加强物业建设与管理的衔接等具有重要意义。

(五)住房专项维修资金制度

《物业管理条例》规定,住宅物业、住宅小区内的非住宅物业或者与单幢住宅楼结构相连的非住宅物业的业主,应当按照国家有关规定交纳专项维修资金。同时规定,专项维修资金属于业主所有,专项用于物业保修期满后的维修和更新、改造,不得挪作他用。专项维修资金制度对保证物业共用部位、共用设施设备的维修养护,保证物业的正常使用,维护全体业主的合法权益,起到重要作用。

三、其他相关法律法规

(一)前期物业管理招标投标管理暂行办法

为规范物业管理招标投标活动,保护招标投标当事人的合法权益,促进物业管理市场的公平竞争,2003年6月26日建设部颁布了《前期物业管理招标投标管理暂行办法》(建住房〔2003〕130号),并于2003年9月1日起施行。建设单位通过招投标的方式选聘具有相应资质的物业服务企业和行政主管部门对物业管理招投标活动实施监督管理,适用此办法。业主和业主大会通过招投标方式选聘具有相应资质的物业服务企业的,参照此办法执行。

《前期物业管理招标投标管理暂行办法》共五章44条,主要规定了以下内容:

(1)前期物业管理招标投标应当遵循的原则和监督管理机构;

(2)前期物业管理招标的组织实施方式、招标文件的主要内容、招标人的权利义务以及招标过程中的注意事项;

(3)前期物业管理投标的程序、投标文件的主要内容、投标人的权利义务以及投标过程中的注意事项;

(4)对开标过程的规定、评标委员会的组成方式、评标委员会委员的任职资格、评标结果的产生过程、注意事项和中标结果的通知与签约等。

(二)业主大会和业主委员会指导规则

为了规范业主大会和业主委员会的活动,维护业主的合法权益,建设部2003年6月26日发布了《业主大会规程》,住房与城乡建设部2009年12月1日颁布了《业主大会和业主委员会指导规则》,将《物业管理条例》中的有关规定细化,使其更具操作性。

《业主大会规程》共 36 条,主要规定了以下内容:
(1)详细规定业主大会的成立条件、首次业主大会的筹备和召开;
(2)进一步明确业主大会的职责;
(3)业主大会的议事规则、管理规约应当具备的主要内容;
(4)业主大会和业主委员会会议的召集方式、议程和作出有效决定必须具备的条件;
(5)业主委员会的组成、产生方式、职责和业主委员会委员的任职条件;
(6)明确规定业主委员会委员的变更和适用资格终止的情形;
(7)业主大会和业主委员会的经费来源、履行职责时应注意的问题、印章的使用;
(8)明确业主大会、业主委员会的指导和监督机构等。

(三)物业服务收费管理办法

为规范物业管理服务收费行为,保障业主和物业服务企业的合法权益,国家发展与改革委员会、建设部根据《中华人民共和国价格法》和《物业管理条例》,于 2003 年 11 月 13 日颁布了《物业服务收费管理办法》(发改价格〔2003〕1864 号),并于 2004 年 1 月 1 日起施行,原《城市住宅小区物业管理服务收费暂行办法》同时废止。

《物业服务收费管理办法》共 24 条,主要规定了以下内容:
(1)明确物业服务收费的定义;
(2)物业服务收费应当遵循的原则和监督管理机构;
(3)物业服务收费的两种定价形式:政府指导价和市场调节价;
(4)明确包干制与酬金制的含义、费用成本计算标准及应注意的问题;
(5)物业服务企业公布物业服务资金年度预决算及答复业主质疑的义务;
(6)不同情况下,业主或使用人、开发建设单位的交费义务以及物业服务企业收取物业服务费用的权利;
(7)物业服务企业提供物业服务合同约定以外的服务,服务收费由双方约定等。

第三节 物业管理基本制度

一、物业管理基本制度概述

(一)物业管理基本制度的含义和分类

物业管理基本制度是指负责一个物业管理区域的物业服务企业与该物业管理区域的业主或业主大会为保证物业服务质量和物业的正常使用、保值增值所制定的各种规则、章程、程序和办法的总称,是要求有关人员共同遵守的规范和准则。

物业管理制度的分类方法有很多种,根据其约束的对象划分,物业管理制度可概括为内部制度和外部制度两大类。

(二)制定物业管理制度的原则

1. 合法性原则

物业服务企业和业主大会制定物业管理制度,必须以法律、法规为依据,既不能违背《宪法》《民法通则》等大法中公民的权利义务、城市管理、经济管理等相关规定,还必须遵守维护房地产业经济运行秩序、保障房地产业稳定与协调发展的法律以及行政主管部门或地方政府颁布的有关行政法规、规章和政策。物业管理制度的制定程序、监督执行程序和内容都必须具有合法性,必须服从国家和地方政府有关法律、法规和政策的规定,不能出现与法律规定相冲突的内容。

2. 实用性原则

物业管理制度应结合不同物业项目的实际情况制定,不能生搬硬套。好的制度应该是便于理解、掌握与执行,兼顾效果与效率,灵活性与原则性相结合的,要切实有利于加强物业的科学管理和提供优质的服务,有利于物业的保值增值。

3. 规范性原则

物业管理制度是诸多关系人都要明确并遵守的行为规则,一个物业管理项目的各种物业管理规章制度要做到形式规范、体例统一、文字明确、表述清晰,并且每项规章制度都应写明具体执行部门、配合执行部门和违规监督部门。同时,为了保证实施,各项制度还应有定性、定量标准作为检查的尺度和依据。

4. 市场性原则

社会主义市场经济条件下,参与物业管理活动的业主、业主委员会和物业服务企业之间是一种平等的民事法律关系。业主或使用人获得物业服务企业提供的服务从而满足需求,物业服务企业通过提供服务获得物化劳动和活劳动的补偿并创造新的价值。因此,物业管理制度应当充分体现市场经济规律,保证有关各方的责、权、利。

5. 协调性原则

物业管理制度体系是由一系列规章制度构成的,其中各项规章制度应相互协调配合,不能相互矛盾。各项规章制度的内容都要注意与其他相关制度的联系,避免冲突和遗漏。同时,还要注意防止规章制度的审议、批准、发布程序发生错误。

管理规约等有关业主自治的规章制度的订立,应当采取民主管理的形式,即通过召开业主大会,在全体业主自愿和充分协商的基础上进行。当个别意见难以统一时,应当以全体业主的整体利益为目标,少数服从多数。

二、物业服务企业内部制度

物业服务企业内部制度是指物业服务企业为了保证完成物业管理服务内容、达到所要求的服务质量、提高工作效率,根据经营方针和工作特点,在企业内部自行制定的一系列职责范围、岗位责任、工作程序和考核办法等。制定企业内部制度是为了明确各部门、各岗位的责任,约束企业员工的行为,协调、衔接企业各环节的关系,保证企业正常运转和循环,以此为基础,落实物业服务企业的服务责任,保证物业管理服务工作的有序进行。

物业服务企业应根据所管物业项目、业主或使用人、本企业的实际情况以及国家及地方政府的有关法律、法规、政策文件，确定内部管理制度的框架体系及各项物业管理制度的具体内容。规章制度的内容一般用条文表达，每条可分为款、项、目。条文较多的，可以分章、节。具体结构由标题、正文、具名和日期组成。制度文本的编写应注意做到内容完备、结构严谨、形式规范、条理清楚、用词准确、文字简练、明白无误、语气肯定。

从内容上看，物业服务企业内部管理制度主要包括企业综合管理制度、员工管理制度、部门职责、岗位职责、操作规程等。

（一）企业综合管理制度

物业服务企业应制定一系列综合管理制度，如依据ISO 9000标准建立起来的质量管理和质量保证体系制度、企业文化建设制度、企业财务管理制度、企业采购制度、仓库管理制度、经济核算制度等。

（二）员工管理制度

员工管理制度应依据《劳动法》和物业管理工作的特点制定，具体内容包括总经理致辞、公司简介、公司目标、公司组织结构的图示说明、员工聘用政策、员工行为规范、员工福利制度、绩效考核制度、奖励与惩罚制度等。

物业服务企业通常将一系列员工管理制度集中在一本员工手册中，印发给企业员工。员工通过对员工手册的学习，可以了解公司的概况和员工拥有的权利及应尽的义务等，以做好本职工作。

（三）部门职责

物业服务企业各部门都要制定工作职责，通常包括公司办公室、财务部、人力资源部、物业管理部、市场部等各部门以及各个项目管理处的具体工作职责范围。这是明确企业内部职能分工的依据，有助于各职能部门和项目管理处分清责任、各司其职、通力合作，保证物业管理工作的顺畅运行，是物业服务企业内部机制正常有效运行的保证。

（四）岗位职责

岗位职责的制定主要是为了明确物业服务企业各岗位的职责规范，规定该岗位对从业人员的基本要求。健全的岗位职责是搞好物业服务企业的基本保证，有助于从总经理到普通员工都能明确各自的职责、工作要求和所承担的相应责任，促使其忠于职守、尽责地做好本职工作，也有利于工作的考核检查。

（五）操作规程

岗位职责只是一项粗线条的管理规定，物业服务企业还应根据每个工作岗位的岗位职责，制定明确、具体、细致、便于操作的操作规程，即具体且规范的工作流程、工作要求和质量标准，作为对该岗位工作完成情况的详细考核标准。

三、物业服务企业外部制度

要充分发挥物业管理的服务职能，在物业服务企业之外还要进行一系列制度建设。这一方面是为了加强民主管理的力度，建立对物业管理实施监督的机制；另一方面可以通过制度明确各方主体的权利与义务，减少物业管理纠纷。

物业服务企业外部制度是指用于界定物业管理参与者的权利与义务，规范、协调实施物业管理过程中相关主体行为的有关规章制度，包括（临时）管理规约、住户手册、业主大会议事规则等。

（一）（临时）管理规约

管理规约是由全体业主共同制定的，规定业主在物业管理区域内有关物业使用、维护、管理等涉及业主共同利益事项的，对全体业主具有普遍约束力的自律性规范，通常以书面形式订立。管理规约作为业主对物业管理区域内一些重大事务的共同性约定和允诺，是实行业主自治管理的重要表现形式。

《物业管理条例》第十七条规定，管理规约应当对有关物业的使用、维护、管理，业主的共同利益，业主应当履行的义务，违反规约应当承担的责任等事项依法作出约定。管理规约对全体业主具有约束力。建立管理规约制度，目的就是建立业主民主协商、自我管理、自我约束、平衡利益的机制，以利于实行有效的物业管理和妥善处理各业主间的相邻关系，使物业得到科学、合理、安全、有效的使用，维护全体业主的共同利益。

《物业管理条例》第十一条规定，业主大会负责制定、修改管理规约和业主大会议事规则。业主大会拟定管理规约和业主大会议事规则的草案时，应参照政府主管部门制定有关示范文本，并结合物业管理区域的实际情况进行修改补充。

通常在物业建成以后，销售完毕及业主入住之前，还达不到召开业主大会的条件，从而也不存在正式的管理规约。但是为了物业的正常使用和维护已入住业主的利益，必须有一个替代的临时规约来规范相关主体的行为，这就是临时管理规约。《物业管理条例》规定，建设单位在销售物业之前应当制定临时管理规约，对有关物业的使用、维护、管理，业主的共同利益，业主应当履行的义务，违反规约应当承担的责任等事项依法作出约定。建设单位应当在物业销售前将临时管理规约向物业买受人明示，并予以说明。物业买受人在与建设单位签订物业买卖合同时，应当就遵守临时管理规约作出书面承诺。

（二）业主大会议事规则

业主大会议事规则是对业主大会行为作出的规范化约定，具有法律效力。《业主大会规程》规定，业主大会议事规则应当就业主大会的议事方式、表决程序、业主投票权确定办法、业主委员会的组成和委员任期等事项依法作出约定。

（三）住户手册

住户手册是物业服务企业制定的，交由业主或使用人保存的文件。住户手册通常要说明物业的概况、物业服务企业的权利和义务、各部门职责分工、物业区域内的各项管理规定、物业管理服务内容、业主或使用人的权利和义务以及应注意的事项等。通过住户手册，可以使业主更好地了解物业及物业服务企业和物业管理相关规定，加强物业服务企业与业主的联系，取得业主的支持与配合，方便物业管理工作的顺利展开。

（四）其他外部制度

物业服务企业外部制度还包括：楼宇入住及迁出管理制度、房屋共用部位及共用设施设备使用管理制度、房屋共用部位及共用设施设备维修养护管理制度、房屋装修管理制度、安全保卫管理制度、车辆行驶和停放管理制度、消防管理制度、环境卫生管理制度、绿化管理制度、禁止违章用地及违章建筑的管理制度、综合经营服务管理制度以及接受业主委托开展有偿特约服务的制度等。

《物业管理条例》规定，业主大会负责制定、修改物业管理区域内物业共用部位和共用设施设备的使用，公共秩序和环境卫生的维护等方面的规章制度。这类制度一般由物业服务企业起草，由物业服务企业和业主委员会共同讨论、制定，经业主大会通过后生效。物业管理外部制度总体上明确了物业管理参与者的权责，有助于发挥物业管理的功能，提高管理服务水平。

第四节　房地产法规与政策概述

一、房地产业及其相关法规与政策概述

（一）房地产业

1. 房地产业的含义

房地产业是从事房地产（房屋和土地）开发、经营、管理和服务的行业。房地产业的劳动产品是经过开发的土地以及与其紧密连接在一起的建筑物或构筑物。

2. 房地产业的运行机制

（1）生产环节。进行土地开发、房屋建筑等，从而获得房地产劳动产品的全过程。在这个过程中，房地产开发企业与政府部门通过协议、招标、拍卖等方式，取得一定期限的土地使用权，然后组织房地产的开发和再生产。

（2）流通环节。房地产作为商品进入市场，通过交易以实现其使用价值和价值。房地产的交易活动主要有房地产的买卖、租赁和抵押三种形式。

（3）消费环节。房地产作为商品经过流通环节转移给使用人之后，就进入了消费环节。在这个环节，房屋的售后管理与服务工作显得更加迫切和重要。

(二)房地产业相关法规与政策概述

国家对房地产的管理制度是多方面、多角度的。1994年7月全国人大常委会颁布了《中华人民共和国城市房地产管理法》(2007年8月进行了修正),随后建设部、国家土地管理局等管理部门围绕规范土地使用权出让、转让、出租、抵押等交易行为和房地产开发、房地产市场的管理,相继出台了一系列法规。根据房地产业运行机制的三个环节,可以将房地产管理制度大体划分为房地产生产环节的法规与政策、房地产流通环节的法规与政策、房地产消费环节的法规与政策。

房地产生产环节涉及的法规与政策主要有《中华人民共和国土地管理法》《中华人民共和国城乡规划法》《城镇国有土地使用权出让和转让暂行条例》《城市房地产开发经营管理条例》《城市房屋拆迁管理条例》《建设工程质量管理条例》等。

房地产流通环节涉及的法规与政策主要有《城市房地产转让管理规定》《城市商品房预售管理办法》《城市商品房销售管理办法》《已购公有住房和经济适用房上市出售管理暂行办法》《商品房屋租赁管理办法》《城市房地产抵押管理办法》《城市房地产中介服务管理规定》《房地产广告发布暂行规定》《关于审理商品房买卖合同纠纷案件适用法律若干问题的解释》《城市房屋权属登记管理办法》《中华人民共和国房产税暂行条例》等。

房地产消费环节涉及的法规与政策主要有《房屋建筑工程质量保修办法》《商品住宅实行住宅质量保证书和住宅使用说明书制度的规定》《公有住宅售后维修养护管理办法》《住宅室内装饰装修管理办法》《城市危险房屋管理规定》《城市异产毗连房屋管理规定》等。

二、房地产生产环节的法规与政策介绍

(一)城乡规划法

为了确定城市的规模和发展方向,实现城市的经济和社会发展目标,合理地制定城市规划和进行城市建设,适应社会主义现代化建设的需要,2007年10月在原《中华人民共和国城市规划法》(自1990年4月1日起施行)的基础上,中华人民共和国第十届全国人民代表大会常务委员会第三十次会议通过了《中华人民共和国城乡规划法》,并自2008年1月1日起施行。

《中华人民共和国城乡规划法》共七章70条,主要内容包括总则、城乡规划的制定、城乡规划的实施、城乡规划的修改、监督检查、法律责任和附则。

城乡规划区是指城市、镇和村庄的建成区以及因城乡建设和发展需要,必须实行规划控制的区域。规划区的具体范围由有关人民政府在组织编制的城市总体规划、镇总体规划、乡规划和村庄规划中,根据城乡经济社会发展水平和统筹城乡发展的需要划定。

制定和实施城乡规划应当遵循城乡统筹、合理布局、节约土地、集约发展和先规划后建设的原则,改善生态环境,促进资源、能源节约和综合利用,保护耕地等自然资源和历史文化遗产,保持地方特色、民族特色和传统风貌,防止污染及其他公害,并符合

区域人口发展、国防建设、防灾减灾和公共卫生、公共安全的需要。

在规划区内进行建设活动，应当遵守土地管理、自然资源和环境保护等法律、法规的规定。

县级以上地方人民政府应当根据当地经济社会发展的实际，在城市总体规划、镇总体规划中合理确定城市、镇的发展规模、步骤和建设标准。

城市总体规划应当依据国民经济和社会发展规划，并与土地利用总体规划相衔接。

城市总体规划应当包括城市的性质、发展目标和发展规模，城市主要建设标准和定额指标，城市建设用地布局、功能分区和各项建设的总体部署，城市综合交通体系和河湖、绿地系统，各项专业规划，近期建设规划。

城市详细规划应当在城市总体规划或分区规划的基础上，对城市近期建设区域内各项建设作出具体规划。城市详细规划包括规划地段各项建设的具体用地范围、建筑密度和高度等控制指标，总平面布置、工程管线综合规划和竖向规划。

房地产开发是城市建设的主要方式和实现城市规划的主要途径。房地产开发项目的规划设计只有在用地数量、用地位置、用地强度、建筑用途的功能布局、建筑设计形式、设计标准等方面符合城市规划要求，才能有效促进城市建设。

审定房地产开发项目规划设计的过程就是通过对修建性详细规划的编制、修改，使其符合城市总体规划和控制性详细规划的过程，也是城市规划部门对房地产开发项目前期工作实施管理的过程。

（二）城市房地产开发经营管理条例

为了规范房地产开发经营行为，加强对城市房地产开发经营活动的监督管理，促进和保障房地产业的健康发展，国务院于1998年7月20日发布《城市房地产开发经营管理条例》，自发布之日起施行。

《城市房地产开发经营管理条例》共六章43条，主要内容包括总则、房地产开发企业、房地产开发建设、房地产经营、法律责任、附则。

房地产开发经营是指房地产开发企业在城市规划区内国有土地上进行基础设施建设、房屋建设，并转让房地产开发项目或者销售、出租商品房的行为。

1. 房地产开发企业管理

设立房地产开发企业应具备的条件：①有100万元以上的注册资本；②有4名以上持有资格证书的房地产专业、建筑工程专业的专职技术人员，2名以上持有资格证书的专职会计人员。

设立房地产开发企业，应当向县级以上人民政府工商行政管理部门申请登记。工商行政管理部门对符合规定条件的，应当自收到申请之日起30日内予以登记。

房地产开发企业应当自领取营业执照之日起30日内，持下列文件到登记机关所在地的房地产开发主管部门备案：①营业执照复印件；②企业章程；③验资证明；④企业法定代表人的身份证明；⑤专业技术人员的资格证书和聘用合同。

房地产开发主管部门应当根据房地产开发企业的资产、专业技术人员和开发经营业绩等，对备案的房地产开发企业核定资质等级。房地产开发企业应当按照核定的资质等级，承担相应的房地产开发项目。《房地产开发企业资质管理规定》将房地产开发企业划分为四个资质等级。

2. 房地产开发项目管理

房地产开发是城市建设和发展的具体实施。确定房地产开发项目，应当坚持旧区改建与新区建设相结合的原则，并且符合土地利用总体规划、年度建设用地计划和城市规划、房地产开发年度计划的要求。

房地产开发企业应当按照土地使用权出让合同约定的土地用途、动工开发期限进行项目开发建设。出让合同约定的动工开发期限满 1 年未动工开发的，可以征收相当于土地使用权出让金 20%以下的土地闲置费；满 2 年未动工开发的，可以无偿收回土地使用权。但是，因不可抗力或者政府、政府有关部门的行为或者动工开发必需的前期工作造成动工迟延的除外。

房地产开发企业开发建设的房地产项目，应当符合有关法律、法规的规定及建筑工程质量、安全标准，建筑工程勘察、设计、施工的技术规范以及合同的约定。

房地产开发项目竣工后，房地产开发企业应当向项目所在地的县级以上地方人民政府房地产开发主管部门提出竣工验收申请。房地产开发主管部门应当自收到竣工验收申请之日起 30 日内，对涉及公共安全的内容，组织工程质量监督、规划、消防、人防等有关部门或者单位进行验收。房地产开发项目竣工，经验收合格后，方可交付使用。

住宅小区等群体房地产开发项目竣工，应当依照下列要求进行综合验收：①城市规划设计条件的落实情况；②城市规划要求配套的基础设施和公共设施的建设情况；③单项工程的工程质量验收情况；④拆迁安置方案的落实情况；⑤物业管理的落实情况。

三、房地产流通环节的法规与政策介绍

（一）城市房地产转让管理规定

房地产具有价值高、使用周期长、管理制度严格等特点，为了加强对城市房地产转让的管理、维护房地产市场秩序、保障房地产转让当事人的合法权益，建设部于 1995 年 8 月 7 日发布了《城市房地产转让管理规定》，自 1995 年 9 月 1 日起施行，并于 2001 年 7 月修订。

房地产转让是指房地产权利人通过买卖、赠与或其他合法方式将房地产转移给他人的行为。其他合法方式主要包括：以房地产作价入股、与他人成立企业法人，房地产权属发生变更；一方提供土地使用权，另一方或多方提供资金，合资、合作开发经营房地产，而使房地产权属发生变更；因企业被收购、兼并或合并，房地产权属随之转移；以房地产抵债等。

房地产转让当事人应签订书面转让合同。房地产转让合同是明确当事人权利、义务的主要文件，关系双方当事人的重大权益。房地产转让合同应当载明的主要条款和内容包括：①双方当事人的姓名或名称、住所；②房地产权属证书名称和编号；③房地产坐

落位置、面积、四至界限；④土地宗地号、土地使用权取得的方式及年限；⑤房地产的用途或使用性质；⑥成交价格及支付方式；⑦房地产交付使用的时间；⑧违约责任；⑨双方约定的其他事项。

我国实行房地产成交价格申报制度。房地产权利人转让房地产，应当如实申报成交价格，不得瞒报或作不实的申报。房地产转让应当以申报的房地产成交价格作为缴纳税费的依据。成交价格明显低于正常市场价格的，以评估价格作为缴纳税费的依据。房地产转让当事人缴纳有关税费后，房地产管理部门为其办理房屋权属登记手续，核发房地产权属证书。

此外，《城市房地产转让管理规定》还详细规定了城市房地产转让工作的归口管理部门、禁止房地产转让的情形、房地产转让的办理程序、以出让和划拨两种方式取得国有土地使用权的房地产在转让时对土地使用权的处理原则等。

（二）城市商品房预售管理办法

我国房地产市场发育尚不成熟，多数房地产开发企业规模较小、开发资金不充足，需要通过商品房预售弥补资金不足问题。预售房与现售房最大的区别在于商品的不确定性和预期性，由于商品房预售时房屋尚未建成，因此在交付房屋时开发商与购房人之间经常会因商品房预售问题而发生纠纷。为维护商品房交易双方的合法权益，加强对商品房的预售管理，建设部于 1994 年 11 月 15 日发布了《城市商品房预售管理办法》，自 1995 年 1 月 1 日起施行，并于 2004 年 7 月修订。

商品房预售是指房地产开发企业将正在建设中的房屋预先出售给承购人，由承购人支付定金或房价款的行为。

该管理办法明确了商品房预售应符合的三个条件：①已交付全部土地使用权出让金，取得土地使用权证书；②持有建设工程规划许可证和施工许可证；③按提供预售的商品房计算，投入开发建设的资金达到工程建设总投资的 25%以上，并已经确定施工进度和竣工交付日期。

我国施行商品房预售许可制度。房地产开发企业预售商品房前，应当向县级以上人民政府房地产管理部门办理预售登记，取得《商品房预售许可证》。

房地产开发企业预售商品房，应当向商品房预购人出示《商品房预售许可证》，并与预购人签订商品房预售合同。房地产开发企业应当自签约之日起 30 日内，向房地产管理部门和市、县人民政府土地管理部门办理商品房预售合同登记备案手续。

商品房预购人在预购商品房交付使用之日起 90 日内，依法到房地产管理部门和市、县人民政府土地管理部门办理权属登记手续。房地产开发企业应当予以协助，并提供必要的证明文件。

此外，《城市商品房预售管理办法》还详细规定了城市商品房预售工作的归口管理部门、房地产开发企业申请预售许可应当提交的证件及资料、商品房预售许可的办理程序等。

（三）商品房销售管理办法

为了规范商品房销售行为，保障商品房交易双方当事人的合法权益，建设部于 2001 年 3 月 14 日发布了《商品房销售管理办法》，自 2001 年 6 月 1 日起施行。

商品房销售包括商品房现售和商品房预售。有关商品房预售的管理规定，已在《城市商品房预售管理办法》中作了阐述，下面主要就商品房现售的相关制度作概况介绍。

商品房现售是指房地产开发企业将竣工验收合格的商品房出售给买受人，并由买受人支付房价款的行为。

商品房现售应符合以下 7 个条件：①现售商品房的房地产开发企业应当具有企业法人营业执照和房地产开发企业资质证书；②取得土地使用权证书或者使用土地的批准文件；③持有建设工程规划许可证和施工许可证；④已通过竣工验收；⑤拆迁安置已经落实；⑥供水、供电、供热、燃气、通信等配套基础设施具备交付使用条件，其他配套基础设施和公共设施具备交付使用条件或者已确定施工进度和交付日期；⑦物业管理方案已经落实。

《城市商品房预售管理办法》第十三条规定："商品房销售时，房地产开发企业选聘了物业服务企业的，买受人应当在订立商品房买卖合同时与房地产开发企业选聘的物业服务企业订立有关物业管理的协议。"对此，《物业管理条例》亦作出相应规定："在业主、业主大会选聘物业服务企业之前，建设单位选聘物业服务企业的，应当签订书面的前期物业服务合同。""建设单位与物业买受人签订的买卖合同应当包含前期物业服务合同约定的内容。"

《城市商品房预售管理办法》明确规定了房地产开发企业在销售房屋时的禁止行为，如规定房地产开发企业不得在解除商品房买卖合同前，将作为合同标的物的商品房再行销售给他人；不得采取返本销售或变相返本销售的方式销售商品房；不得采取售后包租或变相售后包租的方式销售未竣工商品房；商品住宅按套销售，不得分割拆零销售等。

商品房销售时，房地产开发企业和买受人应当订立书面商品房买卖合同。商品房买卖合同应当明确以下主要内容：①当事人名称或者姓名和住所；②商品房基本状况；③商品房的销售方式；④商品房价款的确定方式及总价款、付款方式、付款时间；⑤交付使用条件及日期；⑥装饰、设备标准承诺；⑦供水、供电、供热、燃气、通信、道路、绿化等配套基础设施与公共设施的交付承诺和有关权益、责任；⑧公共配套建筑的产权归属；⑨面积差异的处理方式；⑩办理产权登记有关事宜；⑪解决争议的方法；⑫违约责任；⑬双方约定的其他事项。

此外，《商品房销售管理办法》还详细规定了城市商品房销售工作的归口管理部门，商品房预售许可制度，商品房销售价格与计价方式，对商品房销售面积争议、设计变更争议、房屋交付时间与质量争议的处理原则，商品房销售代理规则，房地产开发企业的质量保修责任等。

（四）商品房屋租赁管理办法

房地产租赁是房地产实现其价值的一种重要形式，通过对房地产的出租进入流通领域，从而形成房地产经营的一个产业。

为加强城市房屋租赁管理，维护房地产市场秩序，保障房屋租赁当事人的合法权益，并根据城市商品房屋租赁市场及管理的实际情况，住房与城乡建设部于 2011 年出台实施了《商品房屋租赁管理办法》。

房屋租赁当事人应当签订书面租赁合同，租赁合同应当包括以下条款：①房屋租赁当事人的姓名（名称）和住所；②房屋的坐落、面积、结构、附属设施，家具和家电等室内设施状况；③租金和押金数额、支付方式；④租赁用途和房屋使用要求；⑤房屋和室内设施的安全性能；⑥租赁期限；⑦房屋维修责任；⑧物业服务、水、电、燃气等相关费用的缴纳；⑨争议解决办法和违约责任；⑩其他约定。

我国实行房屋租赁登记备案制度，这是国家为维护房地产市场秩序，针对房屋租赁行为而设立的一种管理手段。房屋租赁合同订立后 30 日内，房屋租赁当事人应当到租赁房屋所在地直辖市、市、县人民政府建设（房地产）主管部门办理房屋租赁登记备案。对符合要求的，直辖市、市、县人民政府建设（房地产）主管部门应当在 3 个工作日内办理房屋租赁登记备案，向租赁当事人开具房屋租赁登记备案证明。申请人提交的申请材料不齐全或者不符合法定形式的，直辖市、市、县人民政府建设（房地产）主管部门应当告知房屋租赁当事人需要补正的内容。

房屋租赁登记备案证明应当载明出租人和承租人的姓名或者名称、有效身份证件种类和号码、出租房屋的坐落、租赁用途、租金数额、租赁期限等。房屋租赁登记备案内容发生变化、续租或者租赁终止的，当事人应当在 30 日内，到原租赁登记备案的部门办理房屋租赁登记备案的变更、延续或者注销手续。

对房屋转租行为，该办法亦作了规定。房屋转租是指房屋承租人将承租的房屋再出租的行为。承租人在租赁期限内，征得出租人同意，可以将承租房屋的部分或全部转租给他人。房屋转租，应当订立转租合同。转租合同必须经原出租人书面同意，并办理登记备案手续。转租合同的终止日期不得超过原租赁合同规定的终止日期，但出租人与转租双方协商约定的除外。转租期间，原租赁合同变更、解除或者终止，转租合同也随之相应地变更、解除或者终止。

该管理办法进一步明确了房地产租赁双方当事人的权利和义务。对出租人，该办法规定：出租人应当按照合同约定履行房屋的维修义务并确保房屋和室内设施安全。未及时修复损坏的房屋，影响承租人正常使用的，应当按照约定承担赔偿责任或者减少租金。

房屋租赁期间内，因赠与、析产、继承或者买卖转让房屋的，原房屋租赁合同继续有效。承租人在房屋租赁期间死亡的，与其生前共同居住的人可以按照原租赁合同租赁该房屋。

房屋租赁期间出租人出售租赁房屋的，应当在出售前合理期限内通知承租人，承租人在同等条件下有优先购买权。

对承租人，该办法规定：承租人应当按照合同约定的租赁用途和使用要求合理使用房屋，不得擅自改动房屋承重结构和拆改室内设施，不得损害其他业主和使用人的合法权益。承租人因使用不当等原因造成承租房屋和设施损坏的，承租人应当负责修复或者承担赔偿责任。承租人转租房屋的,应当经出租人书面同意。承租人未经出租人书面同意转租的,出租人可以解除租赁合同,收回房屋并要求承租人赔偿损失。

(五)城市房地产抵押管理办法

我国发展市场经济以来,房地产抵押作为一种有效的担保形式,得到了广泛的发展。特别是在房地产开发、商品房市场和房地产二级市场中,运用房地产抵押进行贷款担保已经成为房地产开发企业和购房人解决资金问题的主要途径。为了加强房地产抵押管理、维护房地产市场秩序、保障房地产抵押当事人的合法权益,建设部于1997年5月9日发布《城市房地产抵押管理办法》,自1997年6月1日起施行,并于2001年8月15日修订。

《城市房地产抵押管理办法》共八章55条,详细规定了房地产抵押权的设定、房地产抵押合同的订立、房地产抵押登记、抵押房地产的占用与管理、抵押房地产的处分、法律责任等。

房地产抵押是指抵押人以其合法的房地产以不转移占有的方式向抵押权人提供债务履行担保的行为。债务人不履行债务时,债权人有权依法以抵押的房地产拍卖所得的价款优先受偿。其中,"合法的房地产"是指已经取得房地产权属证书的房地产。抵押人是指将依法取得的房地产提供给抵押权人,作为本人或者第三人履行债务担保的公民、法人或者其他组织。抵押权人是指接受房地产抵押作为债务人履行债务担保的公民、法人或者其他组织。

房地产抵押当事人应当签订书面抵押合同。房地产抵押合同应当载明下列主要内容:①抵押人、抵押权人的名称或者个人姓名、住所;②主债权的种类、数额;③抵押房地产的处所、名称、状况、建筑面积、用地面积以及四至等;④抵押房地产的价值;⑤抵押房地产的占用管理人、占用管理方式、占用管理责任以及意外损毁、灭失的责任;⑥债务人履行债务的期限;⑦抵押权灭失的条件;⑧违约责任;⑨争议解决方式;⑩抵押合同订立的时间与地点等。

房地产抵押合同自签订之日起30日内,抵押当事人应当到房地产所在地的房地产管理部门办理房地产抵押登记。房地产抵押合同自抵押登记之日起生效。以依法取得的房屋所有权证书的房地产抵押的,登记机关应当在原《房屋所有权证》上作他项权利记载后,由抵押人收执,并向抵押权人颁发《房屋他项权证》。

已作抵押的房地产,由抵押人占用与管理,抵押人应当维护抵押房地产的安全与完好。同时,抵押权人为避免抵押房屋因遭受人为损坏或自然灾害而出现的风险,要求抵押人办理房产保险的,双方当事人应当协商议定。抵押房地产投保的,保险费由抵押人负担,保险单由抵押权人保管。在抵押期间,抵押权人为保险赔偿的第一受益人。

房地产抵押是为担保债权而建立的法律关系,因此抵押房地产的价值必须高于所担保的债权。抵押房地产的价值可以由抵押当事人协商议定,也可以由房地产价格评估机构评估确定。房地产抵押后,该抵押房地产的价值大于所担保债权的余额部分,可以再次抵押,但再次抵押所担保的债权不得超出余额部分。处分抵押房地产时,抵押权人以抵押登记的先后顺序受偿。

对于已作抵押的房地产，抵押人欲将其再行转让或出租时，必须经抵押权人同意。而对于已出租的房地产，抵押人欲将其抵押时，也应将租赁情况告知抵押权人，并将抵押情况告知承租人。

此外，该管理办法还详细规定了抵押权人有权要求处分抵押房地产的情况、处分抵押房地产的中止情况以及处分抵押房地产所得金额的分配顺序。

（六）城市房屋权属登记管理办法

建设部于1997年10月27日发布了《城市房屋权属登记管理办法》，自1998年1月1日起施行，并于2001年8月15日修订。实行房地产权属登记制度，有利于保护房地产权利人的合法权益，有效避免交易风险。

房屋权属登记是指房地产行政主管部门代表政府对房屋所有权以及由上述权利产生的抵押权、典权等房屋他项权利进行登记，并依法确认房屋产权归属关系的行为。

房屋权属登记分为以下几种：

（1）总登记。县级以上地方人民政府根据需要，在一定期限内对本行政区域内的房屋进行统一的权属登记。

（2）初始登记。对房屋产权进行的原始登记。

（3）转移登记。房屋所有权主体转移，即房屋转让时所进行的登记。

（4）变更登记。针对权利人变更名称，或房屋状况发生变化所进行的登记。

（5）他项权利登记。设定房屋抵押权、典权等他项权利时所进行的登记。

（6）注销登记。房屋灭失、土地使用年限届满、他项权利终止时所进行的登记。

我国实行房屋所有权登记发证制度。申请人应当按照国家规定到房屋所在地的人民政府房地产行政主管部门申请房屋权属登记，领取房屋权属证书。房屋权属证书是权利人依法拥有房屋所有权并对房屋行使占有、使用、收益和处分权利的唯一合法凭证。房屋权属证书包括《房屋所有权证》《房屋共有权证》《房屋他项权证》。

此外，《城市房屋权属登记管理办法》还详细规定了房屋权属登记工作的归口管理部门、房屋权属登记的几种情况、申请登记的时间及应提交的文件、房屋权属登记的程序、房屋权属登记的处理规则等。

四、房地产消费环节的法规与政策介绍

（一）住宅室内装饰装修管理办法

为加强住宅室内装饰装修管理，保证装饰装修工程质量和安全，维护公共安全和公众利益，建设部于2002年2月26日通过了《住宅室内装饰装修管理办法》，自2002年5月1日起施行。

住宅室内装饰装修是指住宅竣工验收合格后，业主或住宅使用人对住宅室内进行装饰装修的建筑活动。

装修人在住宅室内装饰装修工程开工前,应当向物业服务企业或者房屋管理机构申报登记。申报登记应当提交下列材料:①房屋所有权证(或者证明其合法权益的有效凭证);②申请人身份证件;③装饰装修方案;④变动建筑主体或者承重结构的,需提交原设计单位或者具有相应资质等级的设计单位提出的设计方案;⑤委托装饰装修企业施工的,需提供该企业相关资质证书的复印件等。

装修人或/和装饰装修企业,应当与物业管理单位签订住宅室内装饰装修管理服务协议。住宅室内装饰装修管理服务协议应当包括下列内容:①装饰装修工程的实施内容;②装饰装修工程的实施期限;③允许施工的时间;④废弃物的清运与处置;⑤住宅外立面设施及防盗窗的安装要求;⑥禁止行为和注意事项;⑦管理服务费用;⑧违约责任;⑨其他需要约定的事项。

装饰装修工程开工前,物业管理单位应当将住宅室内装饰装修工程的禁止行为与注意事项告知装修人和装修人委托的装饰装修企业。禁止物业管理单位向装修人指派装饰装修企业或者强行推销装饰装修材料。装饰装修过程中,物业管理单位应当按照住宅室内装饰装修管理服务协议实施管理,发现装修人或者装饰装修企业有违规行为的,应当立即制止;已造成事实后果或者拒不改正的,应当及时报告有关部门依法处理。竣工后,物业管理单位应当按照装饰装修管理服务协议进行现场检查,对违反法律、法规和装饰装修管理服务协议的,应当要求装修人和装饰装修企业纠正,并将检查记录存档。

此外,《住宅室内装饰装修管理办法》还详细规定了住宅室内装饰装修管理工作的归口管理部门、住宅室内装饰装修活动的禁止行为、开工申报与监督、委托与承接、室内环境质量、竣工验收与保修、法律责任等。

(二)城市异产毗连房屋管理规定

为加强城市异产毗连房屋的管理,维护房屋所有人、使用人的合法权益,明确管理、修缮责任,保障房屋的正常使用,建设部于1989年11月21日发布了《城市异产毗连房屋管理规定》,自1990年1月1日起施行,并于2001年8月15日修订。

异产毗连房屋是指结构相连或具有共有、共用设备和附属建筑,而为不同所有人所有的房屋。

异产毗连房屋的所有人按照城市房地产行政主管部门核发的所有权证规定的范围行使权利,并承担相应的义务。所有人和使用人对房屋的使用和修缮,必须符合城市规划、房地产管理、消防和环境保护等部门的要求,并应按照有利使用、共同协商、公平合理的原则,正确处理毗连关系。所有人和使用人对共有、共用的门厅、阳台、屋面、楼道、厨房、厕所以及院路、上下水设施等,应共同合理使用并承担相应的义务;除另有约定外,任何一方不得多占、独占。所有人和使用人在房屋共有、共用部位,不得有损害他方利益的行为。一方所有人如需改变共有部位的外形或结构,除须经城市规划部门批准外,还须征得其他所有人的书面同意。

此外,《城市异产毗连房屋管理规定》还详细规定了城市异产毗连房屋管理工作的归口管理部门、异产毗连房屋发生自然损坏时所需修缮费用的七项处理原则等。

(三）城市危险房屋管理规定

为加强城市危险房屋管理，保障居住和使用安全，促进房屋有效利用，建设部于1989年11月21日发布了《城市危险房屋管理规定》，自1990年1月1日起施行，并于2004年7月20日修订。

危险房屋是指结构已严重损坏或承重构件已属危险构件，随时有可能丧失结构稳定和承载能力，不能保证居住和使用安全的房屋。

房屋所有人或使用人向当地鉴定机构提交鉴定申请时，必须持有证明其具备相关民事权利的合法证件。鉴定机构接到鉴定申请后，应按下列程序及时进行鉴定：①受理申请；②初始调查，摸清房屋的历史和现状；③现场查勘、测试、记录各种损坏数据和状况；④检测验算，整理技术资料；⑤全面分析，论证定性，作出综合判断，提出处理建议；⑥签发鉴定文书。经鉴定属于危险房屋的，鉴定机构必须及时发出危险房屋通知书；属于非危险房屋的，应在鉴定文书上注明在正常使用条件下的有效时限，一般不超过一年。

鉴定机构鉴定房屋为危险房屋的，分为以下四种情况进行处理：

（1）观察使用。适用于采取适当安全技术措施后尚能短期使用，但需继续观察的房屋。

（2）处理使用。适用于采取适当技术措施后，可解除危险的房屋。

（3）停止使用。适用于已无修缮价值，暂时不便拆除，又不危及相邻建筑和影响他人安全的房屋。

（4）整体拆除。适用于整幢危险且无修缮价值，需立即拆除的房屋。

房屋所有人对经鉴定的危险房屋，必须按照鉴定机构的处理建议，及时加固或修缮治理；房屋所有人拒不按照处理建议修缮治理，或使用人有阻碍行为的，房地产行政主管部门有权指定有关部门代修，或采取其他强制措施，发生的费用由责任人承担。

此外，《城市危险房屋管理规定》还详细规定了城市危险房屋鉴定工作的归口管理部门、危险房屋的鉴定费用与修缮责任、危险房屋造成损害事故的法律责任等。

（四）商品住宅实行住宅质量保证书和住宅使用说明书制度的规定

为了加强商品住宅质量管理，确保商品住宅售后服务质量和水平，维护商品住宅消费者的合法权益，建设部于1998年5月12日制定了《商品住宅实行住宅质量保证书和住宅使用说明书制度的规定》，自1998年9月1日起施行。

该规定要求，房地产开发企业在向用户交付销售的新建商品住宅时，必须提供《住宅质量保证书》和《住宅使用说明书》。

《住宅质量保证书》是房地产开发企业对销售的商品住宅承担质量责任的法律文件，房地产开发企业应当按《住宅质量保证书》的约定，承担保修责任。商品住宅售出后，委托物业管理公司等单位维修的，应在《住宅质量保证书》中明示所委托的单位。

《住宅质量保证书》应当包括以下内容：①工程质量监督部门核验的质量等级；②地基基础和主体结构在合理使用寿命年限内承担保修；③正常使用情况下各部位、

部件保修内容与保修期（屋面防水3年；墙面、厨房和卫生间地面、地下室、管道渗漏1年；墙面、顶棚抹灰层脱落1年；地面空鼓开裂、大面积起砂1年；门窗翘裂、五金件损坏1年；管道堵塞2个月；供热、供冷系统和设备1个采暖期或供冷期；卫生洁具1年；灯具、电器6个月；其他部位、部件的保修期限，由房地产开发企业与用户自行约定）；④用户报修的单位，答复和自理的时限。

《住宅使用说明书》应当对住宅的结构、性能和各部位（部件）的类型、性能、标准等作出说明，并提出使用注意事项，通常应当包含：①开发单位、设计单位、施工单位，委托监理的应注明监理单位；②结构类型；③装修、装饰注意事项；④上水、下水、电、燃气、热气、通信、消防等设施配置的说明；⑤有关设备、设施安装预留位置的说明和安装注意事项；⑥门、窗类型，使用注意事项；⑦配电负荷；⑧保温墙、防水层、阳台等部位注意事项的说明；⑨其他需要说明的问题。

《住宅质量保证书》和《住宅使用说明书》以购买者购买的套（幢）发放。每套（幢）住宅均应附有各自的《住宅质量保证书》和《住宅使用说明书》。

房地产开发企业在《住宅使用说明书》中对住户合理使用住宅应有提示。因住户使用不当或擅自改动结构、设备位置和不当装修等造成的质量问题，房地产开发企业不承担保修责任；因住户使用不当或擅自改动结构，造成房屋质量受损或其他住户损失，由责任人承担相应责任。

复习思考题

1. 简述物业管理法律关系的含义及其构成。
2. 简述物业管理民事责任的类型及主要内容。
3. 产生物业管理行政责任的主要形式或表现有哪些？
4. 物业管理法律法规建设的途径有哪些？
5. 《物业管理条例》确立了哪几项基本制度？
6. 制定物业管理制度应遵循的原则有哪些？
7. 物业服务企业内部管理制度有哪些？
8. 简述房地产业的运行机制。

自测题

第八章

其他国家的物业管理

我国开展物业管理活动40余年的时间里,行业主管部门、物业服务企业,以及房地产、法律、社区管理等方面的专家、学者,与国外同行进行了广泛的交流和研讨,内容包括住房情况与政策、物业管理方式与机构、物业管理人员的资格与培训、物业管理制度与活动规范等。这些交流与研讨成果对于完善我国物业管理的法制建设、推动物业管理活动的广泛开展和不断深化,具有重要的借鉴意义。

第一节 英国的物业管理

一、住房建设和分配制度

如本书第一章所述,物业管理始于19世纪60年代的英国。最早开展物业管理的奥克维亚·希尔女士的管理,本质和特点体现在两个方面:其管理的基础是"基于业主对物业的所有权";其管理方式是"为业主与物业使用权人(租户)的共同权益,对共同事务实行管理"。由此可见,真正意义上的"物业管理"起源于业主自治管理。

20世纪初,大约90%的英国人是靠租房解决居住问题的。到了20世纪80年代,英国推行住房制度改革,将国有住房出售给租户,一些半官方的机构即住宅合作社也集资建房,将房屋出售或出租给中低收入家庭,还有一些经济条件好的英国人直接从私人开发商手中购买房屋,但比例不高,大约占5%。1980年以来,英国各地的地方政府将150万套房屋出售给了个人,70%的英国人拥有了自己的住房,其中在英格兰这一比例达70%、在威尔士达73%、在苏格兰达64%、在北爱尔兰达75%。一项调查表明,90%的英国人希望拥有一套有产权的住房。政府将公有房屋以低于市场价格的价格出售给个人,也促进了住房制度的改革。例如,伦敦的一套房屋,政府出售给个人时价格为169 975英镑,而购买者再次出售时价格可达20 7246英镑,差价近4万英镑。我国从20世纪90年代开始的住房制度改革就借鉴了英国模式。

二、物业管理的类型及特点

(一)物业管理的类型

英国房屋的类型决定了物业管理的类型。英国的非住宅即商业楼宇的管理模式与我国差不多，管理的重点也是房屋及设备设施管理，包括设备的日常运行、维修和改造等。物业管理服务内容和标准通过物业管理委托合同约定，管理费用也大多采用佣金制。

英国的住宅物业管理与我国有很大不同，更为简单，因为大部分人住在独立式别墅或联排别墅里，别墅间的道路、绿地及各种市政管线、设施均由政府部门维护管理，业主需要每年缴纳物业税，一套别墅（建筑面积 200 平方米左右）一年的物业税约为 1 600 英镑，相当于普通职工工资（年工资 36 000 英镑）的 4.4%，是完全可以承受的。房屋的维修管理则由业主自行选择物业服务企业负责。当然，业主也可以自己进行一些零星维修，因为在英国，水、电零星维修的人工费是非常高的，而由于房屋互不相连，维修及管理服务都非常简单，社区关系也很简单，很少会产生邻里纠纷，也没有太多共同事务需要处理。

除别墅外，还有少量的人住在高层楼房里，但是这些住宅规模都比较小，与我国大规模的社区不同，一般都是一栋楼为一个物业管理区域。这样的楼房通常是由私人开发商建设的，物业管理也分为前期物业管理和正常期物业管理。前期物业管理也是由开发商选定一家物业服务企业，开发商在出售房屋时制定一个规约，规约中明确物业服务企业的名称，物业服务的内容、标准和服务收费，包括建设单位、物业服务企业和业主三方的权利义务关系，购房人要对此予以认可。业主入住后可以成立业主委员会，业主委员会对开发商选择的物业服务企业不满意的，可以解聘，自行选择满意的物业服务企业。

住宅区的物业收费一般也采用酬金制，每年预定一个固定的数目，包括清洁、保安、房屋维修等服务成本及物业服务企业的酬金。当然，账目是需要向业主公开的，业主可以随时随地到税务部门查询物业服务企业的账目。对于小规模的楼宇，业主也许不会选择一家企业，而是直接聘请一位房屋经理管理房屋事务，以节省开支。

业主的决策机制，是通过召开业主大会来决定事务。例如，对楼宇公共部位的维修，到底该不该修、如何修，由所有受益业主协商决定。若全体业主达不成一致意见，则任何一个业主都可以向政府主管部门申请裁决。政府主管部门接到申请后，可以实地勘察，认为房屋存在安全隐患必须维修的，会责令全体业主限期达成一致意见，达不成一致意见的，政府部门会组织专门单位维修，维修费用由全体业主分摊，并在维修费用的基础上加收 30%。这是为了督促业主达成一致意见。

（二）物业管理的特点

（1）自负盈亏、自主经营的独立的物业服务企业发展迅速，政府公屋逐渐交由独立的物业服务企业管理，私人楼宇越来越多地委托专业的物业服务企业管理。

（2）物业的所有权与管理权分离。物业服务企业与业主是雇用关系，业主通过招标或协议等方式选择物业服务企业，要认真考察企业的信誉，专业知识背景，管理、财务、法律水平，管理费用的高低以及社区活动能力。而物业服务企业饱受市场竞争的压力，必须不断改善经营管理，提高效率，尽量让业主满意，否则就会有被淘汰或被解雇的危险。

（3）物业管理及收费标准由市场形成。政府一般不规定具体的收费标准，具体收多少管理费由业主（委托方）与物业服务企业（受托方）讨价还价决定，视市场供求状况、地区环境、房屋数量与质量、服务内容等情况而不同。

（4）政府在物业管理中发挥重要作用，但政府一般不直接干预物业管理收费的具体标准。政府多以详尽、完善的法律、法规规范物业管理各方面关系人的行为与责、权、利。

三、皇家特许屋宇经理学会

在英国，政府对从事物业管理的企业和个人没有特别的限制，但有一个半官方的非营利组织，即成立于19世纪中叶的英国皇家特许屋宇经理学会（Chartered Institute of Housing，CIH）。该学会在物业管理行业很有权威性，专门负责物业管理从业人员的培训和交流，不受政治派别左右，其宗旨在于提高房屋管理的科学性和艺术性。学会只接受个人会员，目前会员超过18 000多人，大多数会员在英国，我国香港地区有2 000多会员。学会的经济来源主要靠会员会费和提供培训服务等所收取的费用，如有盈利归全体会员所有。学会的管理机构是理事会，理事由在行业里有名望的人担任，共31人。学会总部设在英国考文垂市，下设专业发展部、联合服务部、政策部、培训教育部、企业事务及秘书部等，在英国很多地区及亚太地区设有分会。虽然加入学会并非强制性的，但是一旦成为会员，受聘于物业服务企业或业主的机会就会比较多。因此，要在英国从事物业管理，加入该学会非常必要。学会在行业里的地位非常高，可以代表全行业与政府就有关问题进行谈判。

加入该学会的条件是，直接从事房屋维修和服务的从业者，或者3年全职大学生或5年半脱产大学生，加上一年社会实践。学会对会员提供的服务非常多，主要是通过培训传授专业知识，提高会员的竞争能力，以更好地为雇主服务。分会每年都会对会员进行培训，总部每年还会召开一次全球性的年会。培训内容包括房屋政策、实际操作经验、房地产金融知识等。学会平时给会员提供的服务包括各种专题培训，以及发放学会的周刊、月刊等。

四、住房管理注册学院

CIH最具特色的就是各种形式的针对不同人群的培训课程。CIH下属的住房管理注册学院（CPD）是一所在住房管理领域提供卓越的专业培训及专业教育的学院。无论是想要深造的个人，还是需要学习新政策的公司员工，抑或是正在重组公司的人员，学院都能提供量身定制的系列培训，也可以为业主或一线管理员工提供远程学习课程。

学习可以通过两种方式：一种是在遍布英格兰、威尔士、苏格兰和北爱尔兰的学院以职工脱产形式学习；另一种是以远程方式进行CIH资格认证的学习。CIH资格认证是一种适合大多数人的学习方法，具体包括下列培训方式。

（1）成为CIH的A级会员，包括以会员价格购买专业用书（如报告等），有权从本地进入CIH网络，获得免费的政策信息及建议，以会员价格参加CIH培训、研讨会及会议，有权使用全部住房管理教育问题的建议书，参加实践培训以及获取职业信息和时事通信电子周刊。为保证学员掌握最新专业动态，还提供住房管理资料及住房管理内部刊物。

（2）二级认证课程设计可以满足以下人群的要求：现在并未在住房管理行业就职，但在考虑将来应聘住房管理相关职位的人士；希望了解住房知识的业主；加入住房管理行业的新人，他们希望提升对住房管理的整体认识；在住房管理相关领域内工作的人。二级认证相当于英国普通中等教育证书GCSE（A～C级）。

（3）三级认证课程设计可以满足以下人群的需求：住房管理领域内的专业人士，如工程管理与维护人员；希望参与住房管理服务的业主；希望获取专业技能的一线住房管理工作者。三级认证须完成下述课程：房屋及设施设备管理和维护；可持续发展社区；看护及门房服务等。完成三级住房管理资格认证，将成为CIH的合格会员，在名字后面，亦可使用CertCIH的缩写以证明自己的专业身份。

（4）四级认证课程设计可满足以下人群的需求：希望在企业内达到管理层职位的人士；希望在支持性住房管理、学生宿舍管理或普通住宅管理领域内获得高级技能的人士；希望完成CIH专业资格认证第一部分的人士。在一年内，可以完成四级住房管理资格认证，包括住房管理、支持性住房、学生宿舍管理等内容。完成四级资格认证，学员可成为CIH的合作会员并可以在名字后面加上CertCIH的缩写以证明自己的专业身份。

（5）远程教育。CIH建有远程教育中心，帮助学员在不方便脱产学习的情况下学习。远程教育中心每年3月和9月招生，并开设三级和四级的全部课程。远程教育是一种灵活机动的学习方式，学员可以在工作之余学习专业技能，以拓宽个人职业前景。无法选择脱产学习时，远程教育可以提供一个获取专业资格认证的学习机会。开始课程后，学院将设定固定的指导日期，批改学员的作业并给予反馈。

五、英国物业管理与我国物业管理的区别及对我国的启示

（一）区别

英国的物业类型相对单一，尤其是住宅以别墅为主，物业管理相对比较简单，工作重点是解决技术层面的问题。而我国住宅以集合式为主，相邻关系和共有关系复杂，物业服务企业的工作重点是协调公共关系和处理公共事务。

（二）启示

1. 政府对物业管理活动的干预和监督不可或缺

物业管理服务是一种民事活动，但涉及千家万户的利益，因此政府部门必须加大行政监管力度，规范物业管理市场秩序，创造公平的市场环境，保护广大消费者的权益。

英国房屋管理政策规定，业主会议对维修达不成一致意见的，任何一个业主都可以申请政府部门裁决，这样有利于房屋得到及时维修，保障广大业主的权益，也可避免问题议而不决，促使业主提高协商效率。

对于我国目前出现的一些新旧物业服务企业接撤管纠纷、业主内部争议久拖不决等问题，很多地方政府主管部门或采取回避态度，将问题推由业主通过司法途径解决，或想管但束手无策，不仅不利于矛盾的迅速化解，也不利于社区乃至社会的稳定。借鉴英国的做法，政府对物业管理活动的适当干预和监督是必要的。

2. 加大对物业管理从业人员的培训，是提高物业管理服务水平的根本途径

我国物业管理业是拉动国民经济增长、增加就业岗位的一支重要产业力量，在保障房屋的安全合理使用、为业主创造良好的生活工作环境、促进社会稳定方面发挥着积极作用。但我国物业服务企业数量众多，水平参差不齐，要提高物业管理行业的服务水平、减少业主投诉、提高业主满意率，仅靠市场竞争机制是远远不够的，主要原因是当前市场准入门槛低，进入行业后，优胜劣汰的市场竞争机制还不能完全发挥作用。

我国可借鉴英国特许房屋经理学会的培训制度。员工在进入物业管理行业后，要能够接受各种形式、各种内容的终身教育培训，不断学习专业知识，培养服务意识，树立职业道德，提高职业技能，从而为业主提供更加专业的服务。只有这样，才能提升行业的整体服务水平，减少物业管理纠纷，提高业主满意度。

第二节　美国的物业管理

一、美国物业管理概述

物业管理是工业化、城市化的产物。英国是传统物业管理的故乡，美国则是现代物业管理的摇篮。适应跨国经济发展需要的公寓大厦和摩天办公大楼于19世纪末20世纪初在美国大城市迅速拔地而起，成为现代物业管理的催生地。高层建筑物附属设备多、结构复杂，防火、保安、保洁任务比较艰巨。加之摩天大厦的业主通常为数十个甚至数百个，大厦日常管理、服务、维修、养护工作的专业要求和技术要求均大大超出对传统物业管理的要求。

因此，一种适应这种客观要求的专业性物业管理机构应运而生，从而开启了现代物业管理运行的大门。20世纪70年代以来，美国的物业管理逐渐形成了一套包括宏观政策法规、中观行业管理和微观公司物业管理在内的成熟而有效的管理系统，形成了市场化、配套化、专业化、社会化、法制化、契约化、全面化、网络化和安全绿色的管理运行方式，以及引导物业管理活动有序、规范和稳定运作的先进管理理念和管理制度。

美国物业管理的发展已日臻成熟，法规制度比较系统，组织机构稳定，从业人员数量可观、素质较高。这与美国房地产业在整个国民经济中所占的重要地位是分不开的。美国房地产业总值占国民生产总值的10%~15%，全国2/3的有形资产是房地产，其中土地占30.2%、房产约占50%。房地产投资占美国私人投资的一半以上，其中绝大部分是对住宅的投资。全美约有100万人从事与房地产业有关的工作。美国是世界上最发达的国家，综合国力远超其他国家，同时也是市场经济体系最为完善的国家。在这一社会背景下，形成了美国高度专业分工协作的物业管理市场运作体系。

在美国，物业管理作为社会管理事务，主要由业主和企业及行业协会负责，政府基本不予干涉。尽管美国物业管理有效地承担和履行了服务社会的职能，但这并不是美国政府的功劳。美国政府的行政分支中没有物业管理的管理部门，政府的作用是立法和司法。日常的行业管理主要由美国物业管理研究院负责。成立于 1934 年的美国物业管理研究院（IREN）总部位于芝加哥，是美国房地产商协会的下属机构。作为非政府机构和非营利组织，其主要职责包括：①培养物业管理职业队伍，包括培训和鉴定从业人员的资格，颁发注册物业经理（CPM）、注册住房经理（ARM）证书；②制定和执行物业管理行业标准、道德规范，推广新技术、新工艺，维护行业的社会价值；③协助政府部门起草法律、法规；④推介并带领会员向海外开拓市场。

高度职业化的物业管理队伍是美国物业管理的重要特色之一。在美国，任何人要想从事物业管理，均须获得相应的职业资格。这种资格管理主要不是针对企业，而是针对管理者个人。负责资质管理工作的美国物业管理协会在全美有 80 多个分会，主要致力于物业管理从业人员的专业教育培训和职业资格认定工作。目前该协会的伙伴团体及国际会员遍布全球。

二、物业管理从业人员资格及培训

（一）物业经理的职位层次

美国物业经理职位分为三个层次：最高层次是资产经理（asset manager），主要负责地区物业发展战略规划，进行市场调研，确定物业的投资方式；中间层次是物业经理（property manager），主要负责联系相关代理商，拟定物业财务报表，做广告和物业招租等；最低层次是楼宇经理（site/building manager），其职能相当于酒店里的住店经理，负责楼宇的日常管理工作，但一般不与小业主或租户发生联系。

美国物业经理的三个层次如今逐渐压缩为两个层次，资产经理与物业经理逐渐合二为一，而物业经理的一部分职能也逐渐转由楼宇经理负责。

（二）物业管理从业人员资格认定与培训

美国物业管理从业人员资格认定主要由 1933 年成立的全美物业管理协会（IREM）负责。美国物业管理从业人员资格认定分为三种：注册物业经理（certified property manager，CPM），主要是指管理大型居住、商业、零售、工业物业或者综合物业，并且对管理的物业成绩负责的管理者；合格楼宇经理（accredited residential manager，ARM），主要是指管理一些住宅物业，如受政府补助的中低收入者居住的公寓、私房业主的活动或共管协会（相当于我国的业主委员会）、独立家庭住宅或活动住宅庭院，并且负责场所管理的管理者；合格管理公司（accredited manager organization，AMO），主要是指房地产管理公司，或是房地产公司中的物业管理部门。

1. 如何成为一名注册物业经理（CPM）

（1）申请成为 CPM 候选人。CPM 是美国高资格物业管理专业人士的重要标志。

这一职衔是 IREM 授予房地产管理领域中杰出人士的。要想成为 CPM，要先成为 CPM 候选人。候选人条件是：①提交 CPM 候选人申请，申请费用为几百美元，且不予退还；②有高中毕业证书且已到法定年龄；③申请时正在从事物业管理行业，并且至少有 12 个月的合格物业管理经历；④持有物业管理许可，没有许可的要提交违背要求持有的原因；⑤同意物业经理职业道德规程；⑥取得当地 IREM 分会的同意。

获批为 CPM 候选人后，可以在 1~10 年内达到所有要求并被批准成为 CPM 成员。

（2）CPM 的注册。从 CPM 候选人批准成为 CPM 正式成员后，还必须达到 IREM 的要求，成功进行注册。IREM 采取计算分数的方法来注册 CPM。IREM 要求成为 CPM 总共需要 260 分。其中，160 分为规定分，100 分为可选分，并应满足其他要求。具体规定包括：①经过 IREM 物业管理课程培训（可取得 30 规定分，等于 100 可选分）。所有 CPM 候选人可根据自身的特定教育需求确定自己的培训路径。每个候选人至少需要 30 分的 IREM 课程分数及附加分。主要课程包括：物业维护、运营与管理、物业经理的人力资源开发战略、多家庭物业的营销与出租战略、物业经理应了解的财务计算与金融战略、房地资产金融与估价、测评房地资产的性能、撰写与使用物业管理计划等。②取得 CPM 证书考试合格（30 规定分）。所有候选人应通过一项证书考试，才能获得完整的 CPM 职衔。考试的内容为实践经历和课程培训的知识。③撰写一份物业管理计划论文（20 规定分）。撰写人需要准备一份管理计划论文，使 IREM 能够认识候选人从 IREM 所学到的管理制度及候选人的专业经历。候选人依据 IREM 的详细指南自选物业撰写计划。④道德考评（20 规定分）。CPM 候选人需要承诺赞成 CPM 的职业道德，还需要参加并通过 IREM 的道德课程。⑤职业经历要求（60 规定分，等于 100 可选分）。工作经历是 CPM 职衔整体构成所需要的部分。IREM 要求，合格候选人从事物业管理一个月的经历等于 1 规定分，5 年等于 60 规定分。⑥正规大学教育（90 可选分）。大学学位可获得 70 分；大学课程：17 门特定学科中任意学科的每门课程 5 分，每科一门。⑦其他继续教育（等于 100 可选分）。候选人参加并成功地完成其他专业房地产协会的课程，可获得可选分。⑧其他职衔（20 可选分）。候选人拥有任何一项认可的房地产职衔，如 CCIM、PRA、CSM、PCAM 等，即可获得 20 可选分。

2. 如何成为 ARM

合格楼宇经理（ARM）职衔由 IREM 授予管理住宅物业的专家。ARM 主要负责管理出租公寓综合楼、出租活动住宅、出租共管住宅、出租单栋家庭住宅及一居室公寓等。

（1）成为 ARM 的申请者。提出 ARM 申请，并交一定的申请程序费；作为 ARM 申请者，候选人可以保留申请资格 5 年，在此期间内达到所有要求可获得 ARM 资格。

（2）成为 ARM。要成为 ARM，需要满足四个条件：①IREM 教育。候选人需要至少 5 分的 IREM 课程分数。建议课程包括：管理房地产维护运营（2 分）、房地产经理和基本营销与出租知识（2 分）、多家庭物业的营销与出租战略（2 分）、房地产经理的基本预算与会计学知识（2 分）、成功的场所管理（5 分）。②候选人应通过考试，科目包括维护运营、营销与出租、合法与风险管理、人力资源管理、金融操作、道德。③遵守职业道德。候选人要承诺遵守合格楼宇经理的职业道德。④经历。候选人需要至少符合两项经历要求：最低住宅管理要求；不同住宅类型的最低组合。

3. 如何成为合格的管理公司（AMO）

合格的管理公司（AMO）是 IREM 授予物业服务企业的证书。

（1）成为 AMO 的第一步是提出申请，并交纳申请程序费。

（2）如果符合下面的标准，候选公司便可以成为 AMO：①由一位执行 CPM 负责。如果候选公司有一位 CPM 负责房地产经营管理，且在申请 AMO 程序前此人任该职位至少 180 天，则候选公司符合要求。此人即 AMO 公司的执行 CPM。②完成 IREM 教育。候选 AMO 公司的执行 CPM 应完成特定的 IREM 课程，才能达到 AMO 的教育要求。设定这些执行课程是为了增加有工作经验的物业经理的技能。规定课程是房地产管理公司的商业开发战略。可选课程是利用客户期望值来提升房地产管理业务。③道德要求。拥有 AMO 证书的公司必须对遵守道德规章作出职业承诺。申请 AMO 程序，候选的公司及所有雇员需要承诺遵守合格的管理公司的职业道德。④商业稳定性。为展示相关经验与商业稳定性，在申请 AMO 前，候选公司需要已从事房地产管理行业 3 年。在此期间，候选公司受到下列限制：至多一次名称变更；一次或少于一次 50%的公司股权和所有权变更。⑤保险保证。候选 AMO 公司必须满足最低保险要求，即一项保险契约覆盖公司全部雇员和业主，数值上等于公司月毛收入的至少 10%，最低价值 10 000 美元及最高价值 500 000 美元。⑥运营与金融标准。要证明候选公司有高水准的经营与金融水平，申请 AMO 程序时应出具一张不受限制的银行存款支票。而且候选公司管理用的表格，包括给业主的收支财务报表、一份关于公司业务与服务的简要介绍，均应提交作为申请程序的一部分。⑦分办事处名单。AMO 证书应用于公司的主要办事处和公司的每一个运作业务的分办事处。在候选人的 AMO 申请表上，应列出候选人公司的所有分办事处。

（三）美国物业管理职业资格制度对我国的借鉴作用与启示

1. 美国物业管理职业资格制度对我国的借鉴作用

（1）严格的职业资格管理，确保了物业管理从业人员的基本素质。自 IREM 成立以来，美国一直严格把握 ARM 和 CPM 的认证条件，以此控制 ARM 和 CPM 证书的发放数量，尤其是作为物业管理高级管理人员资格的 CPM，认定条件十分严格。在美国高度发达的物业管理体制下，全美仅有 9 000 多名专业人士获得 CPM 证书，他们管理着全美上万亿美元的不动产物业，从而使获得 CPM 资格成为物业管理从业人员的极大荣誉。职业资格制度对确保美国物业管理的水平和质量起着至关重要的作用。

（2）美国的 IREM 是典型的行业性社团组织，它所授予的 CPM 证书是对专业能力的行业认可，不具有国家认可的性质；从业人员申请 CPM 资格没有强制性，并非所有从业人员都必须取得 CPM 证书方能执业。但是否取得相关物业管理职业资格，是社会评判物业管理从业人员及其所在机构是否具备管理能力的重要参考标准。

（3）培训、考试及资格认定（或注册）一体化的管理模式。在美国，无论是 ARM 还是 CPM 资格，其相关的培训课程、证书考试和资格授予均由 IREM 总会或分会负责。

（4）专业技能和职业操守是取得职业资格的必备条件。美国 IREM 详尽复杂的

ARM 和 CPM 资格认定条件，无不建立在教育、经验与道德三大素质的基础上，其中遵守并保证职业道德准则是必备条件，从业人员一旦违反 IREM 的职业道德条款，即会被取消 CPM 资格。

2. 美国物业管理职业资格制度对我国的启示

（1）建立职业资格制度是现阶段物业管理工作的当务之急。新通过的《宪法》修正案明确规定了"公民合法所有的财产不受侵犯"的宪法原则，物业管理权是财产权的有机组成部分，物业管理是公民维护和实现财产权的重要手段。《物业管理条例》明确建立物业管理职业资格制度，不仅有利于提高物业服务水平，最大限度地保护宪法赋予公民的财产权利，而且符合 WTO 商业规则，有利于我国物业管理行业尽快与国际接轨。

（2）建立职业资格制度是解决现阶段物业管理现实问题的有效手段。物业管理是市场化的产物，处于传统计划模式向现代市场模式转型期的我国的物业管理存在专业化、规范化程度低等问题，不少物业服务企业的体制、机制有缺陷，存在管理不规范、服务不到位和乱收费现象，群众对这些问题的投诉上升。许多消费者、部分"两会"代表和专家学者及相关部门呼吁政府加快物业管理法制建设，加大行政监督力度，严格实行市场准入制度。解决这些问题不能完全依靠市场，还需要科学的行业监管。建立职业资格制度，帮助业主选择具备专业能力与职业道德的物业服务企业和管理人员，是一种行之有效的途径。

（3）实事求是地设置职业资格的分级体系、培训课程和考试科目。参照美国的 ARM 和 CPM 资格，我国的物业管理职业资格可分为注册物业管理经理人和物业管理助理经理人两类，两类资格体系形成互为补充且各自独立的系统。注册物业管理经理人实行执业资格管理，物业管理助理经理人实行从业资格管理。经过申请和资格认定，物业管理从业人员可以取得物业管理助理经理人资格，经过一定进修课程的培训，并通过严格的资格考试后，晋升为注册物业管理经理人。在这个思路之下，建议建设部和人事部尽快出台《注册物业管理经理人管理办法》和《注册物业管理经理人考试办法》。同时，加强物业管理专业人员的培训，在培训课程和考试科目的设置上，应在体现我国特色（如集中于几本概括性较强的教材）的基础上，顺应物业管理与资产管理相结合的国际趋势，增加有关资产管理的培训课程和考试内容，以逐步改变我国物业管理行业专业化程度和人员素质比较低的状况。

三、物业管理行业协会的发展情况

19 世纪末，美国的经济得到了迅速发展，伴随着建筑技术的不断进步，一幢幢高楼拔地而起。这些高层建筑物附属设备多、结构复杂，日常维修养护、管理工作量都比较大，要求管理人员具有一定的专业性、技术性。然而，这些建筑物往往不是一个或几个业主所有，谁来管理就成为一个棘手的问题。于是，专业物业管理机构开始出现。

管理人员在管理中遇到了一些令其头疼的问题，如共用部分的使用问题、邻里之间的干扰问题、维修费用的分担问题。芝加哥摩天大楼的业主兼管理者乔治·霍尔特希望与同行交流和探讨，于是举办了一次大型宴会，邀请同行们参加。这次宴会具有历史性的意义，诞生了世界上第一个物业管理行业组织——芝加哥建筑物管理组织（Chicago Building Manager Organization，CBMO）。

1908年，CBMO举行了第一次全国性会议，会议共有75名代表出席。在以后的三年中，CBMO先后在底特律、华盛顿和克利夫兰举行了年会，由此推动成立了第一个全国性的业主组织——建筑物业主组织（Building Owners Organization，BOO）。CBMO和BOO的成立及其积极的工作，推动了美国物业管理的发展。

1933年，全美物业管理协会（IREM）成立。这是美国第一家涉及物业管理的专业协会。IREM成立后做了许多工作，特别是制定了一些行业规范。随着这些行业规范逐渐被业主所接受，其物业管理标准化模式也逐渐在全美推广开来。

1. IREM所确定的基本物业管理功能

IREM确定的基本物业管理功能主要包括：①代理业主对物业进行经营；②编制财务计划和报表；③与客户沟通交流；④实现最大出租率；⑤合法经营；⑥维修保养。

2. IREM确定的物业管理流程

IREM确定的物业管理流程为：①了解客户的各种需求和期望；②了解业主反映的情况；③制订与客户期望一致的计划、文件和方案；④实施有关策略；⑤签订文字协议，促进业主与租户之间的沟通；⑥提供超值的服务；⑦征集并反馈意见；⑧改善服务。

四、美国物业管理的内容

1. 首要任务是物业经营

美国物业管理的首要任务是将物业经营好。因此，IREM的培训总是将物业的促销与租赁放在重要位置。CPM有22.1%的时间用在经营方面，有40%的收入来自物业管理以外的经营活动。物业管理人员更重视房地产市场的变化，致力于使自己管理的物业保持竞争力，保持高出售率/出租率；及时收取物业经营所得，在租户可能逃租时采取果断的措施减少业主的损失；降低经营成本，通过批量购买、固定服务渠道、适时付款等方法取得一切可能的优惠，减少顾客的成本。

2. 日常维修保养依靠专业公司

对于物业的日常维修保养，物业服务企业起的是组织、调度和负最终责任的作用。由于社会分工的发达，大多数物业服务企业并不备有维修养护人员和设备。房屋及其设备设施由专业公司负责；卫生由卫生清洁专业公司负责，一般每周清洁和清运垃圾2次；绿化由绿化专业公司负责，一般绿化人员每周来修剪、杀虫或施肥1次，绿化喷灌基本自动化，定时自动喷水。

3. 保安服务不是物业管理的法定内容，各物业根据管理规约规定而不同

一般物业管理不包括保安，尤其是住宅，基本没有保安。基本原因有三个：一是保安人工费昂贵；二是有保安反而给人不安全的感觉，别人会认为是不安全才请保安的，物业难免贬值；三是技防的普及，技防公司可以提供完善、迅速而又廉价的服务。还有一个原因就是警察和消防队的快速反应。

4. 物业管理一般不设 24 小时值班

办公时间以外发生的紧急情况由政府的 911 办公室处理，物业管理成本大大减少。IREM 的解释是为了减少社会资源消耗，无须在每一处物业都设人等候不太可能发生的事情，政府的一支队伍就可以应付一大片。

五、美国物业管理的发展特点

近年来，美国物业管理的发展有所变化，特别是物业管理组织机构功能的变化。过去物业管理工作看重的是最大出租率，而现在看重的则是增加利润、创造利润。管理组织也从简单功能的组织向以顾客为中心的多元服务组织发展。投资管理模式从固定资产管理模式向企业资产管理方向发展，管理人员从物业管理人向首席执行官（CEO）发展。

（1）物业管理边界在法律上（往往是通过合同和规约来界定）和物理外观上是十分清晰的。

（2）实际工作中，服务的量化指标尽量变小，减少纠纷。例如，有些城市城区的独立住宅的垃圾清运由政府负责，但政府也无法承受大量且无序的垃圾，因此规定每户每次只清运两袋垃圾。若住户由于特殊原因，垃圾增加较多，可以购买特殊标记贴于多余的垃圾袋上，政府聘请的清洁公司才会清运。

（3）物业管理的专业化水平高。物业服务企业只负责与管理有关的职责，管理中的服务行为则由清洁公司、绿化公司、除草公司等专业的公司负责。

（4）地方化的财政政策对政府与私人在物业上的关系起积极的协调作用。特别是物业税的征收，对地方政府财政的支持有非常大的支撑作用，同时，政府又将大量的财政收入投入市政建设和城市管理，干净的街道、良好的治安、优雅的风景，反过来提高了城市的整体居住环境和物业的价值。

此外，美国的物业管理还具有下列特点。

（1）物业管理服务遍及社会各个领域。在美国，物业管理十分普遍，为社会所充分认可，并成为城市建设和管理的一个重要产业。一些有着优秀管理经验的物业服务企业的服务领域，根据社会化需求可以无限扩展，如在美国物业服务企业中排名第一的世邦魏理仕的管理范围延伸到医疗、IT 行业、教育、证券及高科技企业等各类物业。一些物业服务企业在常规的服务内容之外，还提供洗衣、配餐、病人转运及护理等社会服务内容，这就对物业服务企业提出了很高的技能要求，既要具备有效的管理手段，还要具备跨领域、全方位的专业服务能力。

（2）管理细分与专业化。专业化管理是美国物业管理最显著的特点。美国的社会化分工十分明确，如发展商开发楼盘后一般不管理自己开发的物业，因为他们认为房产开发与管理不同，聘请专业的物业服务企业比自行管理的费用低。而且物业管理在美国已经十分专业化，开发商自己成立的物业服务企业很难得到人们的认可。物业服务企业通常只负责整个住宅小区的整体管理，而将管理内容细化后再发包给清洁、保安、设备维修等专业的服务公司。对外招投标手续也相对简单，通常由投标公司自己出方案，由业主根据价位和服务承诺作出选择。

（3）职业化体系完备。美国有一大批精通物业管理的专业化人才，并实行职业经理人制度。职业经理人是指以企业行政为第一要务，接受投资者聘用，根据合同条款，运用杰出的管理和经营手段，使企业发展和获取利润的专门人才。

美国物业管理经理人有三类：第一类是楼宇经理，他们一般不与业主直接发生联系，在总经理不在时，负责楼宇的日常管理；第二类是物业经理，主要负责联系相关代理商、编制物业财务报表、进行物业招租等；第三类是资产经理，负责地区物业战略发展规划，进行市场调研，确定管理物业的整合和取舍。随着物业管理的职业化，物业经理的部分职能转由楼宇经理负责。因此，在美国一个小区的物业管理事务只需要一个职业经理人就能搞定，且这个经理人在某些只租不售的楼盘内还负责租赁事务和资产管理。

随着物业管理经理人职业化的发展，美国物业管理协会也扩展了相应的资质培训和认定，针对大型居住、商业、工业物业和综合物业的管理者，给予注册物业管理经理人的资质认定。注册物业管理经理人需通过一系列考试，包括物业维护运营、人力资源管理、营销与出租、金融操作、资产管理、风险管理等。注册物业管理经理人是房地产管理领域的杰出专业人员，这项资质是成为专业人士的重要标志。

（4）提供优质服务。主要表现在以下几个方面：

① 服务体系严密。尽管有些小型物业服务企业未必部门齐全，但必定功能齐全，有专职人员分别负责会计、保安、工程等工作。小公司无力承担某些项目时，专业公司通常能及时到位。物业管理各部门工作都十分认真，如工程部门会不定期测试火警系统，并及时对电力、暖气等设备进行维修和保养。

② 管理资料齐备。社区的计算机管理系统中，不但有物业服务企业的资料，各种图纸、管线以及业主和租户的资料也非常详尽。为了掌握丰富的资料，提供优质服务，物业服务企业一般在物业开发时即已成立，有的甚至在项目规划时就提前介入，以便在设计时向业主或开发部门就绿化计划、停车位设计等提出合理的建议。

③ 除日常管理工作外，物业服务企业还努力为居民创造舒适且有人情味的居住环境，如在住宅区开设超市、图书馆、餐厅、理发室等。此外，还比较重视增强人与人之间的交流，在社区组织各种各样的活动，如体育比赛、舞会及文艺演出等，使住户之间、住户和管理机构之间有必要的沟通。

④ 对物业管理从业人员素质的要求比较高。在美国，物业管理经理人或工程师需要专门的资格证书，必须大学毕业，还必须接受必要的课程教育，因此虽然公司人员很少，但都有很强的责任心，讲究工作效率。

⑤ 为了使业主和租户放心，物业服务企业往往在物业保险上投入较多。美国现代房屋保险主要有产权保险和房屋保险。其中，产权保险的保险标的是房地产产权，保险费通常按投保物业的价值确定，一般为物业价值的0.075%。房屋保险又分为三种：屋主保险（按物业内外的损害情况赔偿）；住户保险（除了水灾、地震等意外灾害之外的各种赔偿）；地震险（例如，加州地震频繁，此险被政府强制规定购买）。一般的物业管理涉及：火灾险，保险金额为住宅总值的0.151%；台风险，保险金额为住宅总值的1.68%；地震险，保险金额为住宅总值的0.18%；其他险，保险金额为住宅总值的0.021%。按住

房建筑每套 10 万美元计算,则每户每年为 2 032 美元。适当的保险对吸引住户是极为有利的,可以让业主和住户更加放心地选购和租住。

(5) 收费有章可循。美国是典型的合同社会,物业管理收费自然也离不开合同。美国各地物业管理合同对收费的规定往往受所在地区环境、设施和管理方式等的影响,收费标准和收费项目也是十分复杂的。但各地物业管理收费原则上都必须以物业服务企业与业主之间达成的年度预算为基础。物业服务企业的服务性收费主要有两种计算方法:第一种方法是根据物业服务企业与业主达成的年度预算总额的百分比收取。如该年度预算总额度为 10 万美元,则各月平均收取的百分比为 0.83%。如果各月不尽相同,则需分别确定各月的收取率。第二种计算方法是根据利润计算管理费用。这种计算方法可以鼓励物业服务企业在社区内外开展多项经营服务的积极性。

第三节　日本的物业管理

二战以后,日本作为战败国,由美国人对其进行管理,包括楼宇的管理。1952 年,日本人才开始接管部分楼宇管理工作。日本真正意义上的物业管理开始于 1957 年,即日本第一座高层楼宇建成并委托给日本管理公司管理之后。

一、物业管理协会

日本东京大楼管理业协会成立于 1962 年。随着物业管理在全国范围的推广,各地纷纷成立专业物业服务企业,成立一个全国性的行业协会的条件日臻成熟。1966 年,全国大楼管理业协会宣布成立。经过 30 年的发展,到 1996 年,全国大楼管理业协会的会员已达 3 000 多家。1979 年日本高层住宅管理业协会成立,参加该协会有一个条件,就是管理的物业必须有高层住宅,否则只可参加东京大楼管理业协会或全国大楼管理业协会。如果一个物业服务企业管理的物业既有高层住宅,也有其他类型的物业,则这家物业服务企业既可以参加大楼管理业协会,也可以参加高层住宅管理业协会。1996 年,高层住宅管理业协会的会员总数达 334 家,其中正式会员 273 家、赞助会员 61 家。

一般来说,协会主要负责以下几个方面的工作。

(一) 建筑物的保全诊断

建筑物在使用过程中或使用若干年后,物业会逐渐发生一些变化,除了日常定期保养外,还需要制订修缮计划。在制订房屋维修养护计划前,需要先进行诊断。这是协会的一项非常重要的工作。

协会接到管理组合保全诊断要求后,派出专业技术人员对建筑物进行诊断,并向管理组合提供诊断报告书、修缮标准书、工程概算金额书及维修设计书等,以便管理组合能够找出影响建筑物安全使用的问题。

（二）管理业务主任者资格认定

协会负责管理业务主任者资格认定的培训工作。建设大臣要求物业服务企业在派驻楼宇管理业务主任时，应先对其进行上岗前的培训，确保其具有管理该项目的能力。建设大臣把管理业务主任者资格认定事项交由协会负责，包括培训工作。

（三）管理费保证制度

为了保证房屋小业主的利益，协会建立了"保证制度，支援制度"，要参加协会的会员单位首先要与协会签订保证委托契约，承诺遵守协会的有关规定。因管理不善而给小业主造成损失时，协会可先行支付赔偿金。

基本程序如下：

（1）物业服务企业参加协会，作为会员单位，要与协会签订保证委托契约；

（2）物业服务企业接受管理组合的委托，签订管理委托合同，并进行管理；

（3）管理组合对物业服务企业提供的服务不满意，可以要求解除管理委托合同；

（4）管理组合对协会请求，要求赔偿因物业服务企业管理不善而造成的损失；

（5）协会确认确实由于物业服务企业的责任而对业主造成损害的，协会从保证金中预先支付；

（6）协会积极推荐其他会员单位对该物业进行管理；

（7）协会将按赔偿金额向责任方（物业服务企业）追讨已赔偿的费用。

（四）区分所有管理士的认定

在物业管理中常常会遇到许多问题，尤其是技术方面的问题，需要各物业服务企业拥有一些专业技术人才。这些专业技术人才在日本被称为区分所有管理士。

根据《建筑物区分所有法》，区分所有管理士对建筑物的建设规划、设计、管理组合的运行、大规模修缮活动的实施等，可以从专家的角度进行运作。

根据协会《资格审查·认定事业规程》，必须具备一定的专业知识、有一定的技术能力，通过《资格审查·认定事业规程》要求的考试并合格者，方能登记成为区分所有管理士。

（五）协会的活动

1. 调查研究

协会经常会接受政府或企业的委托进行一些调查研究。例如，建筑物管理业综合调查、区分所有建筑物管理受托动向调查、海外管理事项调查等调研报告在政府、行业、企业决策时可以作为参考依据。

2. 教育研修

教育研修是指根据物业管理业的发展对从业人员进行培训。培训的内容包括：

（1）物业管理业务处理等必要知识的培训。

（2）综合能力的培训，如对顾客的分析、顾客投诉的处理、与顾客打交道的方式等。

（3）通信教育。在物业管理业务中，经常要通过书面的方式与客户交往，因此有必要进行通信方面的训练。

（4）月例会。月例会是协会定期组织专家对管理制度、判例、实施问题进行的演讲和讨论。

3. 刊物与教科书

全国大楼管理协会和日本高层住宅管理业协会都有专门的刊物，报道物业管理中的发展现状、遇到的问题、信息的交流等。此外，它们还组织编写培训教材或出版有关物业管理的书籍，以提高物业管理从业人员的业务能力并拓展其视野，对会员单位发挥导向作用。

二、物业管理的特点

（一）超前管理意识

日本物业管理的超前意识不仅体现在物业早期介入方面，而且在物业交付使用前就对房屋和设备设施制订中长期维护保养计划。因为一份好的维修保养计划及其实施可以降低管理成本，所以不要等物业出了问题才去修理。物业服务企业应重视物业的保养和维护。如果重维修轻保养，等物业出了问题再去修，那么维修的费用、更换的部件的费用会大大超过保养的费用。

（二）高度重视清洁工作

在日本，清洁人员必须经培训考试合格方能上岗。在日本整个物业管理活动中，清扫工作占物业管理全部业务量的65.2%、设备管理占14.7%、安保工作占8.7%、其他工作占11.4%，由此可见日本物业管理服务中清扫工作所占的分量。

（三）重视各类人员的培训

日本物业管理从业人员的培训分为三个层次，即社会培训、企业培训和协会培训。一般学历教育由社会承担；企业培训是根据企业发展的需要，进行规章制度、岗位职责、考核等方面的培训；协会则是站在行业的角度，对物业管理发展中存在的问题进行探讨。

第四节　新加坡的物业管理

新加坡是一个土地资源有限的岛国，1959年独立时，因房荒严重，40%的人家住在棚户内。政府为充分利用土地资源，解决住房问题，一方面按土地征用法令规划土地的使用，一方面填土造地，增加土地面积。经过多年努力，到1993年年底，填土总面积26.59平方千米。与此同时，政府从1960年开始执行住宅建设的五年计划，设立建屋发展局，为中低收入家庭提供住房。1964年，作为国策和政纲，又提出了"居者有其屋"计划，鼓励居民逐步拥有（购买）自己的住房。如今87.5%的新加坡公民居住在65万单位组屋内，市中心区的旧房都已改造，人均居住面积已达20~30平方米，是香港的2倍，比日本高出30%以上，居亚洲之首。而且这些居民中的90%居住在自己所拥有的组屋内。

亚洲四小龙之一的新加坡有着"花园城市"的美誉，国民的居住质量很高，这与其高水平的物业管理是分不开的。绿树草坪、繁花似锦、清洁卫生、明朗优美，花园城市新加坡的这些特质，很大程度上得益于它的物业管理工作。卓有成效的物业管理是新加坡人的骄傲。

一、建设资金和物业管理经费

（一）新加坡政府解决住宅建设资金的主要渠道

1. 住房公积金

中央公积金制度是新加坡政府为确保吸收社会资金，实现"居者有其屋"计划而制订的一项强制性储蓄计划。该制度是1955年7月开始建立的，同时还设立了中央公积金局，以保护公积金会员的合法权益，规划和管理使用公积金储蓄的行为。任何一名雇员或受薪者，每月的工资必须扣除一定比例，雇主也需要按雇员或受薪者工资的同样比例，每月拿出一笔钱统一存入中央公积金局。公积金的用途主要有三个方面：其中80%作为日常生活费用，可用于购买住房和付保险费（购买组屋可动用其中的5/6）；12%作为医疗费用；8%作为特别费用，待年老退休后享用。由于公积金储蓄的回报率低于公共住宅价格增长率，大部分居民都选择提取公积金购买公共住宅，以期最大限度地从其储蓄中获得回报，而且政府对公共住宅在市场上再出售也采取了宽松的措施。这种强制性储蓄为政府住房金融活动提供了巨额资金，也使参加公积金储蓄的人能够利用公积金购买住房。如今公积金已成为新加坡国民储蓄的主要部分。

2. 邮政储蓄银行资金

新加坡邮政储蓄银行是政府所有企业。1933年年末，它就有122个支行，总存款额就达62.49亿新元，其中相当部分的资金投资于住宅建设，是建屋发展局间接融资的途径。此外，还有来自住房金融市场20%的直接份额。

3. 国家住宅建设预算资金

建屋发展局住房建设的另一个资金渠道是国家住宅预算资金，享受优厚补助，其中出租住房建设的贷款利率为7.75%，出售住房建设的贷款利率是6%，偿还期分别在10年与60年以上。该资金属基建贷款，是列入政府预算的。1975—1985年，政府对建屋发展局的基建投资从7.18亿新元增加到33.55亿新元，分别占政府开发预算的33%和43%，同时政府用于弥补建屋发展局赤字的数额从600万新元增加到1.21亿新元。这些从政府得到的补贴主要用于低收入家庭和一部分中等收入家庭的购房补贴，其原则是住房越小，补贴比例越高，三居室44%、四居室33%、五居室27%，平均每套住房的补贴约为3万新元。

4. **建房协会和金融公司的住宅资金**

建房协会和金融公司的大部分资金运用于住宅建设,仅 1983 年 6 月其住房建设贷款补偿额就达 10.35 亿新元。

5. **其他银行住宅建设资金**

除邮政储蓄银行以外,到 1982 年年末,新加坡银行机构达 118 家,总资产 1 020 亿新元,1983 年年末的存款达 242.37 亿新元,其中一定比例的资金运用于住宅建设投资,仅 1983 年 6 月份对住房贷款就达 4.25 亿新元。

(二)新加坡建立多元化的投资体制的主要表现

(1)国家投资建设住宅,包括新加坡政府直接投资住宅建设的资金、国家提供的各种住宅补贴,以及提供给个人或建屋发展局的信贷资金等。

(2)金融机构投资建设住宅。邮政储蓄银行及其金融公司等机构除直接投资建设住宅外,还为住宅建设提供大量的低利率贷款。

(3)企业投资建设住宅。企业通过自筹资金或建屋发展局、邮政储蓄银行贷款,从事营利性或非营利性的住宅投资经营活动。这类企业主要是指住宅建设企业及其他房地产开发企业。此外,也有一些私人企业给本企业职工提供住宅补贴,作为一种用于住宅的职工福利。

(4)个人投资建房或购房。主要是个人或家庭用自己的资金或贷款,购买和建造住宅。这类投资一般不以营利为目的,主要是解决自有住宅问题。

此外,合作建房及其他形式的投资建房均为新加坡的住宅建设做出了一定贡献。

(三)物业管理资金的来源

管理资金问题是物业管理面临的最大难题之一,也是管理正常运行的基本保证。新加坡物业管理的资金主要来自以下几个途径。

(1)政府津贴。组屋内的公共设施是城市公用设施的一部分,其正常运行和维护管理由建屋发展局承担。新加坡政府为实施"居者有其屋"计划,每年在政府开发预算中划出一笔资金作为住宅区管理赤字的补贴。

(2)建屋发展局在售屋及租屋的利润中留下一笔费用,作为物业管理资金。

(3)管理费。物业管理费用主要取之于业主或租户,通常按单元收费。管理费一般由以下几个部分组成:①聘用管理员工的薪金及福利补贴等,占管理费总额的 25%~40%;②机电设备、消防系统的维修与保养;③公共设施维修与保养;④组屋内的清洁、保安及庭院绿化管理;⑤公共部位水电费、办公用品等杂费;⑥建屋发展局下设的物业管理处出租商业中心的租金收入及服务收入。

(4)物业管理单位开展便民服务等获得的收入。

二、建屋发展局

建屋发展局成立于 1960 年 2 月,隶属国家发展部,是根据新加坡《建屋与发展法令》组建的政府法定机构，其职能由《建屋与发展法令》《土地征用法令》和《拆置法令》等规定，行使公共住宅区的管理职能、政府组屋建设职能和住房分配职能，其宗旨是协助社区发展和提供标准的、适合国民购买力的住房。具体任务包括：制定住宅发展规划、计划，以及住宅法规、标准；征用土地，拆迁旧屋；负责各住宅区、新市镇的详细规划；接受政府贷款，建造组屋；基本建设项目投资和管理；对外发包或承包工程；房屋出售、出租；住宅区的管理，房屋的养护和维修等。

建屋发展局的主席、副主席和 6 名委员由部长任命，下设行政与财物署、建设发展署、产业土地署、安置署和内部审计署。在全国设 36 个地区办事处，每个办事处一般管理 2～3 个邻区单位（邻区单位又称邻里单位，近似我国统称的居住小区）。地区办事处在业务上接受建设发展署、产业土地属和内部审计署指导。建屋发展局的员工属国家公务员，其中大部分都具备很高的职业素质，级别高、薪水高，以吸收优秀人才，保证廉洁和有效管理。

20 世纪 60 年代中期开始，建屋发展局根据国家总体规划，大力发展综合性的新城——新市镇。每个新市镇有足够的商业区，公建配套齐全。一个新市镇由 5～6 个郊区组成，人口约为 15 万～20 万。每个郊区由 6～7 个小区组成，每个小区包括 7～8 幢高层公寓。新市镇中心设有地铁站、公共汽车换乘站和商业中心。按邻区、小区分级组成住宅群，配置相应的公共服务设施。

建屋发展局作为政府发展商，在实施组屋的开发计划时采取市场经济的办法，如采用承包商注册登记、工程建设招投标、施工现场派驻监理工程师进行监理等方式，保证住宅的优良品质和低廉成本。

三、物业管理机构与管理内容

新加坡的物业管理范围很广，除购房和转销直接向建屋发展局申请外，其他业务都在物业管理单位办理。其业务范围包括：房屋维修与保养；机电（包括电梯、电器等）及消防设备（包括供水、供电系统）的维修保养；商业房屋（小贩中心、购物中心）的租赁服务与管理；出租住宅的租金缴纳与售房期款的收取；公共场所的出租服务与管理；小区停车场的管理；小区环境清洁的实施与管理；园艺及绿化管理；配合治安部门搞好治安工作。此外，还负责介绍居民劳动就业并提供其他方面的服务。

为了加强对组屋的管理，管理部门编写了《住户手册》《住户规约》和《防火须知》等，将搬进新居后应注意的事项及有关知识详尽地告诉住户，以明确住户的权利和义务、物业管理部门的权利和责任等。

（一）对出售、出租后的公共住宅内部装修的管理规定

政府出售的公共组屋的室内通常不装修，住户可根据自己的经济能力和爱好自行维修，但要遵守严格的规定。为减少装修对邻居的干扰，住户在领到钥匙之日起三个月内必须完成装修工程，且此后三年内不得再进行装修。住户装修住宅须向建屋发展局申请装修许可证，然后才可由有建屋发展局颁发的施工执照的承包商装修。工程装修完毕后，

由住宅稽查员进行工程检查验证，并由住户向物业管理部门缴纳一笔建筑材料搬运和废物处理费。

为了保证建筑物的结构完整性、外观统一性和安全性，对室内装修项目也有严格规定。例如，不得改变住宅主体结构；厨房与卫生间的磨石地坪和墙壁面砖在头三年不准更换；不得改变窗户外观；阳台上不许装窗户。此外，对改装电线和电源开关等项目也有严格标准，要求必须符合电器操作规范和电器使用安全的规定。

政府规定所出售的公共组屋从领取钥匙三日起保修一年。住户领取钥匙后限期提出缺损报告，保修期满后，室内设施的修理费由住户自己负责。物业管理部门负责住房的楼梯、电梯、走廊和屋顶等公共部位的维修和保养。

（二）组屋内公共设施的保养

（1）住宅楼的维修。建屋发展局规定每五年对整幢楼房的外墙、公共走廊、楼梯、屋顶及其他公共场所依次进行维修。

（2）电梯的保养与维修。所有住宅楼的电梯都由管理单位例行维修和经常检查。如果电梯发生故障，乘客受困于电梯内，只要按响警铃，5分钟内电梯维修人员就会来进行抢修。

（3）户内水电卫生设备的保养服务。建屋发展局设有热线电话，与各区物业管理单位保持联系，24小时为居民提供服务。各物业管理单位都有维修车，以便及时赶到工作现场。当然，这类维修实行有偿服务。

（4）公共电视天线。每幢住宅楼均设置公共电视天线，为住户服务，以保证良好的收视效果。

（5）公共住宅楼下旷地的管理。新加坡一般高层住宅楼的底层设有围护，是敞开的空间，叫作"楼下旷地"，平日作为老人和儿童的活动场所，居民需要举行婚丧喜事及其他庆祝活动时可以租用，但必须向建屋发展局下设的管理部门申请准用证。

（6）停车场管理。组屋的停车场由组屋管理单位统一管理，并有完善的制度。拥有车辆的住户必须向物业管理单位申请停车季票，每户只准申请一个车位。属于建屋发展局的店铺租户、公共住宅租户和房主有优先获得停车季票的权利。夜间停车必须特别申请，并办理"夜间停车固本"。外来车辆一律按小时收费。此外，停车场还提供洗车服务。

（7）垃圾的处理。为了确保小区整洁，避免有难闻异味，全面推行垃圾袋装化。垃圾必须装入袋内，方可投入垃圾桶，并规定太大和太重的垃圾（箱子、瓶子）实行定期处理，直接送到垃圾站，不许投入垃圾桶。同时，还规定易燃、易爆、易碎物不准投入垃圾桶，以防火防爆，确保安全。

（三）公共住宅的管理与维修服务

公共住宅的管理与维修服务均由建屋发展局负责，在其所属36个区办事处根据管理工作的需要下设若干个业务组，对所管辖的住宅进行管理。1988年5月，住宅管理机构调整，原由建屋发展局管理的公共住宅由新成立的市镇理事会接收。建屋发展局只扮演一个在发展与研究工作方面提供支援性服务的角色。建屋发展局为市镇理事会提供计算机应用系统和 24 小时紧急维修服务。电梯里装有自动拯救系统，此外还装有自动监测系统，侦查电梯失灵和被滥用的情况。

1988 年 5 月，国会通过了成立市镇理事会的法令。市镇理事会负责管理公共住宅，所管辖的地区以政治选区划分，可在单一选区或一组选区内施行。新加坡现有 81 个选区，23 个市镇理事会。市镇理事会是一个法人组织，成员至少 6 位，最多 30 位。选区内国会议员为市镇理事会主席，其他成员由建屋发展局委派或由选区内的住户选举产生。市镇理事会有严密而规范的组织机构与规章制度，主要职责是管制、管理、维持及改善辖区内的公共产业，以及除组屋区的公共场地、商店、市场外的组屋区内部的管理。市镇理事会业务上受建屋发展局的指导，但在实施管理中又具有相对独立性，目的在于加强居民和政府的合作，让更多的居民参加该区的管理工作。市镇理事会的主要宗旨包括：支持、配合、监督物业管理部门搞好住宅区管理；维护业主或住户的合法权益；对公共设施设备的兴建、更新、扩充、改善及房屋的维修等与业主或住户利益有关的事宜作出决策；开展各种有益于住户身心健康的活动。

根据新加坡的长远规划，居住在私人住宅的人口可达总人口的 30%以上。1968 年，新加坡政府颁布了《地契分层法令》。据此，对共管式公寓及其他建筑物，私人业主拥有个别的分层地契。每个单位的购买者对于共有产业都有分享权。法令规定分层单位业主必须依法组建管理理事会，其目的是更有系统、有规划地开展大楼的保养与管理工作。管理机构设立管理基金及备用金。管理基金用于日常的开支，如保险费、清洁费、公用水电费和保安等业主所应缴的费用，具体金额取决于业主所拥有产业的分享价值的高低；备用金则用于较大项目的维修及机械装置的更换。

无论是市镇理事会还是私人住宅的管理理事会，都委托物业服务企业负责日常工作。物业服务企业根据管理范围分设下列部门。

（1）财务组。负责各类费用的收缴、各类计划与统计等，设财务监督、出纳、收租员、打字员、信差。

（2）工程维修组。负责公共设施与设备的维修、房屋的维修与工程预算、业主房屋装修的监督，设高级住宅稽查员、终级住宅稽查员、稽查员、电梯救援员、维修技工。

（3）市场管理组。负责治安与消防安全、车辆保管与管理、各类商业与娱乐等，设高级管理员、市场监督员、停车场监督员、管理员。

（4）环境清洁组。负责环境卫生，设中级清洁管理工、清洁工人和清洁工头。

（5）园艺组。负责园庭绿化，设中级园艺员、园艺员和园艺工头。

（6）服务组。负责综合代办服务、交通运输等，设电话服务员、司机、外勤人员。

（7）文书组。负责行政管理、后勤工作等，设公关助理、速记员、打字员、内勤人员。

此外，物业服务企业还可根据所管辖区域的具体情况设监督部门，监督各类法规执行情况和接受住户的投诉，以提高服务水平和管理水平。

新加坡的物业管理充分体现了服务于人的宗旨,经过多年的努力,新加坡人在基本住房需求获得满足和社会日益富裕的同时,选择组屋的条件也提高了。他们要求更优良的设计和居住环境。为确保组屋的供求得到更好的匹配,1989年7月建屋发展局实施定购组屋制度,按照组屋的需求量兴建组屋。为了缩短新旧组屋区的差距,政府通过建屋局实施了一项长期的旧屋翻新计划。

复习思考题

1. 简述英国的物业管理的特点。
2. 美国的物业管理的主要内容有哪些?简述美国的物业管理的发展特点。
3. 简述 IREM 所确定的物业管理流程。
4. 简述日本的物业管理的特点。
5. 了解新加坡的物业管理的基本情况。

自测题

第九章

未来的物业管理

我国物业管理是随着社会发展而派生出来的新兴的服务性行业，从 1981 年内地第一家物业管理公司——深圳市物业管理公司诞生伊始便显示了强大的生命力。进入 21 世纪，我国物业管理行业正从幼稚走向成熟，并像其他所有行业一样向着现代企业制度方向前进。在这一过程中，未来的物业服务企业也必将向规模化、法制化、专业化和品牌化的方向发展。

一、区域化物业管理

区域化物业管理就是利用城市管理理论、系统论及可持续发展理论，对辖区物业实行综合管理。它是以市政社区规划为基础，条块结合，组合成若干适度区域，使之成为能全面推行物业管理的小区，如深圳的华侨城片区、新洲片区、东门商业区、华强北商业区等。

随着社会的不断进步，城市功能划分越来越细，小政府、大社会的发展趋势越来越明显。政府为简化办事程序，从具体事务中抽身出来制定宏观政策，将部分服务职能转给社区和企业承担，因此区域化物业管理的优势将逐渐显现。

区域化物业管理与单一物业管理有很多差异。后者是单一专业型，前者则是综合网络型。任何单一物业都与其周边环境、公共市政、公用事业、配套设施有着必然的联系，从这个意义上说，单一物业管理是区域化物业管理的组成部分。区域化物业管理更贴近城市管理的核心，而且具有社会职能和企业职能的双重性，如区域化物业服务企业必然会承担相当的社会责任，直接介入和参与政府组织的相关活动。区域化物业管理最大的特点是辖区集中成片，具有一定的规模，服务的内容和对象比较广泛，配套齐全，软件建设思路明晰，有利于企业倡导以人为本，便于合理处理城区建设与可持续发展的关系，有机、有效、合理地配置资源，并不断回报社会，从而促进物业管理在可持续发展理论指导下健康、稳步发展。

区域化物业服务企业会根据区域（片区）物业管理的需要，科学、合理地对区域内辅助配套设施进行规划，最大限度地避免日后维修造成的不必要浪费，为后续管理打好基础。同时，区域化物业管理要求把区域内分散的物业集中起来进行集约化管理，但这并不等同于搞区域垄断经营和管理，而是要实现整个区域的资源共享、优势互补、共同发展，资源的优化组合与专业化管理和规模化经营相结合。

区域化物业管理具有比单一物业管理更多的优势。首先，区域化物业管理有利于社区的综合管理，人们的日常生活和工作可以通过区域化物业管理单位提供的全方位服务实现；其次，区域化物业管理还有利于社区的治安管理。物业服务企业处于社区管理的第一线，对在辖区内工作、生活的业主比较熟悉，对预防犯罪、维护治安有着积极重要的作用；再次，区域化物业管理有利于社区整体环境的治理和建设，从区域化大环境的角度综合考虑生态环境与人文环境的治理、建设、保护，这样起点高、效益好；最后，区域化物业管理可以大大降低物业服务企业的管理成本。区域化物业管理的规模、容量都远高于单一物业管理，可以做到资源共享，降低物业服务企业的管理成本，实现经济效益、社会效益、环境效益的"三丰收"，为企业规模化发展提供可靠的物质保障。

二、规模化经营

物业管理的规模化经营早就是业内人士谈论的热点问题，新世纪的物业管理规模化经营就是物业服务企业充分利用自身资源，最大限度地扩大管理面积和管理领域（当然这个最大限度不是无节制的，而是根据自身的实际情况），科学地确立自身的管理成本和经营目标，在适度界定的市场竞争中最大化地占有市场份额。

当然，物业服务企业的规模化经营并不是指简单的扩大再生产，从企业追求效益最大化的经营行为来说，规模化经营还要充分考虑其投入产出比，也就是随着投入的增加、规模的扩大，其单位投入增量所产出的效益应逐渐增加，这才是我们所追求的真正意义上的规模经济效益。由此可见，规模化经营能降低物业服务企业的成本，充分利用有限资源获取更多的经济效益。扩大市场份额占有率、实现规模化经营是现代物业服务企业发展壮大的不变主题。

目前，无资质等级、小而全的物业服务企业较多，许多房地产开发商为了肥水不流外人田，自己成立物业服务企业管理所开发的楼盘，但由于面积较小，造成大量重复投资及资源浪费。显然，这种状况不利于物业管理行业的整体进步。由于这些企业服务不规范，也使本应享受正常服务的业主（住户）的利益受到损害，业主投诉较多，极大地影响了行业的整体形象。从长远来看，为了促进行业健康发展，这些小物业服务企业宜通过兼并重组，实现生产要素的优化组合，共享资金、技术、材料、劳动力等企业资源。通过企业整合，形成产业规模，促进行业健康发展。规模化经营也可以推动这些要素的流动和优化组合，促进行业的共同发展。

在新的世纪里，物业管理市场的竞争必将呈现越来越激烈的态势。国内物业管理市场的巨大潜力吸引了众多有实力的公司，不少知名品牌的物业服务企业将打入外埠抢占市场作为发展目标。一段时间以来，物业管理市场呈现"四海伐鼓雪海涌、三军大呼阴山动"的局面。但我们也应意识到，任何一家物业服务企业要到异地发展都面临一定的难度。在占领外埠市场的初期阶段，对当地政策法规的熟悉需要一个过程，在这一过程中，企业会出现"水土不服"以及由于管理链拉长而导致管理成本增加、管理效率下降的现象。同时，外埠物业管理市场可能由于消费意识不够、收费标准较低，造成管理过程中矛盾多、风险大，稍不留神便会出现投资亏损、损害企业品牌形象等一系列问题。

这些问题一直困扰着进军外埠市场的物业服务企业，使其在进军外埠之初，很难因规模的扩大而取得较好的经济效益。对此，任何一家进军外埠的物业服务企业都必须有足够的认识和思想准备，摒弃急功近利的想法，潜下心来为真正在外埠市场站稳脚跟做准备。

物业服务企业进军外埠市场的初期阶段，正是其与本土化磨合的关键时期，也是传播自己品牌，使之具有"本土化"的必由之路。只要物业服务企业坚持"服务第一"的指导思想，把自身积累的经验和沉淀的理论充分运用于物业管理的实际工作中，终将得到当地市场的认可。

三、专业分工细化

随着社会的不断进步，城市发展水平会越来越高，城市功能划分将越来越细，对物业的日常管理维护保养的要求也会越来越高。物业服务企业将起到统一组织、调度和资源整合与分配的作用。

物业服务企业如果一味追求小而全，过分地添置各种专业设备及相关专业人员，必将大大增加管理成本和自身负担，而且这些专业设备无法充分发挥潜在的使用价值，会造成大量的资源浪费，这不符合资源共享、集约经营的原则。相反，组织专业公司为业主服务则可以极大地避免这些矛盾。例如，房屋维护与保养请专业公司，它们可以科学规范地制订详细的维护保养计划，达到理想的维护保养效果，大大减少物业服务企业的工作量；卫生由专业的清洁公司负责；绿化由专业的绿化公司承担，绿化人员每周来修剪、杀虫和施肥、灌溉等；保安由专业公司负责，由其按照规范成片的现代化管理方式运作，可以加强小区（大厦）的治安防范能力，提高业主的安全感和舒适感。

专业化管理可以提高物业管理人员的职业化水平。目前的物业管理人才培训还不是以职业化为目的，只是物业管理的普及教育，而不是职业化队伍的培养。随着物业管理专业化时代的到来，物业管理从业人员必须经过专业化培训才能持证上岗，以有效地组织、协调和指挥各专业公司规范化地工作，最终使物业管理真正成为千家万户信任、依赖的具有一定社会地位的行业。

随着社会生产力的不断提高，业主对物业管理服务的要求日益升级，维权意识不断强化，围绕物业管理的专业服务和专业公司不断成长壮大，物业管理相关专业服务的专业公司直接或间接介入物业管理服务的范围越来越大，影响力不断提高，甚至已出现了业主直接聘请专业公司实施物业管理服务的个案。物业服务企业也逐步摒弃了"大而全、小而全"的作业模式，普遍采用专业分包的操作方式。

我国物业管理行业正在逐步走向成熟，呈现了一些行业发展的规律性的趋势，物业服务企业要善于把握、顺应、利用这些趋势，谋取更大的生存发展空间，打造企业品牌。实际上很多外资物业服务企业将清洁、绿化、保安以及电梯、冷冻机组、消防系统等关键设备或专业性较强的设备设施的维护保养外包给专业公司。而国内的一些物业服务企业也将原来自行雇佣的保洁、保安、工程维修等分离出去，成立了专业公司，一方面为企业管理的楼盘提供专业服务，另一方面它们自己也走向市场。"外包"可以带来以下好处：降低运作成本；加强专业性，提高服务质量；便于管理；反应快速、灵活。

现代建筑越来越复杂，专业化程度越来越高，因此对技术难度大、专业性强的设备均应采用外包的形式，如电梯、中央空调机组、消防报警主机等均通过招标委托专业公司进行维护保养，而对技术难度不大的供电、供水、一般机电设备、装饰维护等则由物业服务企业完成，市场发育较成熟的清洁卫生、绿化养护等也会外包出去。这样不但节约了管理成本，也提高了效率和服务质量，并改善了形象。

管理者在外包业务时，应努力与承包商建立一种长期合作、共同发展的伙伴关系。这种关系的好处是：相互信任，以发展的眼光看待合作，避免或减少短期行为可能产生的各种纠纷或投诉；双方可以将精力投入最终的服务质量上（进一步提高服务水准）；有关的运作成本可以降低（规模效应）；更有利于品质管理。当然，这样做的前提是管理者必须先找到合适的承包商或供应商，还要有充分健全的市场机制。

四、产业结构由单一向多元化发展

作为一个新兴行业，我国物业管理在成长的过程中受到了各种因素的制约，因而未能全力舒展。行业主体的单一性使消费者所接受的服务范围受到了限制，行业客体的单一性则把更广大的消费群体拒之门外。

（1）产业主体单一。物业服务企业的出身和物业管理行业的"开放式"特性，使企业在运作模式、方法上互相抄袭与模仿，呈现出惊人的相似性；重复的、小而全的物业产业队伍结构造成了极大的资源浪费。

（2）产业客体单一。物业管理的本质是管理物业。很长一段时间，住宅物业一直是物业管理的唯一客体。这极大限制了一个产业应包容的丰富内涵，也不能最充分地阐释物业管理的概念。

（3）服务对象单一。从地域上看，物业管理因社会大环境因素的限制而仅局限于发达城市。一个成熟的产业应该未雨绸缪、早作打算，物业管理行业真正的前途是深入发展到千家万户的百姓生活中去。

（4）行业内容单一。物业管理行业拒绝与其他行业充分地互相交融，未能与各行业紧密结合、良性互动。直到20世纪末期，物业管理才概念化地与网络进行了"第一次亲密接触"，而如何借助网络或其他行业技术、理念，创造性地提升物业管理的内涵或本质，还是一个有待深入研究的课题。

多元化的产业结构是物业管理未来发展的必然趋势，21世纪我国的物业管理产业将在以下几个方面取得突破。

1. 大物业概念

物业管理将不再局限于住宅物业，甚至不再局限于建筑物业，而是在更广泛的意义上进行诠释。

（1）地域结构。目前的物业管理区域已呈现这一趋势，即从沿海向内地扩展，从中心发达城市向周边欠发达地区辐射。首先覆盖全国的大中城市，随着我国社会的全面进步而最终覆盖全国所有城镇甚至乡村。

（2）产权结构。产权结构将从多元化产权向单一产权过渡，最终形成多元产权结构和单一产权结构并存的局面。住宅区物业是典型的多元产权结构，而企业自建办公楼、宿舍区、矿山、林场则属单一产权结构。

（3）物业类型。物业服务企业所接管的物业类型已从最初的单一住宅区物业扩展到工业区、商业区、写字楼、政府机关、医院、学校等。但仍有许多待开发的领域，如宾馆、酒楼、娱乐场所、市政设施、街道、机场、码头、广场、矿山、山林、湖泊、旅游区、发达农村（如深圳南岭村、浙江华富村）等。

（4）边缘行业。物业管理的核心虽然是管理物业，但应尽量拓展空间，丰富物业管理的内涵。物业管理产业应与房地产业的租赁和销售、社区内的商品零售业和信息产业、金融保险业、旅游业、物流业、教育业等诸多产业充分联合交流，构筑合理的多链条式物业管理产业结构，使物业管理产业能够产生最大的社会效益和经济效益。

2. 兼并重组

目前小而乱、乱而杂的行业主体结构，必将通过联合重组、自然淘汰等形式得到调整、完善和巩固，同时实现综合规模效益。

（1）品牌化。少数知名品牌将依据强有力的竞争力占据较大的市场份额，这一不争的事实将促使物业服务企业更加注重品牌铸造。国家政府部门也将着力打造名牌物业服务企业。物业管理市场将出现区域性品牌和全国性品牌共存的局面。

（2）集约化。通过兼并、收购、联合、改造、改组等多种方式促进企业间的重组，推进企业规模化与集约化经营。全新的物业"航空母舰"将集多种边缘产业于一身，引领我国物业管理产业的航程。

五、从管理物业到经营物业

随着社会分工的精细化，物业管理已成为一个专门的行业，而物业服务企业已成为独立的企业。既然是企业，就应该有企业的投入、产出和利润，否则企业就不能生存和发展。

有些企业受旧有体制影响，认为物业管理是原有企业的附属后勤部分，是只会花钱的赔钱部门，从而导致一些物业服务企业或艰难经营，或伸手向母公司要补贴。更多的物业服务企业把自己的职责局限于环境卫生、治安消防、设备维修、物业收费等事务中，这些都仅是物业管理的外在形式，而不是其真正内涵。物业管理不仅是通过卫生、保安和维修等达到令居住者或使用者感觉安全舒适的目标，其更大的目标是要给所服务的物业项目一个市场定位，使其成为产生价值的一种存在，即可以用经济价值来衡量的升值产品。如果物业项目定位不准确，则所有的物业管理工作都将事倍功半，无法充分提升物业的经济价值。

一个物业项目的升值不能简单地依靠房屋结构、设备设施等建筑因素，更需要后期物业项目功能的充分开发利用和服务的到位，而物业项目的后期工作恰恰是物业服务企业大有可为的地方。

物业服务企业和房地产开发商属于不同的业态：一个是高风险、高投入、高回报；另一个则正好相反。有的开发商盖楼仅仅是为了卖掉，属项目型；有的则是置业型，建楼主要是为了长期经营。目前大多数开发商属前者，快速进入，轻松撤退，只要卖掉，万事大吉。即使是置业型的开发商，在前期筹备和初期经营时，由于缺乏经验和专业人员队伍，也会担心因为摸不清市场行情而亏损。因此，一些开发商希望物业服务企业在进行物业管理的同时，也能进行经营管理，从而给物业服务企业提供了一个可充分操作的空间。由于物业项目不同、楼宇内涵不同，客户群会不同，需求也就不一样，物业服务企业不断满足客户的需求，自身亦可获得收益。当然，如何从管理物业到经营物业，如何选取二者的最佳结合点，是需要认真研究的。既不能因运转困难，全力搞其他经营，造成物业服务质量下降，也不能只顾日常作业，不搞创新而白白浪费物业项目中的大好资源。正确的做法是在不断提高物业管理服务水平、不断创新增加服务项目的同时开展经营创利活动。

从物业服务企业在管项目整体来看，除少数甲类项目获利较高以外，多数项目微利、无利，个别项目甚至面临亏损。按照有关管理规定，物业服务企业所获酬金仅占所收物业费的 8%～12%，而且必须确保收得上来，还要保证正常运转，才能获得微利。因此，物业服务企业应该广开思路，适应市场的需要及开发商的需求，由管理物业到经营物业兼容并行。

六、物业管理市场法制化、规范化

物业管理起步之初是作为房地产业一种服务手段的衍生物，各种运作规则也是从房地产业照抄而来的。"谁开发谁管理"、违规入场、恶性竞争、建管脱节、法规不健全等问题随着物业管理市场的不断发展逐渐显露出来。

物业管理市场伴随着行业大环境的改善将变得更具理性，物业管理服务的商品属性将逐渐得到更彻底的体现，物业管理市场的运作规则正在向科学化、系统化的方向发展和完善。

21 世纪也是我国物业管理全面进行依法管理的新时期，国务院《物业管理条例》及相配套的《前期物业管理招投标管理暂行办法》《业主大会规程》《物业管理服务收费管理办法》《物业服务收费明码标价规定》《管理规约（示范文本）》《前期物业服务合同（示范文本）》《普通住宅小区物业管理服务等级标准（试行）》等物业管理法规、规章及标准的相继出台，不仅标志着我国物业管理进入了依法管理的新时期，而且为各地制定物业管理法规、规章、规范性文件提供了依据。《物业管理条例》的贯彻和各地地方立法的完善，必将为物业管理行业的发展提供强有力的制度保障。这些政策、法规、规章及办法的制定与实施，促使物业服务企业按照较为完善的市场规则依法管理和运作，对引导、规范、促进起到了重要的保障作用。

同时，一些理论专著的相继出版也为物业管理行业的发展提供了强有力的理论基础。理论是实践的基础和先导，没有科学的理论，难以指导实践的突破和发展。随着国家和地方的新一轮物业管理法规的完善和进一步渗透，以及理论研究高潮的兴起，必然会使物业管理向着法制化、规范化的方向发展，物业管理行业也将更加稳定和健康。

我国物业管理法律政策的框架体系是在没有国家大法的情况下，由为数不多的行业性、地方性法规政策组成的不完整结构。未来的发展趋势将是在对合理存在的"不合理状况"进行不断完善和修订的过程中，走向理想的"法治境界"。

完善的物业管理法律体系是在与国家已经颁布实施的其他法律、法规相互衔接和协调的前提下，由不同层次、不同类型的法律规范组成的有机整体，并成为国家法律体系必不可少的分支。完善的物业管理法律体系要覆盖物业管理行业的各个领域，使物业管理的各项活动均有法可依。所有物业管理法规的建立，必须遵循权利和义务对等的原则，必须符合我国国情且具有实用性，同时又要与国际接轨，以利于加入WTO后对市场环境的适应。物业管理法规不仅要保护行业的健康发展，更要最大限度地保护最大多数人民的利益。每一位物业使用人和物业管理人的正当权益均不受侵犯，一切活动均在公平、公正的原则下进行。物业管理法律体系如同2021年1月1日实施的《中华人民共和国民法典》一样，将成为广大民众最为熟悉的法律之一，并因为与人们的生活息息相关，也将是最普及、使用频率最高的法律之一。

七、物业管理品牌化

随着物业服务企业的规模化经营和法制化建设的逐步完善，以及加入WTO后我国物业管理市场的全面开放，合资和独资的国外物业服务企业逐步进军我国物业管理市场，市场竞争将更为激烈。同时，国内物业服务企业也将走出国门，面向世界。而要在竞争中获得一席之地，必然要靠物业服务企业自身的核心竞争力。

21世纪是全球经济一体化的时代，市场运营的主体已经从"企业"让位于"品牌"。品牌不仅关系企业的兴衰，而且代表企业的形象，对于企业参与市场竞争，并在激烈的市场竞争中立于不败之地至关重要。品牌是市场中最具决定性的要素，是无形资产，也是企业的核心竞争力。物业品牌是物业服务企业经济实力、科技水平、管理水平、服务水平、服务理念和企业文化的综合反映。

近些年，一些智能化程度高、技术含量高、功能完善齐全、设备设施先进，而且物业管理的回报率高的物业服务被一些品牌物业服务企业所抢占。它们之所以瞄准这些高端物业，不仅是因为它们在这些领域有其专长，更重要的是它们看好这些物业所带来的丰厚回报。尤其是在目前国内普通住宅区物业服务收费标准低、收费率低的情况下，越来越多的物业服务企业，特别是品牌物业服务企业把高端物业作为必争的目标。它们能这样做靠的就是品牌和专业。品牌企业的优势在市场竞争中得到了充分的体现，大量物业管理项目被品牌企业夺走，使越来越多的企业把实施品牌战略作为走向市场的重头戏，使物业管理行业打造品牌、发展品牌的势头更加强劲。

随着物业管理市场的逐步形成、市场竞争的日趋激烈，将品牌形象观念引入物业服务企业，倡导"以名牌闯天下，以质量取天下，以服务守天下"的品牌战略，对物业服务企业、业主、开发商和整个行业的发展都具有重要意义。

对物业服务企业来说，品牌是一种无形资产，是企业的"招牌"。良好的品牌和公众形象能够向业主传达企业的价值观、文化精神，凭借品牌强大的发散力和文化力，吸引更多的业主认同企业，获取其更大的信任，从而在激烈的市场竞争中占据主动，先人一步抢占市场份额，成为企业赢得市场的利刃。可以说，谁能使企业品牌成为业主认可的驰名品牌，谁就能掌握市场竞争的主动权。此外，具有良好品牌的物业服务企业在资金、设备等方面通常实力较强，有能力针对不同业主提供有特色的、优质的服务，并能采用灵活多样的定价策略，扩展企业的盈利空间。

对业主来说，物业服务企业的品牌意味着有保证、有水准的服务质量和可接受的收费水平，业主当然会首选口碑好、品牌形象好的物业服务企业为自己服务。开发商也会选择有品牌的物业服务企业参与前期介入，这类物业服务企业大多具有丰富的经验，可以从业主及方便日后管理的角度，对物业的规划设计提出建设性意见，减少建设阶段的缺憾或隐患。而且在日后售房时，品牌好的物业服务企业也可以成为开发商招揽购房者的一大卖点，良好的品牌有助于弥补与完善开发商的信誉和形象，使物业更具吸引力，从而极大地促进物业的销售。

对整个物业管理行业来说，通过品牌竞争可以优胜劣汰，培育物业管理名牌企业，以典范效应带动整个行业健康发展；此外，运用市场整合原理，名牌企业强有力的吸附效应可以促进企业间的合作与兼并，形成规模效应，推动行业规范化、集约化、市场化、有序化发展。

因此，物业服务企业在创新过程中必须树立品牌形象观念，精心谋划和打造自己的品牌。一方面，为业主提供优质的服务，以过硬的服务质量与可靠的信誉赢得业主的好感和认同，使品牌的内在价值符合业主的实际利益和需要，通过业主形成的口碑效应进一步传播品牌；另一方面，利用品牌设计、形象塑造等手段，通过各种媒介与宣传方式提高品牌知名度和美誉度，提升品牌价值，创造名牌企业。

八、物业管理技术含量逐步提高

随着科技的高速发展以及人们观念与需求的不断变化，房地产开发和建筑设计单位在开发与设计中日益重视物业的智能化、舒适化和专业化。无论是商业楼宇还是住宅小区，其硬件设施都向智能化方向发展，尤其是人们对电子商务、信息高速公路需求的急速增加，导致了相关设施的增加。同时，人们也越来越重视物业的质量及服务。

随着服务业及科技的发展，现代建筑特别是高档写字楼或大型公建的专业化程度越来越高。例如，IT产业对通信有极高的需要。现代高层综合楼宇的设备相当复杂，除供电供水系统外，通常还有楼宇自动化（BA）、通信自动化（CA）、办公自动化（OA）、防火自动化（FA）、安全保卫自动化（SA）等系统，以及停车场收费系统、宽频网络及弱电系统、中央空调系统等。国内传统的物业管理是依靠非专业人员提供服务，靠自组维修队伍进行的维护工作显然无法达到现代建筑物业管理的要求，也不符合经济效益的原则。

物业管理发展历程的早期特征之一是服务手段落后，表现为劳动高度密集、服务效率低下。以信息化社区服务和智能化物业为主要特征的高度发达的物业管理服务将使业主充分享受生活、企业获得最大利润、社会全面发展进步。信息化手段不仅是一个概念，而且涵盖了物业管理智能化、电子商务系统开发等多项功能，能最大限度地满足业主的各项生活与工作、娱乐需求，更重要的是，在为消费者带来最大收益的同时，也为企业打开了庞大而诱人的利润空间。与信息化社区紧密相关的智能化物业是建设信息化社区必不可少的硬件基础设施，物业自身的智能化也将最大限度地节约资源、方便使用者。

物业管理的各项服务内容均由相对应的专业公司提供专业服务，如专业设备维修公司、专业电梯工程公司、专业保洁公司、专业保安公司、专业家政代理公司等。专业化分工使各项服务内容趋于极致，使成本费用降至最低，让消费者、物业服务企业、专业公司都成为赢家。

高科技和专业化服务的普及，将使对服务的评价变得更及时、客观和公正。消费者通过信息化系统迅速地将意见反馈给物业服务企业、专业公司，直至政府。物业服务企业因专业公司的介入而能抽出身来，站在专业公司与消费者之间对服务作出客观评价。良性的互动和评价机制会使服务更加完美，而最大的受益者将是消费者。

物业管理服务手段在转型期间的衍变关键在于：①加快建立人才培养良性机制。我国尚未形成物业管理的职业化队伍，既缺乏有效的培训基地，又没有对物业管理职业人员的科学认证体系。因此，应先设定教育课程，并建立对行业专门人才的认定程序，如高级物业管理师职称的评定。②及早投入智能化物业管理研究和实践，这是信息时代物业管理行业迟早要走的道路，也是今后评判物业管理发展好坏的重要标准。③迅速组建专业化服务队伍。社会上的保洁、绿化等专业公司已基本成熟，但专业设备维修公司、专业家政代理公司、专业物业信息发布中心等尚处于起步阶段。因此，政府应着力引导，企业应积极参与，共同培育"专、精、特、新"的专业公司市场，为物业管理专业化时代的到来做好充分的准备。

九、物业管理理论研究逐步深入

物业管理在我国发展不过 40 年的时间，就全国而言，一般省会级城市是在 1995 年以后才开始推行物业管理的，其他城市推行物业管理的时间则更迟。因此，真正在全国范围内大规模推行物业管理只是近些年的事。目前我国物业管理理论研究相对滞后，物业管理理论体系尚未完全建立。物业管理理论研究落后于实践的发展已成为制约物业管理发展的重要因素之一，因此加强物业管理的理论研究显得非常重要和迫切。

物业管理是一门人文科学与自然科学交叉的学科，与其他自然学科和人文学科相比，理论研究成果更易于运用到实践中，并很快转化为现实的生产力，使物业管理水平得到提高。

首先，物业管理立法需要理论指导。法律是在实践运作和理论研究的基础上制定的。因为我国物业管理基础理论研究薄弱，物业管理立法缺乏相应的理论支持和依据，从而使物业管理立法工作难以开展。而物业管理立法又是物业管理健康、快速发展的重要保证。因此，目前我国物业管理的立法迫切需要物业管理理论研究的支持。

其次，物业管理实践运作需要理论指导。理论来源于实践，高于实践，并对实践有指导作用。没有理论指导，实践就缺乏明确的方向，行业整体水平也难以发展到一定的高度。目前，我国物业管理理论研究较为薄弱，使物业管理在实践运作过程中遇到的诸多问题难以解决，影响了物业管理的整体发展。物业管理理论研究成果不仅对整个行业的发展有极大的指导和推动作用，而且能够帮助解决物业服务企业在实践中遇到的问题。

在现代社会，口碑不再是信息传播的主要途径，取而代之的是各种新闻媒介的传播。在知识经济和信息时代，物业管理的一些专著、论文被传媒快速地传播到相关行业，起到了比广告更显著的效果。物业服务企业丰硕的理论研究成果能使企业形成一定的知名度，在行业中积累一定的权威，即物业管理理论研究有助于企业形成品牌效应，而物业服务企业品牌效应的形成又促进了物业服务企业的发展。物业服务企业应致力于物业管理理论的研究和推广，以物业管理为主业，以物业管理理论研究和物业管理文化产业为两翼支撑，全面探索物业管理发展的新模式。

理论研究能使物业服务企业在较高的起点上向前发展。一些公司的成功经验，又让其他企业进一步认识到物业管理理论研究对物业服务企业发展的重要性。因此，在知识经济时代，在物业管理行业日益规范化运作、物业管理品牌时代到来之际，物业管理的理论研究不仅是物业服务企业发展的强大动力，更是物业服务企业发展的制高点。

十、物业管理人才培养体系科学化

物业管理行业作为一个相对独立的产业经过40年的探索和实践，取得了辉煌的成就。但随着专业化、社会化的物业管理服务需求的不断增长，市场的逐步细分，物业服务企业之间竞争的日益激烈，物业服务企业面临严峻的挑战。

目前我国物业管理行业正得到前所未有的发展，物业管理市场的需求将增加，进入物业管理的物业规模和物业种类也将增多。随之而来，人才市场将出现高级物业管理人才供不应求的现象。行业的发展迫切呼唤综合素质强、专业水平高，能够站在更高角度审视物业管理行业，带领物业服务企业在市场经济大潮中拼搏进取，不断取得发展和进步的物业管理专业精英人才。

物业管理服务从本质上说是人才的竞争。拥有高素质具备专业知识的员工，才有可能提供优质的服务，满足客户的需要。物业服务企业人才的多少、人才素质的高低是企业发展的关键。人才优势是企业竞争力最重要的标志，是企业发展的重要保障。未来的企业要通过各种手段造就一支年轻化、知识化、专业化、政治过硬、思想活跃、开拓创新的管理队伍。

随着物业管理的快速发展、高档物业市场的不断扩大，只有具备专业背景、知识面广、理论基础扎实、沟通协调能力强、熟悉相关法律法规的人才，才能适应智能化、网络化、信息化等高质量物业管理服务的要求，而只有立体化的教育才能培养高素质的、适应市场需求的人才。

复习思考题

1. 简述区域化物业管理的内涵。

2. 简述物业管理规模化经营的含义。
3. 结合实际，简要阐述未来物业管理的发展趋势。

自测题

参考文献

[1] 田禹，刘德明. 物业管理概论[M]. 北京：清华大学出版社，2019.
[2] 安静，程存峰. 物业管理基础[M]. 北京：中国劳动保障出版社，2014.
[3] 李斌. 物业管理理论与实务：第2版[M]. 上海：复旦大学出版社，2012.
[4] 周建华，马光红. 物业管理[M]. 北京：中国电力出版社，2019.
[5] 陈德豪，黄蕾. 物业经营管理[M]. 北京：中国建筑工业出版社，2020.
[6] 张作祥，党志宏，张辉. 物业管理实务：第3版[M]. 北京：清华大学出版社，2014.
[7] 谭善勇，郭立. 物业管理理论与实务：第2版[M]. 北京：机械工业出版社，2019.
[8] 龙正哲. 物业管理实务[M]. 北京：北京理工大学出版社，2020.
[9] 全福泉. 物业管理理论与实务[M]. 北京：化学工业出版社，2010.
[10] 戴玉林，王穗玲，汪启东. 商业物业的物业服务与经营[M]. 北京：化学工业出版社，2019.
[11] 张雪玉. 物业经营管理[M]. 北京：中国建筑工业出版社，2019.
[12] 臧炜彤，崔琦，刘薇，等. 物业管理概论[M]. 北京：化学工业出版社，2017.
[13] 陈伟. 物业管理基本制度[M]. 北京：中国市场出版社，2014.
[14] 陈德豪. 物业管理综合能力[M]. 北京：中国市场出版社，2014.
[15] 凌明雁，王怡红. 物业管理概论[M]. 北京：北京大学出版社，2010.
[16] 黄安心. 物业管理职业能力训练[M]. 北京：北京交通大学出版社，2010.
[17] 谢希钢. 物业管理概论[M]. 上海：上海交通大学出版社，2007.
[18] 何召祥. 物业管理理论与实务[M]. 合肥：中国科学技术大学出版社，2010.
[19] 林德钦. 物业管理法规[M]. 武汉：武汉理工大学出版社，2010.
[20] 鲁捷，曹冬冬. 物业管理法规[M]. 北京：电子工业出版社，2012.
[21] 朱寿全. 物业纠纷[M]. 北京：中国法制出版社，2010.
[22] 张志红，张新爱，安芸静，等. 物业管理实务[M]. 北京：清华大学出版社，北京交通大学出版社，2020.
[23] 邵小云. 公共物业·商业物业·工业物业管理与服务[M]. 北京：化学工业出版社，2020.

附录

中华人民共和国民法典（节选）

（2020年5月28日第十三届全国人民代表大会第三次会议通过）

第一编 总 则

第一章 基本规定

第一条 为了保护民事主体的合法权益，调整民事关系，维护社会和经济秩序，适应中国特色社会主义发展要求，弘扬社会主义核心价值观，根据宪法，制定本法。

第二条 民法调整平等主体的自然人、法人和非法人组织之间的人身关系和财产关系。

第三条 民事主体的人身权利、财产权利以及其他合法权益受法律保护，任何组织或者个人不得侵犯。

第四条 民事主体在民事活动中的法律地位一律平等。

第五条 民事主体从事民事活动，应当遵循自愿原则，按照自己的意思设立、变更、终止民事法律关系。

第六条 民事主体从事民事活动，应当遵循公平原则，合理确定各方的权利和义务。

第七条 民事主体从事民事活动，应当遵循诚信原则，秉持诚实，恪守承诺。

第八条 民事主体从事民事活动，不得违反法律，不得违背公序良俗。

第九条 民事主体从事民事活动，应当有利于节约资源、保护生态环境。

第十条 处理民事纠纷，应当依照法律；法律没有规定的，可以适用习惯，但是不得违背公序良俗。

第十一条 其他法律对民事关系有特别规定的，依照其规定。

第十二条 中华人民共和国领域内的民事活动，适用中华人民共和国法律。法律另有规定的，依照其规定。

……

第二编 物 权

第一分编 通 则

第一章 一般规定

第二百零五条 本编调整因物的归属和利用产生的民事关系。

第二百零六条 国家坚持和完善公有制为主体、多种所有制经济共同发展，按劳分配为主体、多种分配方式并存，社会主义市场经济体制等社会主义基本经济制度。

国家巩固和发展公有制经济，鼓励、支持和引导非公有制经济的发展。

国家实行社会主义市场经济，保障一切市场主体的平等法律地位和发展权利。

第二百零七条 国家、集体、私人的物权和其他权利人的物权受法律平等保护，任何组织或者个人不得侵犯。

第二百零八条 不动产物权的设立、变更、转让和消灭，应当依照法律规定登记。动产物权的设立和转让，应当依照法律规定交付。

……

第二分编 所 有 权

……

第六章 业主的建筑物区分所有权

第二百七十一条 业主对建筑物内的住宅、经营性用房等专有部分享有所有权，对专有部分以外的共有部分享有共有和共同管理的权利。

第二百七十二条 业主对其建筑物专有部分享有占有、使用、收益和处分的权利。业主行使权利不得危及建筑物的安全，不得损害其他业主的合法权益。

第二百七十三条 业主对建筑物专有部分以外的共有部分，享有权利，承担义务；不得以放弃权利为由不履行义务。

业主转让建筑物内的住宅、经营性用房，其对共有部分享有的共有和共同管理的权利一并转让。

第二百七十四条 建筑区划内的道路，属于业主共有，但是属于城镇公共道路的除外。建筑区划内的绿地，属于业主共有，但是属于城镇公共绿地或者明示属于个人的除外。建筑区划内的其他公共场所、公用设施和物业服务用房，属于业主共有。

第二百七十五条 建筑区划内，规划用于停放汽车的车位、车库的归属，由当事人通过出售、附赠或者出租等方式约定。

占用业主共有的道路或者其他场地用于停放汽车的车位，属于业主共有。

第二百七十六条 建筑区划内，规划用于停放汽车的车位、车库应当首先满足业主的需要。

第二百七十七条　业主可以设立业主大会，选举业主委员会。业主大会、业主委员会成立的具体条件和程序，依照法律、法规的规定。

地方人民政府有关部门、居民委员会应当对设立业主大会和选举业主委员会给予指导和协助。

第二百七十八条　下列事项由业主共同决定：

（一）制定和修改业主大会议事规则；

（二）制定和修改管理规约；

（三）选举业主委员会或者更换业主委员会成员；

（四）选聘和解聘物业服务企业或者其他管理人；

（五）使用建筑物及其附属设施的维修资金；

（六）筹集建筑物及其附属设施的维修资金；

（七）改建、重建建筑物及其附属设施；

（八）改变共有部分的用途或者利用共有部分从事经营活动；

（九）有关共有和共同管理权利的其他重大事项。

业主共同决定事项，应当由专有部分面积占比三分之二以上的业主且人数占比三分之二以上的业主参与表决。决定前款第六项至第八项规定的事项，应当经参与表决专有部分面积四分之三以上的业主且参与表决人数四分之三以上的业主同意。决定前款其他事项，应当经参与表决专有部分面积过半数的业主且参与表决人数过半数的业主同意。

第二百七十九条　业主不得违反法律、法规以及管理规约，将住宅改变为经营性用房。业主将住宅改变为经营性用房的，除遵守法律、法规以及管理规约外，应当经有利害关系的业主一致同意。

第二百八十条　业主大会或者业主委员会的决定，对业主具有法律约束力。

业主大会或者业主委员会作出的决定侵害业主合法权益的，受侵害的业主可以请求人民法院予以撤销。

第二百八十一条　建筑物及其附属设施的维修资金，属于业主共有。经业主共同决定，可以用于电梯、屋顶、外墙、无障碍设施等共有部分的维修、更新和改造。建筑物及其附属设施的维修资金的筹集、使用情况应当定期公布。

紧急情况下需要维修建筑物及其附属设施的，业主大会或者业主委员会可以依法申请使用建筑物及其附属设施的维修资金。

第二百八十二条　建设单位、物业服务企业或者其他管理人等利用业主的共有部分产生的收入，在扣除合理成本之后，属于业主共有。

第二百八十三条　建筑物及其附属设施的费用分摊、收益分配等事项，有约定的，按照约定；没有约定或者约定不明确的，按照业主专有部分面积所占比例确定。

第二百八十四条　业主可以自行管理建筑物及其附属设施，也可以委托物业服务企业或者其他管理人管理。

对建设单位聘请的物业服务企业或者其他管理人，业主有权依法更换。

第二百八十五条　物业服务企业或者其他管理人根据业主的委托，依照本法第三编有关物业服务合同的规定管理建筑区划内的建筑物及其附属设施,接受业主的监督,并及时答复业主对物业服务情况提出的询问。

物业服务企业或者其他管理人应当执行政府依法实施的应急处置措施和其他管理措施,积极配合开展相关工作。

第二百八十六条　业主应当遵守法律、法规以及管理规约,相关行为应当符合节约资源、保护生态环境的要求。对于物业服务企业或者其他管理人执行政府依法实施的应急处置措施和其他管理措施,业主应当依法予以配合。

业主大会或者业主委员会,对任意弃置垃圾、排放污染物或者噪声、违反规定饲养动物、违章搭建、侵占通道、拒付物业费等损害他人合法权益的行为,有权依照法律、法规以及管理规约,请求行为人停止侵害、排除妨碍、消除危险、恢复原状、赔偿损失。

业主或者其他行为人拒不履行相关义务的,有关当事人可以向有关行政主管部门报告或者投诉,有关行政主管部门应当依法处理。

第二百八十七条　业主对建设单位、物业服务企业或者其他管理人以及其他业主侵害自己合法权益的行为,有权请求其承担民事责任。

第七章　相 邻 关 系

第二百八十八条　不动产的相邻权利人应当按照有利生产、方便生活、团结互助、公平合理的原则,正确处理相邻关系。

第二百八十九条　法律、法规对处理相邻关系有规定的,依照其规定;法律、法规没有规定的,可以按照当地习惯。

第二百九十条　不动产权利人应当为相邻权利人用水、排水提供必要的便利。

对自然流水的利用,应当在不动产的相邻权利人之间合理分配。对自然流水的排放,应当尊重自然流向。

第二百九十一条　不动产权利人对相邻权利人因通行等必须利用其土地的,应当提供必要的便利。

第二百九十二条　不动产权利人因建造、修缮建筑物以及铺设电线、电缆、水管、暖气和燃气管线等必须利用相邻土地、建筑物的,该土地、建筑物的权利人应当提供必要的便利。

第二百九十三条　建造建筑物,不得违反国家有关工程建设标准,不得妨碍相邻建筑物的通风、采光和日照。

第二百九十四条　不动产权利人不得违反国家规定弃置固体废物,排放大气污染物、水污染物、土壤污染物、噪声、光辐射、电磁辐射等有害物质。

第二百九十五条　不动产权利人挖掘土地、建造建筑物、铺设管线以及安装设备等,不得危及相邻不动产的安全。

第二百九十六条　不动产权利人因用水、排水、通行、铺设管线等利用相邻不动产的,应当尽量避免对相邻的不动产权利人造成损害。

第八章 共 有

第二百九十七条 不动产或者动产可以由两个以上组织、个人共有。共有包括按份共有和共同共有。

第二百九十八条 按份共有人对共有的不动产或者动产按照其份额享有所有权。

第二百九十九条 共同共有人对共有的不动产或者动产共同享有所有权。

第三百条 共有人按照约定管理共有的不动产或者动产；没有约定或者约定不明确的，各共有人都有管理的权利和义务。

第三百零一条 处分共有的不动产或者动产以及对共有的不动产或者动产作重大修缮、变更性质或者用途的，应当经占份额三分之二以上的按份共有人或者全体共同共有人同意，但是共有人之间另有约定的除外。

第三百零二条 共有人对共有物的管理费用以及其他负担，有约定的，按照其约定；没有约定或者约定不明确的，按份共有人按照其份额负担，共同共有人共同负担。

第三百零三条 共有人约定不得分割共有的不动产或者动产，以维持共有关系的，应当按照约定，但是共有人有重大理由需要分割的，可以请求分割；没有约定或者约定不明确的，按份共有人可以随时请求分割，共同共有人在共有的基础丧失或者有重大理由需要分割时可以请求分割。因分割造成其他共有人损害的，应当给予赔偿。

第三百零四条 共有人可以协商确定分割方式。达不成协议，共有的不动产或者动产可以分割且不会因分割减损价值的，应当对实物予以分割；难以分割或者因分割会减损价值的，应当对折价或者拍卖、变卖取得的价款予以分割。

共有人分割所得的不动产或者动产有瑕疵的，其他共有人应当分担损失。

第三百零五条 按份共有人可以转让其享有的共有的不动产或者动产份额。其他共有人在同等条件下享有优先购买的权利。

第三百零六条 按份共有人转让其享有的共有的不动产或者动产份额的，应当将转让条件及时通知其他共有人。其他共有人应当在合理期限内行使优先购买权。

两个以上其他共有人主张行使优先购买权的，协商确定各自的购买比例；协商不成的，按照转让时各自的共有份额比例行使优先购买权。

第三百零七条 因共有的不动产或者动产产生的债权债务，在对外关系上，共有人享有连带债权、承担连带债务，但是法律另有规定或者第三人知道共有人不具有连带债权债务关系的除外；在共有人内部关系上，除共有人另有约定外，按份共有人按照份额享有债权、承担债务，共同共有人共同享有债权、承担债务。偿还债务超过自己应当承担份额的按份共有人，有权向其他共有人追偿。

第三百零八条 共有人对共有的不动产或者动产没有约定为按份共有或者共同共有，或者约定不明确的，除共有人具有家庭关系等外，视为按份共有。

第三百零九条 按份共有人对共有的不动产或者动产享有的份额，没有约定或者约定不明确的，按照出资额确定；不能确定出资额的，视为等额享有。

第三百一十条 两个以上组织、个人共同享有用益物权、担保物权的，参照适用本章的有关规定。

......

第三编 合　　同

......

第二分编　典　型　合　同

......

第二十四章　物业服务合同

第九百三十七条　物业服务合同是物业服务人在物业服务区域内，为业主提供建筑物及其附属设施的维修养护、环境卫生和相关秩序的管理维护等物业服务，业主支付物业费的合同。

物业服务人包括物业服务企业和其他管理人。

第九百三十八条　物业服务合同的内容一般包括服务事项、服务质量、服务费用的标准和收取办法、维修资金的使用、服务用房的管理和使用、服务期限、服务交接等条款。

物业服务人公开作出的有利于业主的服务承诺，为物业服务合同的组成部分。

物业服务合同应当采用书面形式。

第九百三十九条　建设单位依法与物业服务人订立的前期物业服务合同，以及业主委员会与业主大会依法选聘的物业服务人订立的物业服务合同，对业主具有法律约束力。

第九百四十条　建设单位依法与物业服务人订立的前期物业服务合同约定的服务期限届满前，业主委员会或者业主与新物业服务人订立的物业服务合同生效的，前期物业服务合同终止。

第九百四十一条　物业服务人将物业服务区域内的部分专项服务事项委托给专业性服务组织或者其他第三人的，应当就该部分专项服务事项向业主负责。

物业服务人不得将其应当提供的全部物业服务转委托给第三人，或者将全部物业服务支解后分别转委托给第三人。

第九百四十二条　物业服务人应当按照约定和物业的使用性质，妥善维修、养护、清洁、绿化和经营管理物业服务区域内的业主共有部分，维护物业服务区域内的基本秩序，采取合理措施保护业主的人身、财产安全。

对物业服务区域内违反有关治安、环保、消防等法律法规的行为，物业服务人应当及时采取合理措施制止、向有关行政主管部门报告并协助处理。

第九百四十三条　物业服务人应当定期将服务的事项、负责人员、质量要求、收费项目、收费标准、履行情况，以及维修资金使用情况、业主共有部分的经营与收益情况等以合理方式向业主公开并向业主大会、业主委员会报告。

　　第九百四十四条　业主应当按照约定向物业服务人支付物业费。物业服务人已经按照约定和有关规定提供服务的，业主不得以未接受或者无需接受相关物业服务为由拒绝支付物业费。

　　业主违反约定逾期不支付物业费的，物业服务人可以催告其在合理期限内支付；合理期限届满仍不支付的，物业服务人可以提起诉讼或者申请仲裁。

　　物业服务人不得采取停止供电、供水、供热、供燃气等方式催交物业费。

　　第九百四十五条　业主装饰装修房屋的，应当事先告知物业服务人，遵守物业服务人提示的合理注意事项，并配合其进行必要的现场检查。

　　业主转让、出租物业专有部分、设立居住权或者依法改变共有部分用途的，应当及时将相关情况告知物业服务人。

　　第九百四十六条　业主依照法定程序共同决定解聘物业服务人的，可以解除物业服务合同。决定解聘的，应当提前六十日书面通知物业服务人，但是合同对通知期限另有约定的除外。

　　依据前款规定解除合同造成物业服务人损失的，除不可归责于业主的事由外，业主应当赔偿损失。

　　第九百四十七条　物业服务期限届满前，业主依法共同决定续聘的，应当与原物业服务人在合同期限届满前续订物业服务合同。

　　物业服务期限届满前，物业服务人不同意续聘的，应当在合同期限届满前九十日书面通知业主或者业主委员会，但是合同对通知期限另有约定的除外。

　　第九百四十八条　物业服务期限届满后，业主没有依法作出续聘或者另聘物业服务人的决定，物业服务人继续提供物业服务的，原物业服务合同继续有效，但是服务期限为不定期。

　　当事人可以随时解除不定期物业服务合同，但是应当提前六十日书面通知对方。

　　第九百四十九条　物业服务合同终止的，原物业服务人应当在约定期限或者合理期限内退出物业服务区域，将物业服务用房、相关设施、物业服务所必需的相关资料等交还给业主委员会、决定自行管理的业主或者其指定的人，配合新物业服务人做好交接工作，并如实告知物业的使用和管理状况。

　　原物业服务人违反前款规定的，不得请求业主支付物业服务合同终止后的物业费；造成业主损失的，应当赔偿损失。

　　第九百五十条　物业服务合同终止后，在业主或者业主大会选聘的新物业服务人或者决定自行管理的业主接管之前，原物业服务人应当继续处理物业服务事项，并可以请求业主支付该期间的物业费。

　　……

附 则

第一千二百五十九条 民法所称的"以上"、"以下"、"以内"、"届满",包括本数;所称的"不满"、"超过"、"以外",不包括本数。

第一千二百六十条 本法自2021年1月1日起施行。《中华人民共和国婚姻法》、《中华人民共和国继承法》、《中华人民共和国民法通则》、《中华人民共和国收养法》、《中华人民共和国担保法》、《中华人民共和国合同法》、《中华人民共和国物权法》、《中华人民共和国侵权责任法》、《中华人民共和国民法总则》同时废止。

物业管理条例

（2003年6月8日中华人民共和国国务院令第379号公布，根据2007年8月26日《国务院关于修改〈物业管理条例〉的决定》第一次修订，根据2016年2月6日《国务院关于修改部分行政法规的决定》第二次修订）

第一章 总 则

第一条 为了规范物业管理活动，维护业主和物业服务企业的合法权益，改善人民群众的生活和工作环境，制定本条例。

第二条 本条例所称物业管理，是指业主通过选聘物业服务企业，由业主和物业服务企业按照物业服务合同约定，对房屋及配套的设施设备和相关场地进行维修、养护、管理，维护物业管理区域内的环境卫生和相关秩序的活动。

第三条 国家提倡业主通过公开、公平、公正的市场竞争机制选择物业服务企业。

第四条 国家鼓励采用新技术、新方法，依靠科技进步提高物业管理和服务水平。

第五条 国务院建设行政主管部门负责全国物业管理活动的监督管理工作。

县级以上地方人民政府房地产行政主管部门负责本行政区域内物业管理活动的监督管理工作。

第二章 业主及业主大会

第六条 房屋的所有权人为业主。

业主在物业管理活动中，享有下列权利：

（一）按照物业服务合同的约定，接受物业服务企业提供的服务；

（二）提议召开业主大会会议，并就物业管理的有关事项提出建议；

（三）提出制定和修改管理规约、业主大会议事规则的建议；

（四）参加业主大会会议，行使投票权；

（五）选举业主委员会成员，并享有被选举权；

（六）监督业主委员会的工作；

（七）监督物业服务企业履行物业服务合同；

（八）对物业共用部位、共用设施设备和相关场地使用情况享有知情权和监督权；

（九）监督物业共用部位、共用设施设备专项维修资金（以下简称专项维修资金）的管理和使用；

（十）法律、法规规定的其他权利。

第七条 业主在物业管理活动中，履行下列义务：

（一）遵守管理规约、业主大会议事规则；

（二）遵守物业管理区域内物业共用部位和共用设施设备的使用、公共秩序和环境卫生的维护等方面的规章制度；

（三）执行业主大会的决定和业主大会授权业主委员会作出的决定；

（四）按照国家有关规定交纳专项维修资金；

（五）按时交纳物业服务费用；

（六）法律、法规规定的其他义务。

第八条　物业管理区域内全体业主组成业主大会。

业主大会应当代表和维护物业管理区域内全体业主在物业管理活动中的合法权益。

第九条　一个物业管理区域成立一个业主大会。

物业管理区域的划分应当考虑物业的共用设施设备、建筑物规模、社区建设等因素。具体办法由省、自治区、直辖市制定。

第十条　同一个物业管理区域内的业主，应当在物业所在地的区、县人民政府房地产行政主管部门或者街道办事处、乡镇人民政府的指导下成立业主大会，并选举产生业主委员会。但是，只有一个业主的，或者业主人数较少且经全体业主一致同意，决定不成立业主大会的，由业主共同履行业主大会、业主委员会职责。

第十一条　下列事项由业主共同决定：

（一）制定和修改业主大会议事规则；

（二）制定和修改管理规约；

（三）选举业主委员会或者更换业主委员会成员；

（四）选聘和解聘物业服务企业；

（五）筹集和使用专项维修资金；

（六）改建、重建建筑物及其附属设施；

（七）有关共有和共同管理权利的其他重大事项。

第十二条　业主大会会议可以采用集体讨论的形式，也可以采用书面征求意见的形式；但是，应当有物业管理区域内专有部分占建筑物总面积过半数的业主且占总人数过半数的业主参加。

业主可以委托代理人参加业主大会会议。

业主大会决定本条例第十一条第（五）项和第（六）项规定的事项，应当经专有部分占建筑物总面积 2/3 以上的业主且占总人数 2/3 以上的业主同意；决定本条例第十一条规定的其他事项，应当经专有部分占建筑物总面积过半数的业主且占总人数过半数的业主同意。

业主大会或者业主委员会的决定，对业主具有约束力。

业主大会或者业主委员会作出的决定侵害业主合法权益的，受侵害的业主可以请求人民法院予以撤销。

第十三条　业主大会会议分为定期会议和临时会议。

业主大会定期会议应当按照业主大会议事规则的规定召开。经20%以上的业主提议，业主委员会应当组织召开业主大会临时会议。

第十四条　召开业主大会会议，应当于会议召开15日以前通知全体业主。

住宅小区的业主大会会议，应当同时告知相关的居民委员会。

业主委员会应当做好业主大会会议记录。

第十五条　业主委员会执行业主大会的决定事项，履行下列职责：

（一）召集业主大会会议，报告物业管理的实施情况；

（二）代表业主与业主大会选聘的物业服务企业签订物业服务合同；

（三）及时了解业主、物业使用人的意见和建议，监督和协助物业服务企业履行物业服务合同；

（四）监督管理规约的实施；

（五）业主大会赋予的其他职责。

第十六条　业主委员会应当自选举产生之日起30日内，向物业所在地的区、县人民政府房地产行政主管部门和街道办事处、乡镇人民政府备案。

业主委员会委员应当由热心公益事业、责任心强、具有一定组织能力的业主担任。

业主委员会主任、副主任在业主委员会成员中推选产生。

第十七条　管理规约应当对有关物业的使用、维护、管理，业主的共同利益，业主应当履行的义务，违反管理规约应当承担的责任等事项依法作出约定。

管理规约应当尊重社会公德，不得违反法律、法规或者损害社会公共利益。

管理规约对全体业主具有约束力。

第十八条　业主大会议事规则应当就业主大会的议事方式、表决程序、业主委员会的组成和成员任期等事项作出约定。

第十九条　业主大会、业主委员会应当依法履行职责，不得作出与物业管理无关的决定，不得从事与物业管理无关的活动。

业主大会、业主委员会作出的决定违反法律、法规的，物业所在地的区、县人民政府房地产行政主管部门或者街道办事处、乡镇人民政府，应当责令限期改正或者撤销其决定，并通告全体业主。

第二十条　业主大会、业主委员会应当配合公安机关，与居民委员会相互协作，共同做好维护物业管理区域内的社会治安等相关工作。

在物业管理区域内，业主大会、业主委员会应当积极配合相关居民委员会依法履行自治管理职责，支持居民委员会开展工作，并接受其指导和监督。

住宅小区的业主大会、业主委员会作出的决定，应当告知相关的居民委员会，并认真听取居民委员会的建议。

第三章　前期物业管理

第二十一条　在业主、业主大会选聘物业服务企业之前，建设单位选聘物业服务企业的，应当签订书面的前期物业服务合同。

第二十二条　建设单位应当在销售物业之前，制定临时管理规约，对有关物业的使用、维护、管理，业主的共同利益，业主应当履行的义务，违反临时管理规约应当承担的责任等事项依法作出约定。

建设单位制定的临时管理规约，不得侵害物业买受人的合法权益。

第二十三条 建设单位应当在物业销售前将临时管理规约向物业买受人明示，并予以说明。

物业买受人在与建设单位签订物业买卖合同时，应当对遵守临时管理规约予以书面承诺。

第二十四条 国家提倡建设单位按照房地产开发与物业管理相分离的原则，通过招投标的方式选聘具有相应资质的物业服务企业。

住宅物业的建设单位，应当通过招投标的方式选聘具有相应资质的物业服务企业；投标人少于3个或者住宅规模较小的，经物业所在地的区、县人民政府房地产行政主管部门批准，可以采用协议方式选聘具有相应资质的物业服务企业。

第二十五条 建设单位与物业买受人签订的买卖合同应当包含前期物业服务合同约定的内容。

第二十六条 前期物业服务合同可以约定期限；但是，期限未满、业主委员会与物业服务企业签订的物业服务合同生效的，前期物业服务合同终止。

第二十七条 业主依法享有的物业共用部位、共用设施设备的所有权或者使用权，建设单位不得擅自处分。

第二十八条 物业服务企业承接物业时，应当对物业共用部位、共用设施设备进行查验。

第二十九条 在办理物业承接验收手续时，建设单位应当向物业服务企业移交下列资料：

（一）竣工总平面图，单体建筑、结构、设备竣工图，配套设施、地下管网工程竣工图等竣工验收资料；

（二）设施设备的安装、使用和维护保养等技术资料；

（三）物业质量保修文件和物业使用说明文件；

（四）物业管理所必需的其他资料。

物业服务企业应当在前期物业服务合同终止时将上述资料移交给业主委员会。

第三十条 建设单位应当按照规定在物业管理区域内配置必要的物业管理用房。

第三十一条 建设单位应当按照国家规定的保修期限和保修范围，承担物业的保修责任。

第四章 物业管理服务

第三十二条 从事物业管理活动的企业应当具有独立的法人资格。

国家对从事物业管理活动的企业实行资质管理制度。具体办法由国务院建设行政主管部门制定。

第三十三条 一个物业管理区域由一个物业服务企业实施物业管理。

第三十四条 业主委员会应当与业主大会选聘的物业服务企业订立书面的物业服务合同。

物业服务合同应当对物业管理事项、服务质量、服务费用、双方的权利义务、专项维修资金的管理与使用、物业管理用房、合同期限、违约责任等内容进行约定。

第三十五条　物业服务企业应当按照物业服务合同的约定，提供相应的服务。

物业服务企业未能履行物业服务合同的约定，导致业主人身、财产安全受到损害的，应当依法承担相应的法律责任。

第三十六条　物业服务企业承接物业时，应当与业主委员会办理物业验收手续。

业主委员会应当向物业服务企业移交本条例第二十九条第一款规定的资料。

第三十七条　物业管理用房的所有权依法属于业主。未经业主大会同意，物业服务企业不得改变物业管理用房的用途。

第三十八条　物业服务合同终止时，物业服务企业应当将物业管理用房和本条例第二十九条第一款规定的资料交还给业主委员会。

物业服务合同终止时，业主大会选聘了新的物业服务企业的，物业服务企业之间应当做好交接工作。

第三十九条　物业服务企业可以将物业管理区域内的专项服务业务委托给专业性服务企业，但不得将该区域内的全部物业管理一并委托给他人。

第四十条　物业服务收费应当遵循合理、公开以及费用与服务水平相适应的原则，区别不同物业的性质和特点，由业主和物业服务企业按照国务院价格主管部门会同国务院建设行政主管部门制定的物业服务收费办法，在物业服务合同中约定。

第四十一条　业主应当根据物业服务合同的约定交纳物业服务费用。业主与物业使用人约定由物业使用人交纳物业服务费用的，从其约定，业主负连带交纳责任。

已竣工但尚未出售或者尚未交给物业买受人的物业，物业服务费用由建设单位交纳。

第四十二条　县级以上人民政府价格主管部门会同同级房地产行政主管部门，应当加强对物业服务收费的监督。

第四十三条　物业服务企业可以根据业主的委托提供物业服务合同约定以外的服务项目，服务报酬由双方约定。

第四十四条　物业管理区域内，供水、供电、供气、供热、通信、有线电视等单位应当向最终用户收取有关费用。

物业服务企业接受委托代收前款费用的，不得向业主收取手续费等额外费用。

第四十五条　对物业管理区域内违反有关治安、环保、物业装饰装修和使用等方面法律、法规规定的行为，物业服务企业应当制止，并及时向有关行政管理部门报告。

有关行政管理部门在接到物业服务企业的报告后，应当依法对违法行为予以制止或者依法处理。

第四十六条　物业服务企业应当协助做好物业管理区域内的安全防范工作。发生安全事故时，物业服务企业在采取应急措施的同时，应当及时向有关行政管理部门报告，协助做好救助工作。

物业服务企业雇请保安人员的，应当遵守国家有关规定。保安人员在维护物业管理区域内的公共秩序时，应当履行职责，不得侵害公民的合法权益。

第四十七条　物业使用人在物业管理活动中的权利义务由业主和物业使用人约定，但不得违反法律、法规和管理规约的有关规定。

物业使用人违反本条例和管理规约的规定，有关业主应当承担连带责任。

第四十八条　县级以上地方人民政府房地产行政主管部门应当及时处理业主、业主委员会、物业使用人和物业服务企业在物业管理活动中的投诉。

第五章　物业的使用与维护

第四十九条　物业管理区域内按照规划建设的公共建筑和共用设施，不得改变用途。

业主依法确需改变公共建筑和共用设施用途的，应当在依法办理有关手续后告知物业服务企业；物业服务企业确需改变公共建筑和共用设施用途的，应当提请业主大会讨论决定同意后，由业主依法办理有关手续。

第五十条　业主、物业服务企业不得擅自占用、挖掘物业管理区域内的道路、场地，损害业主的共同利益。

因维修物业或者公共利益，业主确需临时占用、挖掘道路、场地的，应当征得业主委员会和物业服务企业的同意；物业服务企业确需临时占用、挖掘道路、场地的，应当征得业主委员会的同意。

业主、物业服务企业应当将临时占用、挖掘的道路、场地，在约定期限内恢复原状。

第五十一条　供水、供电、供气、供热、通信、有线电视等单位，应当依法承担物业管理区域内相关管线和设施设备维修、养护的责任。

前款规定的单位因维修、养护等需要，临时占用、挖掘道路、场地的，应当及时恢复原状。

第五十二条　业主需要装饰装修房屋的，应当事先告知物业服务企业。

物业服务企业应当将房屋装饰装修中的禁止行为和注意事项告知业主。

第五十三条　住宅物业、住宅小区内的非住宅物业或者与单幢住宅楼结构相连的非住宅物业的业主，应当按照国家有关规定交纳专项维修资金。

专项维修资金属于业主所有，专项用于物业保修期满后物业共用部位、共用设施设备的维修和更新、改造，不得挪作他用。

专项维修资金收取、使用、管理的办法由国务院建设行政主管部门会同国务院财政部门制定。

第五十四条　利用物业共用部位、共用设施设备进行经营的，应当在征得相关业主、业主大会、物业服务企业的同意后，按照规定办理有关手续。业主所得收益应当主要用于补充专项维修资金，也可以按照业主大会的决定使用。

第五十五条　物业存在安全隐患，危及公共利益及他人合法权益时，责任人应当及时维修养护，有关业主应当给予配合。

责任人不履行维修养护义务的，经业主大会同意，可以由物业服务企业维修养护，费用由责任人承担。

第六章 法 律 责 任

第五十六条 违反本条例的规定,住宅物业的建设单位未通过招投标的方式选聘物业服务企业或者未经批准,擅自采用协议方式选聘物业服务企业的,由县级以上地方人民政府房地产行政主管部门责令限期改正,给予警告,可以并处10万元以下的罚款。

第五十七条 违反本条例的规定,建设单位擅自处分属于业主的物业共用部位、共用设施设备的所有权或者使用权的,由县级以上地方人民政府房地产行政主管部门处5万元以上20万元以下的罚款;给业主造成损失的,依法承担赔偿责任。

第五十八条 违反本条例的规定,不移交有关资料的,由县级以上地方人民政府房地产行政主管部门责令限期改正;逾期仍不移交有关资料的,对建设单位、物业服务企业予以通报,处1万元以上10万元以下的罚款。

第五十九条 违反本条例的规定,未取得资质证书从事物业管理的,由县级以上地方人民政府房地产行政主管部门没收违法所得,并处5万元以上20万元以下的罚款;给业主造成损失的,依法承担赔偿责任。

以欺骗手段取得资质证书的,依照本条第一款规定处罚,并由颁发资质证书的部门吊销资质证书。

第六十条 违反本条例的规定,物业服务企业将一个物业管理区域内的全部物业管理一并委托给他人的,由县级以上地方人民政府房地产行政主管部门责令限期改正,处委托合同价款30%以上50%以下的罚款;情节严重的,由颁发资质证书的部门吊销资质证书。委托所得收益,用于物业管理区域内物业共用部位、共用设施设备的维修、养护,剩余部分按照业主大会的决定使用;给业主造成损失的,依法承担赔偿责任。

第六十一条 违反本条例的规定,挪用专项维修资金的,由县级以上地方人民政府房地产行政主管部门追回挪用的专项维修资金,给予警告,没收违法所得,可以并处挪用数额2倍以下的罚款;物业服务企业挪用专项维修资金,情节严重的,并由颁发资质证书的部门吊销资质证书;构成犯罪的,依法追究直接负责的主管人员和其他直接责任人员的刑事责任。

第六十二条 违反本条例的规定,建设单位在物业管理区域内不按照规定配置必要的物业管理用房的,由县级以上地方人民政府房地产行政主管部门责令限期改正,给予警告,没收违法所得,并处10万元以上50万元以下的罚款。

第六十三条 违反本条例的规定,未经业主大会同意,物业服务企业擅自改变物业管理用房的用途的,由县级以上地方人民政府房地产行政主管部门责令限期改正,给予警告,并处1万元以上10万元以下的罚款;有收益的,所得收益用于物业管理区域内物业共用部位、共用设施设备的维修、养护,剩余部分按照业主大会的决定使用。

第六十四条 违反本条例的规定,有下列行为之一的,由县级以上地方人民政府房地产行政主管部门责令限期改正,给予警告,并按照本条第二款的规定处以罚款;所得收益,用于物业管理区域内物业共用部位、共用设施设备的维修、养护,剩余部分按照业主大会的决定使用:

(一)擅自改变物业管理区域内按照规划建设的公共建筑和共用设施用途的;

（二）擅自占用、挖掘物业管理区域内道路、场地，损害业主共同利益的；

（三）擅自利用物业共用部位、共用设施设备进行经营的。

个人有前款规定行为之一的，处 1000 元以上 1 万元以下的罚款；单位有前款规定行为之一的，处 5 万元以上 20 万元以下的罚款。

第六十五条　违反物业服务合同约定，业主逾期不交纳物业服务费用的，业主委员会应当督促其限期交纳；逾期仍不交纳的，物业服务企业可以向人民法院起诉。

第六十六条　业主以业主大会或者业主委员会的名义，从事违反法律、法规的活动，构成犯罪的，依法追究刑事责任；尚不构成犯罪的，依法给予治安管理处罚。

第六十七条　违反本条例的规定，国务院建设行政主管部门、县级以上地方人民政府房地产行政主管部门或者其他有关行政管理部门的工作人员利用职务上的便利，收受他人财物或者其他好处，不依法履行监督管理职责，或者发现违法行为不予查处，构成犯罪的，依法追究刑事责任；尚不构成犯罪的，依法给予行政处分。

第七章　附　　则

第六十八条　本条例自 2003 年 9 月 1 日起施行。

关于印发《业主大会和业主委员会指导规则》的通知

建房〔2009〕274号

各省、自治区住房和城乡建设厅，直辖市房地局（建委），新疆生产建设兵团建设局：

为了规范业主大会和业主委员会的活动，维护业主的合法权益，根据《物权法》和《物业管理条例》等法律法规的规定，我部制定了《业主大会和业主委员会指导规则》，现印发给你们，请贯彻执行。执行中的情况，请及时告我部房地产市场监管司。

中华人民共和国住房和城乡建设部
二〇〇九年十二月一日

业主大会和业主委员会指导规则

第一章 总 则

第一条 为了规范业主大会和业主委员会的活动，维护业主的合法权益，根据《中华人民共和国物权法》、《物业管理条例》等法律、法规的规定，制定本规则。

第二条 业主大会由物业管理区域内的全体业主组成，代表和维护物业管理区域内全体业主在物业管理活动中的合法权利，履行相应的义务。

第三条 业主委员会由业主大会依法选举产生，履行业主大会赋予的职责，执行业主大会决定的事项，接受业主的监督。

第四条 业主大会或者业主委员会的决定，对业主具有约束力。业主大会和业主委员会应当依法履行职责，不得作出与物业管理无关的决定，不得从事与物业管理无关的活动。

第五条 业主大会和业主委员会，对业主损害他人合法权益和业主共同利益的行为，有权依照法律法规以及管理规约，要求停止侵害、消除危险、排除妨害、赔偿损失。

第六条 物业所在地的区、县房地产行政主管部门和街道办事处、乡镇人民政府负责对设立业主大会和选举业主委员会给予指导和协助，负责对业主大会和业主委员会的日常活动进行指导和监督。

第二章 业 主 大 会

第七条 业主大会根据物业管理区域的划分成立，一个物业管理区域成立一个业主大会。

只有一个业主的，或者业主人数较少且经全体业主同意，不成立业主大会的，由业主共同履行业主大会、业主委员会职责。

第八条　物业管理区域内，已交付的专有部分面积超过建筑物总面积50%时，建设单位应当按照物业所在地的区、县房地产行政主管部门或者街道办事处、乡镇人民政府的要求，及时报送下列筹备首次业主大会会议所需的文件资料：

（一）物业管理区域证明；

（二）房屋及建筑物面积清册；

（三）业主名册；

（四）建筑规划总平面图；

（五）交付使用共用设施设备的证明；

（六）物业服务用房配置证明；

（七）其他有关的文件资料。

第九条　符合成立业主大会条件的，区、县房地产行政主管部门或者街道办事处、乡镇人民政府应当在收到业主提出筹备业主大会书面申请后60日内，负责组织、指导成立首次业主大会会议筹备组。

第十条　首次业主大会会议筹备组由业主代表、建设单位代表、街道办事处、乡镇人民政府代表和居民委员会代表组成。筹备组成员人数应为单数，其中业主代表人数不低于筹备组总人数的一半，筹备组组长由街道办事处、乡镇人民政府代表担任。

第十一条　筹备组中业主代表的产生，由街道办事处、乡镇人民政府或者居民委员会组织业主推荐。

筹备组应当将成员名单以书面形式在物业管理区域内公告。业主对筹备组成员有异议的，由街道办事处、乡镇人民政府协调解决。

建设单位和物业服务企业应当配合协助筹备组开展工作。

第十二条　筹备组应当做好以下筹备工作：

（一）确认并公示业主身份、业主人数以及所拥有的专有部分面积；

（二）确定首次业主大会会议召开的时间、地点、形式和内容；

（三）草拟管理规约、业主大会议事规则；

（四）依法确定首次业主大会会议表决规则；

（五）制定业主委员会委员候选人产生办法，确定业主委员会委员候选人名单；

（六）制定业主委员会选举办法；

（七）完成召开首次业主大会会议的其他准备工作。

前款内容应当在首次业主大会会议召开15日前以书面形式在物业管理区域内公告。业主对公告内容有异议的，筹备组应当记录并作出答复。

第十三条　依法登记取得或者根据物权法第二章第三节规定取得建筑物专有部分所有权的人，应当认定为业主。

基于房屋买卖等民事法律行为，已经合法占有建筑物专有部分，但尚未依法办理所有权登记的人，可以认定为业主。

业主的投票权数由专有部分面积和业主人数确定。

第十四条　业主委员会委员候选人由业主推荐或者自荐。筹备组应当核查参选人的资格，根据物业规模、物权份额、委员的代表性和广泛性等因素，确定业主委员会委员候选人名单。

第十五条　筹备组应当自组成之日起 90 日内完成筹备工作，组织召开首次业主大会会议。

业主大会自首次业主大会会议表决通过管理规约、业主大会议事规则，并选举产生业主委员会之日起成立。

第十六条　划分为一个物业管理区域的分期开发的建设项目，先期开发部分符合条件的，可以成立业主大会，选举产生业主委员会。首次业主大会会议应当根据分期开发的物业面积和进度等因素，在业主大会议事规则中明确增补业主委员会委员的办法。

第十七条　业主大会决定以下事项：

（一）制定和修改业主大会议事规则；

（二）制定和修改管理规约；

（三）选举业主委员会或者更换业主委员会委员；

（四）制定物业服务内容、标准以及物业服务收费方案；

（五）选聘和解聘物业服务企业；

（六）筹集和使用专项维修资金；

（七）改建、重建建筑物及其附属设施；

（八）改变共有部分的用途；

（九）利用共有部分进行经营以及所得收益的分配与使用；

（十）法律、法规或者管理规约确定应由业主共同决定的事项。

第十八条　管理规约应当对下列主要事项作出规定：

（一）物业的使用、维护、管理；

（二）专项维修资金的筹集、管理和使用；

（三）物业共用部分的经营与收益分配；

（四）业主共同利益的维护；

（五）业主共同管理权的行使；

（六）业主应尽的义务；

（七）违反管理规约应当承担的责任。

第十九条　业主大会议事规则应当对下列主要事项作出规定：

（一）业主大会名称及相应的物业管理区域；

（二）业主委员会的职责；

（三）业主委员会议事规则；

（四）业主大会会议召开的形式、时间和议事方式；

（五）业主投票权数的确定方法；

（六）业主代表的产生方式；

（七）业主大会会议的表决程序；

（八）业主委员会委员的资格、人数和任期等；

（九）业主委员会换届程序、补选办法等；
（十）业主大会、业主委员会工作经费的筹集、使用和管理；
（十一）业主大会、业主委员会印章的使用和管理。

第二十条 业主拒付物业服务费，不缴存专项维修资金以及实施其他损害业主共同权益行为的，业主大会可以在管理规约和业主大会议事规则中对其共同管理权的行使予以限制。

第二十一条 业主大会会议分为定期会议和临时会议。

业主大会定期会议应当按照业主大会议事规则的规定由业主委员会组织召开。

有下列情况之一的，业主委员会应当及时组织召开业主大会临时会议：
（一）经专有部分占建筑物总面积20%以上且占总人数20%以上业主提议的；
（二）发生重大事故或者紧急事件需要及时处理的；
（三）业主大会议事规则或者管理规约规定的其他情况。

第二十二条 业主大会会议可以采用集体讨论的形式，也可以采用书面征求意见的形式；但应当有物业管理区域内专有部分占建筑物总面积过半数的业主且占总人数过半数的业主参加。

采用书面征求意见形式的，应当将征求意见书送交每一位业主；无法送达的，应当在物业管理区域内公告。凡需投票表决的，表决意见应由业主本人签名。

第二十三条 业主大会确定业主投票权数，可以按照下列方法认定专有部分面积和建筑物总面积：
（一）专有部分面积按照不动产登记簿记载的面积计算；尚未进行登记的，暂按测绘机构的实测面积计算；尚未进行实测的，暂按房屋买卖合同记载的面积计算；
（二）建筑物总面积，按照前项的统计总和计算。

第二十四条 业主大会确定业主投票权数，可以按照下列方法认定业主人数和总人数：
（一）业主人数，按照专有部分的数量计算，一个专有部分按一人计算。但建设单位尚未出售和虽已出售但尚未交付的部分，以及同一买受人拥有一个以上专有部分的，按一人计算；
（二）总人数，按照前项的统计总和计算。

第二十五条 业主大会应当在业主大会议事规则中约定车位、摊位等特定空间是否计入用于确定业主投票权数的专有部分面积。

一个专有部分有两个以上所有权人的，应当推选一人行使表决权，但共有人所代表的业主人数为一人。

业主为无民事行为能力人或者限制民事行为能力人的，由其法定监护人行使投票权。

第二十六条 业主因故不能参加业主大会会议的，可以书面委托代理人参加业主大会会议。

未参与表决的业主，其投票权数是否可以计入已表决的多数票，由管理规约或者业主大会议事规则规定。

第二十七条 物业管理区域内业主人数较多的，可以幢、单元、楼层为单位，推选一名业主代表参加业主大会会议，推选及表决办法应当在业主大会议事规则中规定。

第二十八条 业主可以书面委托的形式，约定由其推选的业主代表在一定期限内代其行使共同管理权，具体委托内容、期限、权限和程序由业主大会议事规则规定。

第二十九条 业主大会会议决定筹集和使用专项维修资金以及改造、重建建筑物及其附属设施的，应当经专有部分占建筑物总面积三分之二以上的业主且占总人数三分之二以上的业主同意；决定本规则第十七条规定的其他共有和共同管理权利事项的，应当经专有部分占建筑物总面积过半数且占总人数过半数的业主同意。

第三十条 业主大会会议应当由业主委员会作出书面记录并存档。

业主大会的决定应当以书面形式在物业管理区域内及时公告。

第三章 业主委员会

第三十一条 业主委员会由业主大会会议选举产生，由5至11人单数组成。业主委员会委员应当是物业管理区域内的业主，并符合下列条件：

（一）具有完全民事行为能力；

（二）遵守国家有关法律、法规；

（三）遵守业主大会议事规则、管理规约，模范履行业主义务；

（四）热心公益事业，责任心强，公正廉洁；

（五）具有一定的组织能力；

（六）具备必要的工作时间。

第三十二条 业主委员会委员实行任期制，每届任期不超过5年，可连选连任，业主委员会委员具有同等表决权。

业主委员会应当自选举之日起7日内召开首次会议，推选业主委员会主任和副主任。

第三十三条 业主委员会应当自选举产生之日起30日内，持下列文件向物业所在地的区、县房地产行政主管部门和街道办事处、乡镇人民政府办理备案手续：

（一）业主大会成立和业主委员会选举的情况；

（二）管理规约；

（三）业主大会议事规则；

（四）业主大会决定的其他重大事项。

第三十四条 业主委员会办理备案手续后，可持备案证明向公安机关申请刻制业主大会印章和业主委员会印章。

业主委员会任期内，备案内容发生变更的，业主委员会应当自变更之日起30日内将变更内容书面报告备案部门。

第三十五条 业主委员会履行以下职责：

（一）执行业主大会的决定和决议；

（二）召集业主大会会议，报告物业管理实施情况；

（三）与业主大会选聘的物业服务企业签订物业服务合同；

（四）及时了解业主、物业使用人的意见和建议，监督和协助物业服务企业履行物业服务合同；

（五）监督管理规约的实施；

（六）督促业主交纳物业服务费及其他相关费用；

（七）组织和监督专项维修资金的筹集和使用；

（八）调解业主之间因物业使用、维护和管理产生的纠纷；

（九）业主大会赋予的其他职责。

第三十六条 业主委员会应当向业主公布下列情况和资料：

（一）管理规约、业主大会议事规则；

（二）业主大会和业主委员会的决定；

（三）物业服务合同；

（四）专项维修资金的筹集、使用情况；

（五）物业共有部分的使用和收益情况；

（六）占用业主共有的道路或者其他场地用于停放汽车车位的处分情况；

（七）业主大会和业主委员会工作经费的收支情况；

（八）其他应当向业主公开的情况和资料。

第三十七条 业主委员会应当按照业主大会议事规则的规定及业主大会的决定召开会议。经三分之一以上业主委员会委员的提议，应当在7日内召开业主委员会会议。

第三十八条 业主委员会会议由主任召集和主持，主任因故不能履行职责，可以委托副主任召集。

业主委员会会议应有过半数的委员出席，作出的决定必须经全体委员半数以上同意。

业主委员会委员不能委托代理人参加会议。

第三十九条 业主委员会应当于会议召开7日前，在物业管理区域内公告业主委员会会议的内容和议程，听取业主的意见和建议。

业主委员会会议应当制作书面记录并存档，业主委员会会议作出的决定，应当有参会委员的签字确认，并自作出决定之日起3日内在物业管理区域内公告。

第四十条 业主委员会应当建立工作档案，工作档案包括以下主要内容：

（一）业主大会、业主委员会的会议记录；

（二）业主大会、业主委员会的决定；

（三）业主大会议事规则、管理规约和物业服务合同；

（四）业主委员会选举及备案资料；

（五）专项维修资金筹集及使用账目；

（六）业主及业主代表的名册；

（七）业主的意见和建议。

第四十一条 业主委员会应当建立印章管理规定，并指定专人保管印章。

使用业主大会印章，应当根据业主大会议事规则的规定或者业主大会会议的决定；

使用业主委员会印章，应当根据业主委员会会议的决定。

第四十二条 业主大会、业主委员会工作经费由全体业主承担。工作经费可以由业主分摊，也可以从物业共有部分经营所得收益中列支。工作经费的收支情况，应当定期在物业管理区域内公告，接受业主监督。

工作经费筹集、管理和使用的具体办法由业主大会决定。

第四十三条 有下列情况之一的，业主委员会委员资格自行终止：

（一）因物业转让、灭失等原因不再是业主的；
（二）丧失民事行为能力的；
（三）依法被限制人身自由的；
（四）法律、法规以及管理规约规定的其他情形。

第四十四条 业主委员会委员有下列情况之一的，由业主委员会三分之一以上委员或者持有20%以上投票权数的业主提议，业主大会或者业主委员会根据业主大会的授权，可以决定是否终止其委员资格：

（一）以书面方式提出辞职请求的；
（二）不履行委员职责的；
（三）利用委员资格谋取私利的；
（四）拒不履行业主义务的；
（五）侵害他人合法权益的；
（六）因其他原因不宜担任业主委员会委员的。

第四十五条 业主委员会委员资格终止的，应当自终止之日起3日内将其保管的档案资料、印章及其他属于全体业主所有的财物移交业主委员会。

第四十六条 业主委员会任期内，委员出现空缺时，应当及时补足。业主委员会委员候补办法由业主大会决定或者在业主大会议事规则中规定。业主委员会委员人数不足总数的二分之一时，应当召开业主大会临时会议，重新选举业主委员会。

第四十七条 业主委员会任期届满前3个月，应当组织召开业主大会会议，进行换届选举，并报告物业所在地的区、县房地产行政主管部门和街道办事处、乡镇人民政府。

第四十八条 业主委员会应当自任期届满之日起10日内，将其保管的档案资料、印章及其他属于业主大会所有的财物移交新一届业主委员会。

第四章 指导和监督

第四十九条 物业所在地的区、县房地产行政主管部门和街道办事处、乡镇人民政府应当积极开展物业管理政策法规的宣传和教育活动，及时处理业主、业主委员会在物业管理活动中的投诉。

第五十条 已交付使用的专有部分面积超过建筑物总面积50%，建设单位未按要求报送筹备首次业主大会会议相关文件资料的，物业所在地的区、县房地产行政主管部门或者街道办事处、乡镇人民政府有权责令建设单位限期改正。

第五十一条 业主委员会未按业主大会议事规则的规定组织召开业主大会定期会议，或者发生应当召开业主大会临时会议的情况，业主委员会不履行组织召开会议职责的，物业所在地的区、县房地产行政主管部门或者街道办事处、乡镇人民政府可以责令业主委员会限期召开；逾期仍不召开的，可以由物业所在地的居民委员会在街道办事处、乡镇人民政府的指导和监督下组织召开。

第五十二条　按照业主大会议事规则的规定或者三分之一以上委员提议，应当召开业主委员会会议的，业主委员会主任、副主任无正当理由不召集业主委员会会议的，物业所在地的区、县房地产行政主管部门或者街道办事处、乡镇人民政府可以指定业主委员会其他委员召集业主委员会会议。

第五十三条　召开业主大会会议，物业所在地的区、县房地产行政主管部门和街道办事处、乡镇人民政府应当给予指导和协助。

第五十四条　召开业主委员会会议，应当告知相关的居民委员会，并听取居民委员会的建议。

在物业管理区域内，业主大会、业主委员会应当积极配合相关居民委员会依法履行自治管理职责，支持居民委员会开展工作，并接受其指导和监督。

第五十五条　违反业主大会议事规则或者未经业主大会会议和业主委员会会议的决定，擅自使用业主大会印章、业主委员会印章的，物业所在地的街道办事处、乡镇人民政府应当责令限期改正，并通告全体业主；造成经济损失或者不良影响的，应当依法追究责任人的法律责任。

第五十六条　业主委员会委员资格终止，拒不移交所保管的档案资料、印章及其他属于全体业主所有的财物的，其他业主委员会委员可以请求物业所在地的公安机关协助移交。

业主委员会任期届满后，拒不移交所保管的档案资料、印章及其他属于全体业主所有的财物的，新一届业主委员会可以请求物业所在地的公安机关协助移交。

第五十七条　业主委员会在规定时间内不组织换届选举的，物业所在地的区、县房地产行政主管部门或者街道办事处、乡镇人民政府应当责令其限期组织换届选举；逾期仍不组织的，可以由物业所在地的居民委员会在街道办事处、乡镇人民政府的指导和监督下，组织换届选举工作。

第五十八条　因客观原因未能选举产生业主委员会或者业主委员会委员人数不足总数的二分之一的，新一届业主委员会产生之前，可以由物业所在地的居民委员会在街道办事处、乡镇人民政府的指导和监督下，代行业主委员会的职责。

第五十九条　业主大会、业主委员会作出的决定违反法律、法规的，物业所在地的区、县房地产行政主管部门和街道办事处、乡镇人民政府应当责令限期改正或者撤销其决定，并通告全体业主。

第六十条　业主不得擅自以业主大会或者业主委员会的名义从事活动。业主以业主大会或者业主委员会的名义，从事违反法律、法规的活动，构成犯罪的，依法追究刑事责任；尚不构成犯罪的，依法给予治安管理处罚。

第六十一条　物业管理区域内，可以召开物业管理联席会议。物业管理联席会议由街道办事处、乡镇人民政府负责召集，由区、县房地产行政主管部门、公安派出所、居民委员会、业主委员会和物业服务企业等方面的代表参加,共同协调解决物业管理中遇到的问题。

第五章 附 则

第六十二条 业主自行管理或者委托其他管理人管理物业,成立业主大会,选举业主委员会的,可参照执行本规则。

第六十三条 物业所在地的区、县房地产行政主管部门与街道办事处、乡镇人民政府在指导、监督业主大会和业主委员会工作中的具体职责分工,按各省、自治区、直辖市人民政府有关规定执行。

第六十四条 本规则自2010年1月1日起施行。《业主大会规程》(建住房〔2003〕131号)同时废止。

国家发展改革委、建设部关于印发
物业服务收费管理办法的通知

发改价格〔2003〕1864号

各省、自治区、直辖市计委（发展改革委）、物价局、建设厅、房地局：

　　为规范物业管理服务收费行为，保障业主和物业管理企业的合法权益，根据《中华人民共和国价格法》和《物业管理条例》，我们制定了《物业服务收费管理办法》，现印发给你们，请按照执行。

中华人民共和国国家发展和改革委员会
中华人民共和国建设部
二〇〇三年十一月十三日

物业服务收费管理办法

　　第一条　为规范物业服务收费行为，保障业主和物业管理企业的合法权益，根据《中华人民共和国价格法》和《物业管理条例》，制定本办法。

　　第二条　本办法所称物业服务收费，是指物业管理企业按照物业服务合同的约定，对房屋及配套的设施设备和相关场地进行维修、养护、管理，维护相关区域内的环境卫生和秩序，向业主所收取的费用。

　　第三条　国家提倡业主通过公开、公平、公正的市场竞争机制选择物业管理企业；鼓励物业管理企业开展正当的价格竞争，禁止价格欺诈，促进物业服务收费通过市场竞争形成。

　　第四条　国务院价格主管部门会同国务院建设行政主管部门负责全国物业服务收费的监督管理工作。

　　县级以上地方人民政府价格主管部门会同同级房地产行政主管部门负责本行政区域内物业服务收费的监督管理工作。

　　第五条　物业服务收费应当遵循合理、公开以及费用与服务水平相适应的原则。

　　第六条　物业服务收费应当区分不同物业的性质和特点分别实行政府指导价和市场调节价。具体定价形式由省、自治区、直辖市人民政府价格主管部门会同房地产行政主管部门确定。

　　第七条　物业服务收费实行政府指导价的，有定价权限的人民政府价格主管部门应当会同房地产行政主管部门根据物业管理服务等级标准等因素，制定相应的基准价及其浮动幅度，并定期公布。具体收费标准由业主与物业管理企业根据规定的基准价和浮动幅度在物业服务合同中约定。

实行市场调节价的物业服务收费，由业主与物业管理企业在物业服务合同中约定。

第八条 物业管理企业应当按照政府价格主管部门的规定实行明码标价，在物业管理区域内的显著位置，将服务内容、服务标准以及收费项目、收费标准等有关情况进行公示。

第九条 业主与物业管理企业可以采取包干制或者酬金制等形式约定物业服务费用。

包干制是指由业主向物业管理企业支付固定物业服务费用，盈余或者亏损均由物业管理企业享有或者承担的物业服务计费方式。

酬金制是指在预收的物业服务资金中按约定比例或者约定数额提取酬金支付给物业管理企业，其余全部用于物业服务合同约定的支出，结余或者不足均由业主享有或者承担的物业服务计费方式。

第十条 建设单位与物业买受人签订的买卖合同，应当约定物业管理服务内容、服务标准、收费标准、计费方式及计费起始时间等内容，涉及物业买受人共同利益的约定应当一致。

第十一条 实行物业服务费用包干制的，物业服务费用的构成包括物业服务成本、法定税费和物业管理企业的利润。

实行物业服务费用酬金制的，预收的物业服务资金包括物业服务支出和物业管理企业的酬金。

物业服务成本或者物业服务支出构成一般包括以下部分：
1. 管理服务人员的工资、社会保险和按规定提取的福利费等；
2. 物业共用部位、共用设施设备的日常运行、维护费用；
3. 物业管理区域清洁卫生费用；
4. 物业管理区域绿化养护费用；
5. 物业管理区域秩序维护费用；
6. 办公费用；
7. 物业管理企业固定资产折旧；
8. 物业共用部位、共用设施设备及公众责任保险费用；
9. 经业主同意的其他费用。

物业共用部位、共用设施设备的大修、中修和更新、改造费用，应当通过专项维修资金予以列支，不得计入物业服务支出或者物业服务成本。

第十二条 实行物业服务费用酬金制的，预收的物业服务支出属于代管性质，为所交纳的业主所有，物业管理企业不得将其用于物业服务合同约定以外的支出。

物业管理企业应当向业主大会或者全体业主公布物业服务资金年度预决算并每年不少于一次公布物业服务资金的收支情况。

业主或者业主大会对公布的物业服务资金年度预决算和物业服务资金的收支情况提出质询时，物业管理企业应当及时答复。

第十三条 物业服务收费采取酬金制方式，物业管理企业或者业主大会可以按照物业服务合同约定聘请专业机构对物业服务资金年度预决算和物业服务资金的收支情况进行审计。

第十四条　物业管理企业在物业服务中应当遵守国家的价格法律、法规，严格履行物业服务合同，为业主提供质价相符的服务。

第十五条　业主应当按照物业服务合同的约定按时足额交纳物业服务费用或者物业服务资金。业主违反物业服务合同约定逾期不交纳服务费用或者物业服务资金的，业主委员会应当督促其限期交纳；逾期仍不交纳的，物业管理企业可以依法追缴。

业主与物业使用人约定由物业使用人交纳物业服务费用或者物业服务资金的，从其约定，业主负连带交纳责任。

物业发生产权转移时，业主或者物业使用人应当结清物业服务费用或者物业服务资金。

第十六条　纳入物业管理范围的已竣工但尚未出售，或者因开发建设单位原因未按时交给物业买受人的物业，物业服务费用或者物业服务资金由开发建设单位全额交纳。

第十七条　物业管理区域内，供水、供电、供气、供热、通信、有线电视等单位应当向最终用户收取有关费用。物业管理企业接受委托代收上述费用的，可向委托单位收取手续费，不得向业主收取手续费等额外费用。

第十八条　利用物业共用部位、共用设施设备进行经营的，应当在征得相关业主、业主大会、物业管理企业的同意后，按照规定办理有关手续。业主所得收益应当主要用于补充专项维修资金，也可以按照业主大会的决定使用。

第十九条　物业管理企业已接受委托实施物业服务并相应收取服务费用的，其他部门和单位不得重复收取性质和内容相同的费用。

第二十条　物业管理企业根据业主的委托提供物业服务合同约定以外的服务，服务收费由双方约定。

第二十一条　政府价格主管部门会同房地产行政主管部门，应当加强对物业管理企业的服务内容、标准和收费项目、标准的监督。物业管理企业违反价格法律、法规和规定，由政府价格主管部门依据《中华人民共和国价格法》和《价格违法行为行政处罚规定》予以处罚。

第二十二条　各省、自治区、直辖市人民政府价格主管部门、房地产行政主管部门可以依据本办法制定具体实施办法，并报国家发展和改革委员会、建设部备案。

第二十三条　本办法由国家发展和改革委员会会同建设部负责解释。

第二十四条　本办法自2004年1月1日起执行，原国家计委、建设部印发的《城市住宅小区物业管理服务收费暂行办法》(计价费〔1996〕266号)同时废止。

国家发展改革委、建设部关于印发《物业服务收费明码标价规定》的通知

发改价检〔2004〕1428号

各省、自治区、直辖市计委（发展改革委）、物价局、建设厅、房地局：

为进一步规范物业管理服务收费行为，提高物业服务收费透明度，维护业主和物业管理企业的合法权益，促进物业管理行业的健康发展，根据《中华人民共和国价格法》、《物业管理条例》和《关于商品和服务实行明码标价的规定》，我们制定了《物业服务收费明码标价规定》。现印发给你们，请认真贯彻执行。

中华人民共和国国家发展和改革委员会
中华人民共和国建设部
二〇〇四年七月十九日

物业服务收费明码标价规定

第一条 为进一步规范物业服务收费行为，提高物业服务收费透明度，维护业主和物业管理企业的合法权益，促进物业管理行业的健康发展，根据《中华人民共和国价格法》、《物业管理条例》和《关于商品和服务实行明码标价的规定》，制定本规定。

第二条 物业管理企业向业主提供服务（包括按照物业服务合同约定提供物业服务以及根据业主委托提供物业服务合同约定以外的服务），应当按照本规定实行明码标价，标明服务项目、收费标准等有关情况。

第三条 物业管理企业实行明码标价，应当遵循公开、公平和诚实信用的原则，遵守国家价格法律法规、规章和政策。

第四条 政府价格主管部门应当会同同级房地产主管部门对物业服务收费明码标价进行管理。政府价格主管部门对物业管理企业执行明码标价规定的情况实施监督检查。

第五条 物业管理企业实行明码标价应当做到价目齐全，内容真实，标示醒目，字迹清晰。

第六条 物业服务收费明码标价的内容包括：物业管理企业名称、收费对象、服务内容、服务标准、计费方式、计费起始时间、收费项目、收费标准、价格管理形式、收费依据、价格举报电话12358等。

实行政府指导价的物业服务收费应当同时标明基准收费标准、浮动幅度，以及实际收费标准。

第七条 物业管理企业在其服务区域内的显著位置或收费地点，可采取公示栏、公示牌、收费表、收费清单、收费手册、多媒体终端查询等方式实行明码标价。

第八条 物业管理企业接受委托代收供水、供电、供气、供热、通信、有线电视等有关费用的，也应当依照本规定第六条、第七条的有关内容和方式实行明码标价。

第九条 物业管理企业根据业主委托提供的物业服务合同约定以外的服务项目，其收费标准在双方约定后应当以适当的方式向业主进行明示。

第十条 实行明码标价的物业服务收费的标准等发生变化时，物业管理企业应当在执行新标准前一个月，将所标示的相关内容进行调整，并应标示新标准开始实行的日期。

第十一条 物业管理企业不得利用虚假的或者使人误解的标价内容、标价方式进行价格欺诈。不得在标价之外，收取任何未予标明的费用。

第十二条 对物业管理企业不按规定明码标价或者利用标价进行价格欺诈的行为，由政府价格主管部门依照《中华人民共和国价格法》《价格违法行为行政处罚规定》《关于商品和服务实行明码标价的规定》《禁止价格欺诈行为的规定》进行处罚。

第十三条 本规定自2004年10月1日起施行。

国家发展改革委、建设部关于印发
《物业服务定价成本监审办法（试行）》的通知

发改价格〔2007〕2285号

各省、自治区、直辖市、计划单列市发展改革委、物价局、建设厅（房地局）：

为提高政府制定物业服务收费的科学性、合理核定物业服务定价成本，根据《政府制定价格成本监审办法》、《物业服务收费管理办法》等有关规定，特制定《物业服务定价成本监审办法（试行）》，现印发你们，请按照执行。

中华人民共和国国家发展改革委
中华人民共和国建设部
二〇〇七年九月十日

物业服务定价成本监审办法（试行）

第一条　为提高政府制定物业服务收费的科学性、合理性，根据《政府制定价格成本监审办法》、《物业服务收费管理办法》等有关规定，制定本办法。

第二条　本办法适用于政府价格主管部门制定或者调整实行政府指导价的物业服务收费标准，对相关物业服务企业实施定价成本监审的行为。

本办法所称物业服务，是指物业服务企业按照物业服务合同的约定，对房屋及配套的设施设备和相关场地进行维修、养护、管理，维护物业管理区域内的环境卫生和秩序的活动。

本办法所称物业服务定价成本，是指价格主管部门核定的物业服务社会平均成本。

第三条　物业服务定价成本监审工作由政府价格主管部门负责组织实施，房地产主管部门应当配合价格主管部门开展工作。

第四条　在本行政区域内物业服务企业数量众多的，可以选取一定数量、有代表性的物业服务企业进行成本监审。

第五条　物业服务定价成本审核应当遵循以下原则：

（一）合法性原则。计入定价成本的费用应当符合有关法律、行政法规和国家统一的会计制度的规定。

（二）相关性原则。计入定价成本的费用应当为与物业服务直接相关或间接相关的费用。

（三）对应性原则。计入定价成本的费用应当与物业服务内容及服务标准相对应。

（四）合理性原则。影响物业服务定价成本各项费用的主要技术、经济指标应当符合行业标准或者社会公允水平。

第六条　核定物业服务定价成本，应当以经会计师事务所审计的年度财务会计报告、原始凭证与账册或者物业服务企业提供的真实、完整、有效的成本资料为基础。

第七条　物业服务定价成本由人员费用、物业共用部位共用设施设备日常运行维护费用、绿化养护费用、清洁卫生费用、秩序维护费用、物业共用部位共用设施设备及公众责任保险费用、办公费用、管理费公摊、固定资产折旧以及经业主同意的其他费用组成。

第八条　人员费用是管理服务人员工资、按规定提取的工会经费、职工教育经费，以及根据政府有关规定应当由物业服务企业缴纳的养老、医疗、失业、工伤、生育保险等社会保险费用。

第九条　物业共用部位共用设施设备日常运行及维护费用是指为保障物业管理区域内共用部位共用设施设备的正常使用和运行、维护保养所需的费用。不包括保修期内应由建设单位履行保修责任而支出的维修费、应由住宅专项维修资金支出的更新、改造费用。

第十条　绿化养护费是指管理、养护绿化所需的绿化工具购置费、绿化用水费、补苗费、农药化肥费等。不包括应由建设单位支付的种苗种植费和前期维护费。

第十一条　清洁卫生费是指保持物业管理区域内环境卫生所需的购置工具费、消杀防疫费、化粪池清理费、管道疏通费、清洁用料费、环卫所需费用等。

第十二条　秩序维护费是指维护物业管理区域秩序所需的器材装备费、安全防范人员人身保险费及由物业服务企业支付的服装费等。其中器材装备不包括共用设备中已包括的监控设备。

第十三条　物业共用部位共用设施设备及公众责任保险费用是指物业服务企业购买物业共用部位共用设施设备及公众责任保险所支付的保险费用，以物业服务企业与保险公司签订的保险单和所交纳的保险费为准。

第十四条　办公费是指物业服务企业为维护管理区域正常的物业管理活动所需的办公用品费、交通费、房租、水电费、取暖费、通信费、书报费及其他费用。

第十五条　管理费分摊是指物业服务企业在管理多个物业项目的情况下，为保证相关的物业服务正常运转而由各物业服务小区承担的管理费用。

第十六条　固定资产折旧是指按规定折旧方法计提的物业服务固定资产的折旧金额。物业服务固定资产指在物业服务小区内由物业服务经营者拥有的、与物业服务直接相关的、使用年限在一年以上的资产。

第十七条　经业主同意的其他费用是指业主或者业主大会按规定同意由物业服务费开支的费用。

第十八条　物业服务定价成本相关项目按本办法第十九条至第二十二条规定的方法和标准审核。

第十九条　工会经费、职工教育经费、住户公积金以及医疗保险费、养老保险费、失业保险费、工伤保险费、生育保险费等社会保险费的计提基数按照核定的相应工资水平确定；工会经费、职工教育经费的计提比例按国家统一规定的比例确定，住户公积金和社会保险费的计提比例按当地政府规定比例确定，超过规定比例的不得计入定价成本。医疗保险费用应在社会保险费中列支，不得在其他项目中重复列支；其他应在工会经费和职工教育经费中列支的费用，也不得在相关费用项目中重复列支。

第二十条　固定资产折旧采用年限平均法，折旧年限根据固定资产的性质和使用情况合理确定。企业确定的固定资产折旧年限明显低于实际可使用年限的，成本监审时应当按照实际可使用年限调整折旧年限。固定资产残值率按 3%～5%计算；个别固定资产残值较低或者较高的，按照实际情况合理确定残值率。

第二十一条　物业服务企业将专业性较强的服务内容外包给有关专业公司的，该项服务的成本按照外包合同所确定的金额核定。

第二十二条　物业服务企业只从事物业服务的，其所发生费用按其所管辖的物业项目的物业服务计费面积或者应收物业服务费加权分摊；物业服务企业兼营其他业务的，应先按实现收入的比重在其他业务和物业服务之间分摊，然后按上述方法在所管辖的各物业项目之间分摊。

第二十三条　本办法未具体规定审核标准的其他费用项目按照有关财务制度和政策规定审核，原则上据实核定，但应符合一定范围内社会公允的平均水平。

第二十四条　各省、自治区、直辖市价格主管部门可根据本办法，结合本地实际制定具体实施细则。

第二十五条　本办法由国家发展和改革委员会解释。

第二十六条　本办法自 2007 年 10 月 1 日起施行。

住宅专项维修资金管理办法

（《住宅专项维修资金管理办法》已经2007年10月30日建设部第142次常务会议讨论通过，经财政部联合签署，现予发布，自2008年2月1日起实行）

第一章 总 则

第一条 为了加强对住宅专项维修资金的管理，保障住宅共用部位、共用设施设备的维修和正常使用，维护住宅专项维修资金所有者的合法权益，根据《物权法》、《物业管理条例》等法律、行政法规，制定本办法。

第二条 商品住宅、售后公有住房住宅专项维修资金的交存、使用、管理和监督，适用本办法。

本办法所称住宅专项维修资金，是指专项用于住宅共用部位、共用设施设备保修期满后的维修和更新、改造的资金。

第三条 本办法所称住宅共用部位，是指根据法律法规和房屋买卖合同，由单幢住宅内业主或者单幢住宅内业主及与之结构相连的非住宅业主共有的部位，一般包括住宅的基础、承重墙体、柱、梁、楼板、屋顶以及户外的墙面、门厅、楼梯间、走廊通道等。

本办法所称共用设施设备，是指根据法律法规和房屋买卖合同，由住宅业主或者住宅业主及有关非住宅业主共有的附属设施设备，一般包括电梯、天线、照明、消防设施、绿地、道路、路灯、沟渠、池、井、非经营性车场车库、公益性文体设施和共用设施设备使用的房屋等。

第四条 住宅专项维修资金管理实行专户存储、专款专用、所有权人决策、政府监督的原则。

第五条 国务院建设主管部门会同国务院财政部门负责全国住宅专项维修资金的指导和监督工作。

县级以上地方人民政府建设（房地产）主管部门会同同级财政部门负责本行政区域内住宅专项维修资金的指导和监督工作。

第二章 交 存

第六条 下列物业的业主应当按照本办法的规定交存住宅专项维修资金：

（一）住宅，但一个业主所有且与其他物业不具有共用部位、共用设施设备的除外；

（二）住宅小区内的非住宅或者住宅小区外与单幢住宅结构相连的非住宅。

前款所列物业属于出售公有住房的，售房单位应当按照本办法的规定交存住宅专项维修资金。

第七条 商品住宅的业主、非住宅的业主按照所拥有物业的建筑面积交存住宅专项维修资金,每平方米建筑面积交存首期住宅专项维修资金的数额为当地住宅建筑安装工程每平方米造价的5%~8%。

直辖市、市、县人民政府建设(房地产)主管部门应当根据本地区情况,合理确定、公布每平方米建筑面积交存首期住宅专项维修资金的数额,并适时调整。

第八条　出售公有住房的,按照下列规定交存住宅专项维修资金:

(一)　业主按照所拥有物业的建筑面积交存住宅专项维修资金,每平方米建筑面积交存首期住宅专项维修资金的数额为当地房改成本价的2%。

(二)　售房单位按照多层住宅不低于售房款的20%、高层住宅不低于售房款的30%,从售房款中一次性提取住宅专项维修资金。

第九条　业主交存的住宅专项维修资金属于业主所有。

从公有住房售房款中提取的住宅专项维修资金属于公有住房售房单位所有。

第十条　业主大会成立前,商品住宅业主、非住宅业主交存的住宅专项维修资金,由物业所在地直辖市、市、县人民政府建设(房地产)主管部门代管。

直辖市、市、县人民政府建设(房地产)主管部门应当委托所在地一家商业银行,作为本行政区域内住宅专项维修资金的专户管理银行,并在专户管理银行开立住宅专项维修资金专户。

开立住宅专项维修资金专户,应当以物业管理区域为单位设账,按房屋户门号设分户账;未划定物业管理区域的,以幢为单位设账,按房屋户门号设分户账。

第十一条　业主大会成立前,已售公有住房住宅专项维修资金,由物业所在地直辖市、市、县人民政府财政部门或者建设(房地产)主管部门负责管理。

负责管理公有住房住宅专项维修资金的部门应当委托所在地一家商业银行,作为本行政区域内公有住房住宅专项维修资金的专户管理银行,并在专户管理银行开立公有住房住宅专项维修资金专户。

开立公有住房住宅专项维修资金专户,应当按照售房单位设账,按幢设分账;其中,业主交存的住宅专项维修资金,按房屋户门号设分户账。

第十二条　商品住宅的业主应当在办理房屋入住手续前,将首期住宅专项维修资金存入住宅专项维修资金专户。

已售公有住房的业主应当在办理房屋入住手续前,将首期住宅专项维修资金存入公有住房住宅专项维修资金专户或者交由售房单位存入公有住房住宅专项维修资金专户。

公有住房售房单位应当在收到售房款之日起30日内,将提取的住宅专项维修资金存入公有住房住宅专项维修资金专户。

第十三条　未按本办法规定交存首期住宅专项维修资金的,开发建设单位或者公有住房售房单位不得将房屋交付购买人。

第十四条　专户管理银行、代收住宅专项维修资金的售房单位应当出具由财政部或者省、自治区、直辖市人民政府财政部门统一监制的住宅专项维修资金专用票据。

第十五条　业主大会成立后,应当按照下列规定划转业主交存的住宅专项维修资金:

(一)　业主大会应当委托所在地一家商业银行作为本物业管理区域内住宅专项维

修资金的专户管理银行，并在专户管理银行开立住宅专项维修资金专户。

开立住宅专项维修资金专户，应当以物业管理区域为单位设账，按房屋户门号设分户账。

（二）业主委员会应当通知所在地直辖市、市、县人民政府建设（房地产）主管部门；涉及已售公有住房的，应当通知负责管理公有住房住宅专项维修资金的部门。

（三）直辖市、市、县人民政府建设（房地产）主管部门或者负责管理公有住房住宅专项维修资金的部门应当在收到通知之日起30日内，通知专户管理银行将该物业管理区域内业主交存的住宅专项维修资金账面余额划转至业主大会开立的住宅专项维修资金账户，并将有关账目等移交业主委员会。

第十六条 住宅专项维修资金划转后的账目管理单位，由业主大会决定。业主大会应当建立住宅专项维修资金管理制度。

业主大会开立的住宅专项维修资金账户，应当接受所在地直辖市、市、县人民政府建设（房地产）主管部门的监督。

第十七条 业主分户账面住宅专项维修资金余额不足首期交存额30%的，应当及时续交。

成立业主大会的，续交方案由业主大会决定。

未成立业主大会的，续交的具体管理办法由直辖市、市、县人民政府建设（房地产）主管部门会同同级财政部门制定。

第三章 使 用

第十八条 住宅专项维修资金应当专项用于住宅共用部位、共用设施设备保修期满后的维修和更新、改造，不得挪作他用。

第十九条 住宅专项维修资金的使用，应当遵循方便快捷、公开透明、受益人和负担人相一致的原则。

第二十条 住宅共用部位、共用设施设备的维修和更新、改造费用，按照下列规定分摊：

（一）商品住宅之间或者商品住宅与非住宅之间共用部位、共用设施设备的维修和更新、改造费用，由相关业主按照各自拥有物业建筑面积的比例分摊。

（二）售后公有住房之间共用部位、共用设施设备的维修和更新、改造费用，由相关业主和公有住房售房单位按照所交存住宅专项维修资金的比例分摊；其中，应由业主承担的，再由相关业主按照各自拥有物业建筑面积的比例分摊。

（三）售后公有住房与商品住宅或者非住宅之间共用部位、共用设施设备的维修和更新、改造费用，先按照建筑面积比例分摊到各相关物业。其中，售后公有住房应分摊的费用，再由相关业主和公有住房售房单位按照所交存住宅专项维修资金的比例分摊。

第二十一条 住宅共用部位、共用设施设备维修和更新、改造，涉及尚未售出的商品住宅、非住宅或者公有住房的，开发建设单位或者公有住房单位应当按照尚未售出商品住宅或者公有住房的建筑面积，分摊维修和更新、改造费用。

第二十二条　住宅专项维修资金划转业主大会管理前，需要使用住宅专项维修资金的，按照以下程序办理：

（一）物业服务企业根据维修和更新、改造项目提出使用建议；没有物业服务企业的，由相关业主提出使用建议。

（二）住宅专项维修资金列支范围内专有部分占建筑物总面积三分之二以上的业主且占总人数三分之二以上的业主讨论通过使用建议。

（三）物业服务企业或者相关业主组织实施使用方案。

（四）物业服务企业或者相关业主持有关材料，向所在地直辖市、市、县人民政府建设（房地产）主管部门申请列支；其中，动用公有住房住宅专项维修资金的，向负责管理公有住房住宅专项维修资金的部门申请列支。

（五）直辖市、市、县人民政府建设（房地产）主管部门或者负责管理公有住房住宅专项维修资金的部门审核同意后，向专户管理银行发出划转住宅专项维修资金的通知。

（六）专户管理银行将所需住宅专项维修资金划转至维修单位。

第二十三条　住宅专项维修资金划转业主大会管理后，需要使用住宅专项维修资金的，按照以下程序办理：

（一）物业服务企业提出使用方案，使用方案应当包括拟维修和更新、改造的项目、费用预算、列支范围、发生危及房屋安全等紧急情况以及其他需临时使用住宅专项维修资金的情况的处置办法等。

（二）业主大会依法通过使用方案。

（三）物业服务企业组织实施使用方案。

（四）物业服务企业持有关材料向业主委员会提出列支住宅专项维修资金；其中，动用公有住房住宅专项维修资金的，向负责管理公有住房住宅专项维修资金的部门申请列支。

（五）业主委员会依据使用方案审核同意，并报直辖市、市、县人民政府建设（房地产）主管部门备案；动用公有住房住宅专项维修资金的，经负责管理公有住房住宅专项维修资金的部门审核同意；直辖市、市、县人民政府建设（房地产）主管部门或者负责管理公有住房住宅专项维修资金的部门发现不符合有关法律法规、规章和使用方案的，应当责令改正。

（六）业主委员会、负责管理公有住房住宅专项维修资金的部门向专户管理银行发出划转住宅专项维修资金的通知。

（七）专户管理银行将所需住宅专项维修资金划转至维修单位。

第二十四条　发生危及房屋安全等紧急情况，需要立即对住宅共用部位、共用设施设备进行维修和更新、改造的，按照以下规定列支住宅专项维修资金：

（一）住宅专项维修资金划转业主大会管理前，按照本办法第二十二条第四项、第五项、第六项的规定办理；

（二）住宅专项维修资金划转业主大会管理后，按照本办法第二十三条第四项、第五项、第六项和第七项的规定办理。

发生前款情况后，未按规定实施维修和更新、改造的，直辖市、市、县人民政府建设（房地产）主管部门可以组织代修，维修费用从相关业主住宅专项维修资金分户账中列支；其中，涉及已售公有住房的，还应当从公有住房住宅专项维修资金中列支。

第二十五条 下列费用不得从住宅专项维修资金中列支：

（一）依法应当由建设单位或者施工单位承担的住宅共用部位、共用设施设备维修、更新和改造费用；

（二）依法应当由相关单位承担的供水、供电、供气、供热、通信、有线电视等管线和设施设备的维修、养护费用；

（三）应当由当事人承担的因人为损坏住宅共用部位、共用设施设备所需的修复费用；

（四）根据物业服务合同约定，应当由物业服务企业承担的住宅共用部位、共用设施设备的维修和养护费用。

第二十六条 在保证住宅专项维修资金正常使用的前提下，可以按照国家有关规定将住宅专项维修资金用于购买国债。

利用住宅专项维修资金购买国债，应当在银行间债券市场或者商业银行柜台市场购买一级市场新发行的国债，并持有至到期。

利用业主交存的住宅专项维修资金购买国债的，应当经业主大会同意；未成立业主大会的，应当经专有部分占建筑物总面积三分之二以上的业主且占总人数三分之二以上业主同意。

利用从公有住房售房款中提取的住宅专项维修资金购买国债的，应当根据售房单位的财政隶属关系，报经同级财政部门同意。

禁止利用住宅专项维修资金从事国债回购、委托理财业务或者将购买的国债用于质押、抵押等担保行为。

第二十七条 下列资金应当转入住宅专项维修资金滚存使用：

（一）住宅专项维修资金的存储利息；

（二）利用住宅专项维修资金购买国债的增值收益；

（三）利用住宅共用部位、共用设施设备进行经营的，业主所得收益，但业主大会另有决定的除外；

（四）住宅共用设施设备报废后回收的残值。

第四章 监督管理

第二十八条 房屋所有权转让时，业主应当向受让人说明住宅专项维修资金交存和结余情况并出具有效证明，该房屋分户账中结余的住宅专项维修资金随房屋所有权同时过户。

受让人应当持住宅专项维修资金过户的协议、房屋权属证书、身份证等到专户管理银行办理分户账更名手续。

第二十九条 房屋灭失的，按照以下规定返还住宅专项维修资金：

（一）房屋分户账中结余的住宅专项维修资金返还业主。

（二）售房单位交存的住宅专项维修资金账面余额返还售房单位；售房单位不存在的，按照售房单位财务隶属关系，收缴同级国库。

第三十条 直辖市、市、县人民政府建设（房地产）主管部门，负责管理公有住房住宅专项维修资金的部门及业主委员会，应当每年至少一次与专户管理银行核对住宅专项维修资金账目，并向业主、公有住房售房单位公布下列情况：

（一）住宅专项维修资金交存、使用、增值收益和结存的总额；

（二）发生列支的项目、费用和分摊情况；

（三）业主、公有住房售房单位分户账中住宅专项维修资金交存、使用、增值收益和结存的金额；

（四）其他有关住宅专项维修资金使用和管理的情况。

业主、公有住房售房单位对公布的情况有异议的，可以要求复核。

第三十一条 专户管理银行应当每年至少一次向直辖市、市、县人民政府建设（房地产）主管部门，负责管理公有住房住宅专项维修资金的部门及业主委员会发送住宅专项维修资金对账单。

直辖市、市、县建设（房地产）主管部门，负责管理公有住房住宅专项维修资金的部门及业主委员会对资金账户变化情况有异议的，可以要求专户管理银行进行复核。

专户管理银行应当建立住宅专项维修资金查询制度，接受业主、公有住房售房单位对其分户账中住宅专项维修资金使用、增值收益和账面余额的查询。

第三十二条 住宅专项维修资金的管理和使用，应当依法接受审计部门的审计监督。

第三十三条 住宅专项维修资金的财务管理和会计核算应当执行财政部有关规定。

财政部门应当加强对住宅专项维修资金收支财务管理和会计核算制度执行情况的监督。

第三十四条 住宅专项维修资金专用票据的购领、使用、保存、核销管理，应当按照财政部以及省、自治区、直辖市人民政府财政部门的有关规定执行，并接受财政部门的监督检查。

第五章 法 律 责 任

第三十五条 公有住房售房单位有下列行为之一的，由县级以上地方人民政府财政部门会同同级建设（房地产）主管部门责令限期改正：

（一）未按本办法第八条、第十二条第三款规定交存住宅专项维修资金的；

（二）违反本办法第十三条规定将房屋交付买受人的；

（三）未按本办法第二十一条规定分摊维修、更新和改造费用的。

第三十六条　开发建设单位违反本办法第十三条规定将房屋交付买受人的,由县级以上地方人民政府建设(房地产)主管部门责令限期改正;逾期不改正的,处以3万元以下的罚款。

开发建设单位未按本办法第二十一条规定分摊维修、更新和改造费用的,由县级以上地方人民政府建设(房地产)主管部门责令限期改正;逾期不改正的,处以1万元以下的罚款。

第三十七条　违反本办法规定,挪用住宅专项维修资金的,由县级以上地方人民政府建设(房地产)主管部门追回挪用的住宅专项维修资金,没收违法所得,可以并处挪用金额2倍以下的罚款;构成犯罪的,依法追究直接负责的主管人员和其他直接责任人员的刑事责任。

物业服务企业挪用住宅专项维修资金,情节严重的,除按前款规定予以处罚外,还应由颁发资质证书的部门吊销资质证书。

直辖市、市、县人民政府建设(房地产)主管部门挪用住宅专项维修资金的,由上一级人民政府建设(房地产)主管部门追回挪用的住宅专项维修资金,对直接负责的主管人员和其他直接责任人员依法给予处分;构成犯罪的,依法追究刑事责任。

直辖市、市、县人民政府财政部门挪用住宅专项维修资金的,由上一级人民政府财政部门追回挪用的住宅专项维修资金,对直接负责的主管人员和其他直接责任人员依法给予处分;构成犯罪的,依法追究刑事责任。

第三十八条　直辖市、市、县人民政府建设(房地产)主管部门违反本办法第二十六条规定的,由上一级人民政府建设(房地产)主管部门责令限期改正,对直接负责的主管人员和其他直接责任人员依法给予处分;造成损失的,依法赔偿;构成犯罪的,依法追究刑事责任。

直辖市、市、县人民政府财政部门违反本办法第二十六条规定的,由上一级人民政府财政部门责令限期改正,对直接负责的主管人员和其他直接责任人员依法给予处分;造成损失的,依法赔偿;构成犯罪的,依法追究刑事责任。

业主大会违反本办法第二十六条规定的,由直辖市、市、县人民政府建设(房地产)主管部门责令改正。

第三十九条　对违反住宅专项维修资金专用票据管理规定的行为,按照《财政违法行为处罚处分条例》的有关规定追究法律责任。

第四十条　县级以上人民政府建设(房地产)主管部门、财政部门及其工作人员利用职务上的便利,收受他人财物或者其他好处,不依法履行监督管理职责,或者发现违法行为不予查处的,依法给予处分;构成犯罪的,依法追究刑事责任。

第六章　附　　则

第四十一条　省、自治区、直辖市人民政府建设(房地产)主管部门会同同级财政部门可以依据本办法,制定实施细则。

第四十二条　本办法实施前,商品住宅、公有住房已经出售但未建立住宅专项维修资金的，应当补建。具体办法由省、自治区、直辖市人民政府建设（房地产）主管部门会同同级财政部门依据本办法制定。

第四十三条　本办法由国务院建设主管部门、财政部门共同解释。

第四十四条　本办法自2008年2月1日起施行，1998年12月16日建设部、财政部发布的《住宅共用部位共用设施设备维修基金管理办法》（建住房〔1998〕213号）同时废止。

教师服务

感谢您选用清华大学出版社的教材！为了更好地服务教学，我们为授课教师提供本书的教学辅助资源，以及本学科重点教材信息。请您扫码获取。

❱❱ 教辅获取

本书教辅资源，授课教师扫码获取

❱❱ 样书赠送

企业管理类重点教材，教师扫码获取样书

 清华大学出版社

E-mail: tupfuwu@163.com
电话：010-83470332 / 83470142
地址：北京市海淀区双清路学研大厦 B 座 509

网址：http://www.tup.com.cn/
传真：8610-83470107
邮编：100084